OEUVRES

COMPLÈTES

DE CHAMFORT,

RECUEILLIES ET PUBLIÉES, AVEC UNE NOTICE HISTORIQUE
SUR LA VIE ET LES ÉCRITS DE L'AUTEUR,

Par P. R. AUGUIS.

TOME CINQUIÈME.

PARIS,
CHEZ CHAUMEROT JEUNE, LIBRAIRE,
PALAIS-ROYAL, GALERIES DE BOIS, N° 189.

1825.

OEUVRES

COMPLETES

DE CHAMFORT.

TOME CINQUIEME.

DE L'IMPRIMERIE DE DAVID,
RUE DU FAUBOURG POISSONNIÈRE, N° 1.

AVIS.

L'abondance des matériaux que nous ont communiqués des personnes qui avaient connu Chamfort, et qui pouvaient donner des renseignemens précis sur ses travaux littéraires, nous a mis dans la nécessité d'ajouter un cinquième volume au recueil de ses Œuvres : nous nous plaisons à croire que les Souscripteurs trouveront dans l'intérêt des pièces dont ce volume est composé, un ample dédommagement, et nous sauront même quelque gré des soins que nous avons pris de ne rien omettre de ce que nous avons pu nous procurer du portefeuille de Chamfort, tombé après sa mort en des mains trop discrètes.

ŒUVRES
COMPLÈTES
DE CHAMFORT.

ESSAI
D'UN COMMENTAIRE SUR RACINE.

NOTES SUR ESTHER.

Tale tuum carmen nobis, divine poëta,
Quale sopor fessis in gramine quale per æstum
Dulcis aquæ saliente sitim restinguere rivo.

Virg. *Ecl.* v.

Racine n'est pas seulement du nombre de ces auteurs que tout le monde connaît; mais il est encore du très-petit nombre de ceux que tout le monde sait par cœur. Qu'est-ce donc que des *Observations sur Esther*, dira-t-on d'abord? Qui n'a pas commenté Racine ? Sont-ce les beautés de cette tragédie que vous voulez faire admirer ? Fiez-vous en à Racine lui-même ; le langage du cœur est celui qui s'entend le plus facilement, et que l'on explique le plus mal. Sont-ce ses défauts que vous voulez nous faire remarquer? mais il n'y en a pas dans le style, et tout le monde sait que le plan n'en est point parfait. Oui, sans doute, et je conviens de toutes ces vérités. Je suis loin de cette orgueilleuse folie de quelques auteurs inconnus, qui viennent nous éblouir tout à coup, sans ménagement pour la faiblesse de nos yeux, de ces torrens de lumières inattendues, en nous apprenant qu'Homère n'avait pas de génie, que Boileau était un pauvre auteur, et que Rousseau manquait d'imagination. Elancés dans la sphère de ces Erostrates modernes, nous nous trouvons en effet, pour quelques instans, dans une espèce d'aveuglement. C'est parce que l'obscurité nous environne : telles ne sont point mes erreurs; j'aime à lire Racine, je le lis souvent, et je viens répéter avec ses admirateurs : O Racine ! celui-là n'aura point d'oreilles, que ta douce mélodie n'enchantera pas ; celui-là n'aura point d'âme, que tes vers ne toucheront pas ; celui-là n'aura pas d'imagination, que la tienne n'échauffera pas ! Mais où trouver quelqu'un d'assez malheureux pour être privé de toutes ces facultés? où donc trouver un détracteur de Racine ?

Voilà ce que tout le monde a pensé, ce que

bien des gens ont écrit, et ce que je viens écrire encore. Mes idées pourront souvent être déjà connues, j'en conviens; je serais même fâché de n'en avoir que de neuves sur Racine. Depuis quelque temps, tout ce qui est neuf en littérature (comme en bien d'autres genres), est si extravagant ! J'ai voulu seulement entrer dans le temple où l'on adore ce dieu de l'harmonie ; et dès que j'y suis entré, ai-je pu me refuser au plaisir de brûler un grain d'encens sur son autel? D'ailleurs, il est si doux de parler de tout ce qui nous procure des jouissances agréables, que cette raison seule peut me servir d'excuse.

Mon intention n'est point d'analyser rigoureusement le plan, ni d'entrer dans de grands détails sur toutes les parties de cet ouvrage. Tout cela a été fait de nos jours par un auteur (*) qui, dans cette partie, n'a plus rien laissé à faire. Mes remarques portent sur de très-petits défauts de style; sur quelques vers durs, uniquement remarquables, parce qu'ils sont dans Racine ; le plus souvent sur les divers genres de beautés qu'offre la seule tragédie d'*Esther* ; enfin, sur ces hardiesses d'expressions si naturellement enchassées, que souvent elles échappent à beaucoup de lecteurs égarés au milieu d'un parterre émaillé des plus belles fleurs du printemps ; j'en ai cueilli

---

(*) M. de La Harpe, dans l'excellent *Cours de Littérature* qu'il a lu au Lycée.

quelques-unes des plus agréables. J'ai osé arracher le très-petit nombre de celles qui me paraissaient pouvoir blesser la vue.

Esther sera toujours un monument mémorable de la force du génie. Douze ans d'inertie devaient sans doute faire croire que l'auteur d'*Andromaque* aurait oublié ces accords magiques dont il avait su enchanter jadis. Mais il eut à peine repris la lyre, que les sons les plus doux s'empressèrent de renaître sous ses doigts. Tel fut pour moi le prestige de la main savante de Racine, que j'avais lu vingt fois *Esther*, avant de m'apercevoir de l'odieux de certaines parties de son rôle; elle m'avait intéressé à ses malheurs, à sa séparation d'avec Elise, à sa nation persécutée; je l'admirai sur tout, je tremblai pour elle, lorsqu'excitée par les discours de Mardochée, elle se décide à braver la mort en allant trouver Assuérus. Qui ne frémirait au moment où ce roi prononce d'un air farouche :

. . . Sans mon ordre on porte ici ses pas !
Quel mortel insolent vient chercher le trépas ?
Gardes... C'est vous, Esther ? quoi ! sans être attendue ?

Esther tombe entre les bras de ses femmes :

Mes filles, soutenez votre reine éperdue.
Je me meurs.....

Quel spectacle ! mais Assuérus répond aussitôt :

Esther, que craignez-vous ? suis-je pas votre frère ?
Est-ce pour vous qu'est fait un ordre si sévère ?
Vivez. Le sceptre d'or que vous tend cette main,
Pour vous, de ma clémence est un signe certain.

Mais quelle sensation délicieuse, surtout lorsqu'Esther, revenant un peu à elle-même, répond par ces deux vers d'une harmonie enchanteresse !

Quelle voix salutaire ordonne que je vive,
Et rappelle en mon sein mon âme fugitive ?

Je sens alors que mon âme est touchée, mon oreille est enchantée, mes sens sont ravis; Esther s'empare de toutes mes affections. Je n'ai pu être rassuré par l'idée qu'une maîtresse peut toujours croire à la clémence de son amant, parce que j'ai vu que cette idée n'était entrée pour rien dans la démarche d'Esther. D'ailleurs, elle est encore sous mes yeux; je la vois pâle, éperdue, à demi morte; et je ne doute plus que, victime dévouée, elle ne marchât en holocauste pour son dieu et sa nation. J'épouse tous ses sentimens; sa passion me pénètre; je tremble encore pour les jours de Mardochée; et l'impie Aman me paraît alors indigne de toute pitié. Voilà l'effet de la magie de Racine, qui sentait le défaut de son plan; mais le prestige tombe aux yeux plus calmes de la raison; et celui qui avait admiré, dans la jeune reine, le dangereux courage de braver les ordres d'un despote pour sauver sa patrie, voudrait pouvoir encore admirer en elle la clémence. Je ne connais pas de plus belles scènes dans Esther, ni qui frappe plus vivement l'imagination, que celle-là. Rien de si touchant que de voir ce roi si sévère, si terrible, qui, le moment d'auparavant, tenait un langage si effrayant, prendre celui de l'aménité et de la douceur, et s'efforcer de rassurer son esclave tremblante. C'est dans de pareilles scènes que l'on voit, suivant l'excellente remarque de M. de La Harpe, combien la vérité historique des mœurs est toujours observée par Racine (*). Un autre que ce grand poète eût peut-être mis :

Que craignez vous, Esther ? suis-je pas votre époux ?

Racine a mis *votre frère* ; et d'un seul mot, il nous a initiés dans les mœurs étrangères. Et puis quels vers !

Seigneur, je n'ai jamais contemplé qu'avec crainte
L'auguste majesté sur votre front empreinte.
Jugez combien ce front, irrité contre moi,
Dans mon âme troublée a dû jeter d'effroi.
Sur ce trône sacré qu'environne la foudre,
J'ai cru vous voir tout prêt à me réduire en poudre :
Hélas ! sans frissonner, quel cœur audacieux
Soutiendrait les éclairs qui partaient de vos yeux ?
Ainsi du dieu vivant la colère étincelle.....

(*) Voyez la note 6 de l'*Eloge de Racine*, par M. de La Harpe.

Quelle majesté dans cette diction! quelle suite d'images sublimes! et combien tout le morceau est imprégné de cette terreur profonde que devait éprouver Esther, lorsqu'elle est tombée entre les bras de ses femmes! Nous avons été frappés de sa frayeur; mais lorsqu'elle parle, cette frayeur nous pénètre nous-mêmes. Remarquons aussi combien il est hardi de dire un front irrité; et comme ces belles figures de la foudre qui environne le trône, et des éclairs qui partaient des yeux, amènent parfaitement cette comparaison qui termine ce beau morceau :

Ainsi du dieu vivant la colère étincelle...

Si quelque chose peut être mis à côté de cette belle scène, c'est le livre même d'*Esther* dans la Bible. D'un côté, on voit toute la pompe et tout l'éclat dont la poésie est susceptible; de l'autre, cette simplicité sublime, qui étonne et qui pénètre si vivement. Voyez comme Assuérus est dépeint sur son trône :

« Ingressa igitur cuncta per ordinem ostia stetit contrà regem, ubi ille residebat super solium regni sui, indutus vestibus regiis, auroque fulgens et pretiosis lapidibus, eratque terribilis aspectu. Cumque elevasset faciem, et ardentibus oculis furorem pectoris indicasset, regina corruit, et in pallorem colore mutato, lassum super ancillulam reclinavit caput. »

Y a-t-il rien de si touchant que cette image *lassum caput reclinavit* (reposa sa tête fatiguée)? et de plus fort que : *cumque ardentibus oculis furorem pectoris indicasset ?*

Enfin, le langage de Racine est-il plus doux que cet entretien ?

« Quid habes, Esther ? Ego sum frater tuus, noli metuere. Non morieris : non enim pro te, sed pro omnibus hæc lex constituta est. Accede igitur et tange sceptrum.

Cumque illa reticeret, tulit auream virgam et posuit super collum ejus, et osculatus est eam, et ait : cur mihi non loqueris ?

Quæ respondit : Vidi te, Domine, quasi angelum Dei, et conturbatum est cor meum præ timore gloriæ tuæ. Valdè enim mirabilis es, Domine, et facies tua plena est gratiarum.

Cumque loqueretur, rursus corruit, et pœnè exanimata est. Rex autem turbabatur, etc.

Je l'avouerai, ce dialogue me plaît peut-être encore plus que celui de Racine ; il me pénètre davantage ; après l'avoir lu, je suis plus attendri, plus ému. Que de sentimens dans cette seule interrogation : *cur mihi non loqueris ?* et quelle image sublime dans cette réponse d'Esther : *vidi te, Domine, quasi angelum Dei*, etc. Disons aussi que la haute poésie n'est peut-être pas susceptible de cette extrême simplicité, qui fait tout le charme du morceau que nous venons de voir ; et que si Racine est moins touchant (ce dont tout le monde pourrait encore ne pas convenir), il le rachète bien par la force de son expression et la beauté de ses images. D'ailleurs, il est impossible de rendre mieux, ni plus fidèlement que notre poète, toute la première partie de ce dialogue. Le latin dit : *Quid habes, Esther? Ego sum frater tuus, noli metuere.* Et Racine :

Esther, que craignez-vous ? suis-je pas votre frère ?

Et l'image de la colère de Dieu, substituée à celle de l'ange dans la bouche d'Esther, par le développement que le poète lui a donné, acquiert aussi cette supériorité de force que toute la scène française a sur l'expression naïve du livre sacré. C'est une chose digne de remarque que de voir combien Racine, même dans les détails de son plan, s'est peu écarté de la *Bible*. Presque toutes les scènes principales en sont tirées, comme celle où Esther adresse sa prière à Dieu, celle d'Assuérus que l'on vient de voir, celle d'Assuérus avec Asaph, celle où la reine divulgue le secret de sa naissance, etc. Ces entraves, que Racine a mises à son imagination, n'ont fait qu'ajouter à sa gloire par le mérite de la difficulté vaincue, et ont donné aux poètes un modèle de la manière de traiter des sujets très-connus.

Quel dommage que le défaut principal que nous avons indiqué dans le caractère d'Esther, nous empêche aussi de nous livrer à toute l'admiration qu'inspire la scène où se développe l'action de la pièce, par la chûte d'Aman! Nous sommes fâchés de voir Esther parler si éloquemment, lorsque nous voyons que, non contente de servir son peuple, elle veut encore satisfaire son propre ressentiment. Cependant, ce morceau pour la diction étant un des plus beaux de cette tragédie, je ne puis me refuser au plaisir d'en transcrire ici quelques endroits.

Ce Dieu, maître absolu de la terre et des cieux,
N'est point tel que l'erreur le figure à vos yeux.
L'Éternel est son nom, le monde est son ouvrage :
Il entend les soupirs de l'humble qu'on outrage,
Juge tous les mortels avec d'égales lois,
Et du haut de son trône interroge les rois.

Ces vers sont d'une perfection où peut-être l'on n'atteindra jamais. On a toujours aimé à voir deux grands génies lutter ensemble dans les mêmes sujets; et ces sortes de parallèles, lorsque ce n'est point la prévention qui les a faits, ont toujours tourné au profit du goût. C'est pourquoi je rapporterai ici quelques strophes sur Dieu, tirées d'une ode de J.-B. Rousseau.

Les Cieux instruisent la terre
A révérer leur auteur :
Tout ce que leur globe enserre
Célèbre un dieu créateur.
Quel plus sublime cantique
Que ce concert magnifique

De tous les célestes corps !
Quelle grandeur infinie,
Quelle divine harmonie
Résultent de leurs accords !

De sa puissance immortelle,
Tout parle, tout instruit :
Le jour au jour la révèle ;
La nuit l'annonce à la nuit.
Ce grand et superbe ouvrage
N'est point pour l'homme un langage
Obscur et mystérieux ;
Son adorable structure
Est la voix de la nature
Qui se fait entendre aux yeux.

(ODE II, liv. 1ᵉʳ).

Un troisième auteur, célèbre aussi, a traité le même sujet, et l'on a voulu le comparer aux deux autres ; c'est pourquoi j'en parle ici. Voltaire a dit, dans sa *Henriade:*

Au-delà de leur cours, et loin dans cet espace,
Où la matière nage, et que Dieu seul embrasse,
Sont des soleils sans nombre et des mondes sans fin ;
Dans cet abîme immense, il leur ouvre un chemin.
Par-delà tous ces cieux, le Dieu des cieux réside.

On sent combien ces vers sont faibles, même le dernier, qui est gâté par le terme prosaïque de *par-delà*. D'ailleurs, les *au-delà*, *loin*, *par-delà*, qui disent toujours la même chose, font un mauvais effet, ainsi que la conjonction *et* qui commence les seconds hémistiches des trois premiers vers ; enfin, les relatifs *où*, *que* et le *dans* du quatrième vers, embarrassent la marche, et jettent dans ce morceau une lenteur insupportable. Racine dit tout de suite :

L'Éternel est son nom, le monde est son ouvrage.

Et Rousseau, non moins vite :

> De sa puissance éternelle,
> Tout parle, tout instruit.

Précision, justesse, beauté d'expression, tout se trouve dans ces vers. L'imagination, frappée de coups précipités, n'a pas le temps de se refroidir, et reste étonnée.

On ne peut s'empêcher, en parlant de descriptions poétiques de la grandeur de Dieu, de citer les vers que Racine le fils a faits sur ce sujet, dans son *Poème sur la Grâce*. On y remarque ces trois vers, qui ne sont pas indignes du nom qu'il portait :

Il vole sur les vents, il s'assied sur les cieux ;
Il a dit à la mer : Brise-toi sur la rive ;
Et dans son lit étroit, la mer reste captive.

Le reste du morceau est d'une diction un peu faible.

En continuant la tirade d'Esther, que j'ai commencé à citer, on trouve encore deux beaux morceaux contre lesquels J. B. Rousseau semble avoir voulu lutter. Je ne crois pas sortir de mon sujet, lorsque j'en rapproche tout ce qui peut y ressembler : c'est un moyen plus sûr d'en faire ressortir les beautés, et de les mieux apprécier. Citons les deux auteurs.

Mais, pour punir enfin nos maîtres à leur tour,
Dieu fit choix de Cyrus avant qu'il vît le jour,
L'appela par son nom, le promit à la terre,
Le fit naître, et soudain l'arma de son tonnerre,
Brisa les fiers remparts et les portes d'airain,
Mit des superbes rois la dépouille en sa main,
De son temple détruit vengea sur eux l'injure.
Babylone paya nos pleurs avec usure.
Cyrus, par lui vainqueur, publia ses bienfaits,
Regarda notre peuple avec des yeux de paix,
Nous rendit et nos lois et nos fêtes divines ;
Et le temple déjà sortait de ses ruines.
Mais, de ce roi si sage héritier insensé,
Son fils interrompit l'ouvrage commencé,
Fut sourd à nos douleurs. Dieu rejeta sa race,
Le retrancha lui-même, et vous mit à sa place.

Tout le monde sent la beauté de ces vers. Combien cette coupe est heureuse !

L'appela par son nom, le promit à la terre,
Le fit naître, et soudain, etc.

C'est là le grand art du poète, et que Virgile

possède si éminemment. La monotonie, qui, je crois, est naturelle à la poésie française en général, par le peu d'inversions qu'elle peut se permettre, et en particulier aux vers alexandrins, à cause de la rigueur avec laquelle la suspension de l'hémistiche est observée, rend infiniment précieuses toutes ces tournures qui brisent les vers, sans offenser l'oreille (*).

J. B. Rousseau, dans son *Ode aux Princes chrétiens*, fait le tableau suivant :

La Palestine enfin, après tant de ravages,
Vit fuir ses ennemis, comme on voit les nuages
Dans le vague des airs fuir devant l'Aquilon ;
Et des vents du midi la dévorante haleine
   N'a consumé qu'à peine
Leurs ossemens blanchis dans les champs d'Ascalon.

De ses temples détruits et cachés sous les herbes,
Sion vit relever ses portiques superbes,
De notre délivrance auguste monument :
Et d'un nouveau David la valeur noble et sainte
   Semblait, dans leur enceinte,
D'un royaume éternel jeter les fondemens.

(*) M. l'abbé Delille est un des poètes français qui ont le mieux connu cet art de varier la forme des vers alexandrins, et de se soustraire à leur marche traînante. Ses *Géorgiques* et son poème *des Jardins* offrent des morceaux où ce genre de beauté est porté à son plus haut degré de perfection. Les ouvrages de cet écrivain seront toujours du nombre de ceux que tout homme qui se destine aux muses associera à ses études de Racine et de J. B. Rousseau, parce qu'il est, comme eux, un des poètes les plus parfaits de la langue

Mais chez ses successeurs, la discorde insolente,
Allumant le flambeau d'une guerre sanglante,
Énerva leur puissance en corrompant leurs mœurs;
Et le ciel irrité, ressuscitant l'audace
   D'une coupable race,
Se servit des vaincus pour punir les vainqueurs.

Voilà deux modèles de narration poétique. Enfin, voyons encore ces deux maîtres exprimant une même idée ; et puis nous chercherons à faire un parallèle entr'eux.

Esther, toujours dans le morceau que nous avons cité, dit :

Ciel ! verra-t-on toujours, par de cruels esprits,
Des princes les plus doux l'oreille environnée,
Et du bonheur public la source empoisonnée, etc.

Rousseau, dans l'*Ode sur la mort du prince de Conti*, fait usage de la même figure, en parlant de la flatterie :

Le pauvre est à couvert de ses ruses obliques ;
Orgueilleuse, elle suit la pourpre et les faisceaux ;
Serpent contagieux, qui des sources publiques
   Empoisonne les eaux.

Un homme vraiment touché des beautés de la poésie, ne pourra, je crois, jamais donner la préférence à l'un des deux auteurs sur l'autre, dans les morceaux que nous avons comparés. Tout ce que l'on peut faire, c'est, il me semble, d'assigner le caractère propre de chacun d'eux. En général, on peut remarquer qu'il y a un luxe de poésie plus grand dans Rousseau, plus de hardiesse dans son expression, une marche plus décidée. Rien de beau comme cette comparaison :

La Palestine enfin, après tant de ravages,
Vit fuir ses ennemis, comme on voit les nuages
Dans le vague des airs fuir devant l'Aquilon, etc.

Et quelle grandeur dans cette idée !

. . . . . Semblait dans leur enceinte,
D'un royaume éternel jeter les fondemens.

Dans Racine, règne une majesté plus noble et plus calme, une harmonie peut-être plus mélodieuse, plus soutenue. Quelle superbe image dans ce seul vers !

Et le temple déjà sortait de ses ruines.

Que résulte-t-il de ce que nous disons ? c'est qu'en parlant des deux auteurs, nous avons caractérisé presque le style propre des genres dans lesquels ils ont écrit. Esther, parlant à Assuérus, est plus pressée d'exposer le sujet de sa plainte, et n'a pas le temps d'accumuler des comparaisons ; mais le poète lyrique, livré tout entier à son enthousiasme, s'abandonne à tous les écarts de l'imagination, et passe d'une idée à l'autre, à mesure que la ressemblance des objets qui l'environnent, avec son sujet principal, vient les offrir à son esprit. Aussi, en développant les mêmes idées, Racine et Rousseau n'ont rien dans leurs vers qui se ressemble; et c'est pourquoi tous deux ils ont acquis la perfection.

Lorsqu'on étudie beaucoup ces deux grands écrivains, on voit combien ils sont nourris de la lecture des livres saints, ces véritables dépôts de la plus haute poésie. Rien ne peut élever l'imagination comme la lecture fréquente de ces ouvrages. Quelle beauté dans *les Cantiques de Salomon* et dans les *Psaumes de David!* Quelle verve brûlante dans le prophète Isaïe! et quelle touchante simplicité dans l'*Evangile!* Là, les idées, dans leur marche fière, n'ont pas besoin, pour étonner, de se revêtir de l'éclat emprunté des paroles, ni de l'arrangement mécanique des mots; mais belles de leur propre beauté, elles se présentent toujours seules et n'en paraissent que plus sublimes. C'est là que le style s'habitue à une concision énergique, et l'écrivain à resserrer son expression à proportion que son idée s'agrandit; il n'est aucun genre de beauté dont ces livres ne nous offrent des modèles que l'on n'a point encore égalés. Rien, dans aucune langue, est-il exprimé d'une manière plus touchante que ce verset de l'évangéliste Mathieu:

« Vox in Ramâ audita est; ploratus, et ululatus multus: Rachel plorans filios suos, et noluit consolari, quia non sunt. »

Et dans la Bible, ces mots d'un jeune prince, qui, condamné à la mort pour avoir transgressé la loi, en goûtant d'un peu de miel, dit en expirant :

» Gustans, gustavi paululùm mellis, in summitate virgæ, et ecce morior. »

Qu'on lise la première olympique adressée à Hiéron, où quelques-unes des belles odes d'Horace, comme celle à Drusus; y trouvera-t-on plus de feu et de poésie que dans les morceaux suivans, tirés au hasard d'Isaïe :

« Nisi Dominus exercituum reliquisset nobis semen, quasi Sodoma fuissemus, et quasi Gomorrha, similes essemus.

» Audite verbum Domini, principes Sodomorum, percipite auribus legem Dei nostri, populus Gomorrhæ.

» Quæ mihi multitudinem victimarum vestrarum, dicit Dominus ! plenus sum. Holocaustæ arietum et adipem pinguium et sanguinem vitulorum, et agnorum et hircorum nolui.

» Ne offeratis ultrà sacrificium frustrà : incensum. Abominatio est mihi. Neomeniam et sabbatum, et festivitates alias non feram; iniqui sunt cætus vestri.

» Et cum extenderitis manus vestras, avertam oculos meos à vobis ; et cum multiplicaveritis orationem, non exaudiam : manus enim vestræ sanguine plenæ sunt.

» Lavamini, mundi estote, auferte malum cogitationum vestrarum ab oculis meis : quiescite agere perversè. »

Quel mouvement dans toutes ces tournures :

Audite, quo mihi, ne offeratis, lavamini! Et quel feu dans la seconde strophe! Le prophète s'est à peine donné le temps de dire: nous serions comme les habitans de Sodome et de Gomorrhe ; qu'emporté par son indignation, dès la phrase suivante, il les traite de princes de Sodome, de peuple de Gomorrhe ; voilà la véritable marche lyrique. Enfin, quelle image plus belle peut montrer combien Dieu pénètre profondément dans le fond de notre âme, que celle-ci : *Auferte malum cogitationum vestrarum ab oculis meis.*

Éloignez de mes yeux vos coupables pensées.

Rousseau, dans ses Odes sacrées, a fait connaître David; et tout le monde est à portée de juger combien il est rempli de traits du plus grand sublime ; c'est pourquoi je n'en citerai rien. Mais, disons en passant, avec Klopstock (*), ce rival unique que l'Europe ait à opposer à Milton: « Qu'il
» ne suffit pas, pour un auteur qui travaille dans
» le genre sacré, d'avoir profondément étudié la
» religion, qu'il faut encore qu'elle ait formé son
» âme de cette main ferme, que l'homme de pro-
» bité sait si bien reconnaître. » Cette pensée d'un homme de génie étranger est peut-être la plus grande réfutation des inculpations atroces faites au Pindare moderne.

(*) Voyez son *Essai sur la Poésie sacrée*, à la tête de son sublime poème du *Messie*.

On s'est plu souvent à comparer Racine, comme poète, à J.-B. Rousseau. Je n'ai jamais bien démêlé les motifs de ceux qui travaillaient à acquérir au premier une réputation à laquelle il paraît n'avoir jamais prétendu ; car on n'est pas un lyrique, pour avoir fait quelques chœurs de tragédie ; encore moins l'est-on assez pour être mis à côté de l'auteur des *Odes à la fortune, au comte du Luc, au prince Eugène*, et de vingt autres non moins belles. J'ai vu seulement que ces parallèles avaient souvent servi de prétexte pour tâcher de rabaisser ce Rousseau, si beau dans ses ouvrages, si ferme dans ses malheurs.

Comparons, par exemple, les stances sur la calomnie, qui se trouvent dans l'un des chœurs d'*Esther*, avec l'ode de Rousseau sur le même sujet :

> Rois, chassez la calomnie ;
> Ses criminels attentats,
> Des plus paisibles états
> Troublent l'heureuse harmonie.
>
> Sa fureur, de sang avide,
> Poursuit partout l'innocent.
> Rois, prenez soin de l'absent
> Contre sa langue homicide.
>
> De se montrer si farouche,
> Craignez la feinte douceur :
> La vengeance est dans son cœur,
> Et la pitié dans sa bouche.

> La fraude adroite et subtile,
> Sème de fleurs son chemin :
> Mais sur ses pas vient enfin
> Le repentir inutile.

Ces vers sont certainement fort beaux. Il y a de la force dans ceux-ci :

> Sa fureur, de sang avide,
> Poursuit partout l'innocent, etc.

Ainsi que dans les deux vers suivans :

> La vengeance est dans son cœur,
> Et la pitié dans sa bouche.

quoiqu'il eût fallu peut-être tâcher de renverser les deux vers, afin de réserver le trait le plus fort pour le dernier.

Mais écoutons Rousseau :

> O Dieu, qui punis les outrages
> Que reçoit l'humble vérité,
> Venge toi... détruis les ouvrages
> De ces lèvres d'iniquité ;
> Et confonds cet homme parjure,
> Dont la bouche non moins impure,
> Publie avec légèreté
> Les mensonges que l'imposture
> Invente avec malignité.

> Quel rempart, quelle autre barrière
> Pourra défendre l'innocent,
> Contre la fraude meurtrière
> De l'impie adroit et puissant !
> Sa langue aux feintes préparée,
> Ressemble à la flèche acérée
> Qui part et frappe en un moment :
> C'est un feu léger dès l'entrée,
> Que suit un long embrâsement.
>
> (Ode XII, liv. 1ᵉʳ).

Assurément, il y a bien plus de force et de poésie dans ces strophes de J.-B. Rousseau; l'expression de *lèvres d'iniquité*, est une de ces expressions créées par le génie. Quelle énergie dans ces vers :

> Sa langue aux feintes préparée,
> Ressemble à la flèche acérée
> Qui part et frappe en un moment.

Et la belle image qui termine cette strophe, est rendue avec une élégance et une concision étonnantes.

Il est bien inconcevable que M. l'abbé Batteux, pour prouver que le moelleux manquait à Rousseau, ne se soit jamais avisé de comparer qu'un morceau de celui-ci avec Racine, où c'est Racine qui précisément a tout l'avantage de la force, et Rousseau celui du moelleux. C'est être bien malheureux dans son choix. Nous lisons, dans les *Principes de la littérature*, ou *Traité de la poésie* *lyrique* (*), qu'on compare (ce qui pour le coup n'est ni moelleux, ni harmonieux) l'ode qui commence par ces mots :

J'ai vu mes tristes journées,

qui est sans contredit celle où il y a le plus de moelleux, avec le chœur *d'Esther :*

Pleurons et gémissons.

C'est le même sentiment qui règne dans l'un et dans l'autre morceau. Il ne sera point difficile de le sentir, il faut comprendre ce que vous voulez dire. J'avoue que, pour moi, je n'y entends rien. Quelle comparaison y a-t-il à faire entre les paroles d'un convalescent qui parle de son mal, et les gémissemens d'une troupe de femmes qui sont près d'être égorgées, ainsi que toute leur nation? Je n'ai jamais vu de sentimens qui se ressemblassent moins; encore si ces femmes étaient déjà sauvées, le sentiment aurait au moins cette ressemblance que, dans les deux morceaux, il serait question d'un danger passé; mais il n'y a rien de cela. Dans Rousseau, celui qui parle exprime sa joie, parce qu'il n'a plus rien à craindre ; et dans Racine, au contraire, ses femmes ont tout à craindre, puisqu'elles sont des victimes sur lesquelles le couteau est levé, et qui s'attendent à

(*) Tom. III, pag. 272.

tout moment à être frappées. Mais enfin, puisque M. l'abbé Batteux veut qu'on compare, comparons et mettons nos lecteurs à portée de juger sur-le-champ. Racine dit :

>Quel carnage de toutes parts !
>On égorge à la fois les enfans, les vieillards,
>>Et la sœur et le frère,
>>Et la fille et la mère,
>Le fils dans les bras de son père !
>Que de corps entassés, que de membres épars,
>>Privés de sépulture,
>>Grand Dieu ! tes saints sont la pâture
>>Des tigres et des léopards !

J'ai beau chercher dans l'Ode de Rousseau rien qui ressemble à cet endroit, je n'y trouve que les vers suivans, qui sont remplis de cette mélancolie douce, si naturelle au convalescent échappé d'une grande maladie, et qui se rappelle le danger qu'il a couru :

>J'ai vu mes tristes journées
>Décliner vers leur penchant ;
>Au midi de mes années,
>Je touchais à mon couchant ;
>La mort déployant ses ailes,
>Couvrait d'ombres éternelles
>La clarté dont je jouis ;
>Et dans cette nuit funeste,
>Je cherchais en vain le reste
>De mes jours évanouis.
>>(Ode xv, liv. 1ʳᵉ).

Mais voyons encore plus loin, peut-être comprendrons-nous ce que veut dire M. l'abbé Batteux. Je trouve dans le chœur *d'Esther*:

> Arme-toi, viens nous défendre ;
> Descends tel qu'autrefois la mer te vit descendre;
> Que les méchans apprennent aujourd'hui
> A craindre ta colère ;
> Qu'ils soient comme la poudre et la paille légère,
> Que le vent chasse devant lui.

Il n'y a rien non plus de tout cela dans l'Ode de Rousseau. J'y lis la strophe suivante, écrite toujours avec le même moelleux, et cette même harmonie que la première.

> Mais ceux qui, de sa menace,
> Comme moi, sont rachetés,
> Annonceront à leur race
> Vos célestes vérités.
> J'irai, Seigneur, dans vos temples,
> Réchauffer, par mes exemples,
> Les mortels les plus glacés ;
> Et vous offrant mon hommage,
> Leur montrer l'unique usage
> Des jours que vous leur laissez.

C'est assurément être doué d'une manière de voir bien étrange, que de trouver, dans ces morceaux, de quoi faire un parallèle, et de nous citer ce chœur *d'Esther*, pour preuve de moelleux dans le style. Mais il n'y en a pas, car jamais moelleux n'eût été plus mal placé; c'était de la force qu'il fallait, et c'est bien ce que Racine a senti. Aussi voyons-nous qu'autant Rousseau, dans ses vers, est ici doux, harmonieux, touchant, autant Racine est mâle, vigoureux et ferme dans ses descriptions. Cependant, comme on est toujours conséquent, même dans ses erreurs, M. l'abbé Batteux finit par nous dire avec élégance : « On verra (après cette judicieuse comparaison faite) que si M. Rousseau a eu un grand nombre des parties nécessaires pour former les grands lyriques, il y en a quelques-unes qu'il n'a pas eues, ou qu'il n'a eues que dans un degré ordinaire. »

Voilà assurément un morceau d'une logique et d'une littérature bien parfaites.

Mais revenons aux strophes de nos deux auteurs *sur la flatterie*, que j'ai citées et qui sont un peu plus susceptibles de comparaison. Conclurai-je de ce que celles de Rousseau sont supérieures, qu'il était plus grand lyrique? J'avoue que je le crois depuis long-temps; et les *Cantiques* de Racine comparés aux *Odes sacrées* de Rousseau me le prouveraient assez : mais ce n'est jamais par les parallèles de morceaux tirés des chœurs, avec des odes, que je voudrais me décider à porter ce jugement. Les deux auteurs sont toujours dans des positions différentes ; et s'ils ont quelquefois les mêmes sentimens ou les mêmes idées à traiter, les personnages qu'ils ont à faire parler sont bien différens ; et par la manière dont ils modifient leur style, ils détruisent toute possibilité de comparaison. Ici, par exemple, l'un fait parler de jeunes filles, l'autre parle en son propre nom. Il eût été du dernier ridicule que leur langage fût le même; d'ailleurs, l'on s'exprime toujours d'une manière plus énergique, lorsqu'on se plaint d'un vice qui nous opprime seuls, que quand on parle de ce vice en général, ou que l'on est plusieurs ensemble victimes de ses effets. J'en reviendrai donc à dire encore qu'ils ont parfaitement fait tous deux, mais qu'il faut bien se garder de les comparer. Cependant, nous lisons, dans certaine brochure de Voltaire, intitulée *Eloge de Crébillon*, où pourtant personne n'est loué, excepté Voltaire lui-même, que les chœurs d'*Athalie* et d'*Esther*, sont tout ce que les Français ont de plus parfait dans le genre lyrique. Cela est un peu difficile à croire, quand on a lu les *Odes sacrées* VII et VIII, l'*Ode au comte du Luc*, celle *au prince de Vendôme sur son retour de Malte*, et l'*Epode* de J. B. Rousseau, qui peut seule être regardée comme un des plus beaux poèmes de la langue française. D'ailleurs, serait-il juste, si ce même Rousseau eût laissé deux ou trois scènes de tragédie, parfaitement écrites et dialoguées, que ses admirateurs voulussent l'exalter en le mettant, comme poète tragique, à côté de Racine ou de Voltaire ? Les hommes sont bien étranges de circonscrire volontairement le cercle de leurs plaisirs, et de pousser la cruauté jusqu'à se nier eux-mêmes leurs jouissances intérieures. Nous n'avons déjà pas trop de grands hommes ; et d'ailleurs, on n'élève personne en abaissant un rival. Reconcilions donc deux écrivains que la postérité semble avoir voulu brouiller, et qui, s'ils eussent été contemporains, se seraient admirés et se seraient complus dans la gloire l'un de l'autre. Racine et Rousseau sont des modèles que peut-être on n'égalera jamais. Etudions-les ; voilà l'hommage que leur doivent leurs partisans respectifs ; et rappelons-nous que le plus grand ennemi de notre lyrique, son censeur le plus injuste, a cependant dit de lui, dans un de ses momens où la haine n'usurpait pas les droits de la vérité :

« Tu vis sa muse. . . . .
Manier d'une main savante,
De David la lyre imposante,
Et le flageolet de Marot. »
(*Temple du goût.*)

Ce qui distingue surtout Racine et Rousseau de tous les autres poètes, c'est qu'ils ont presque toujours cette pureté de style et cette finesse de goût qui les rendent classiques, et qui font qu'on peut se livrer sans réserve à la lecture de leurs ouvrages. Tous deux ils ont écrit avec la correction de Boileau ; mais ils avaient de plus l'imagination et la sensibilité, que celui-ci n'avait pas. En général cependant, si l'on veut une idée juste de la perfection en littérature, ce sont ces trois auteurs qu'il faut prendre, et qui, chacun dans leur genre, sont placés à la tête des autres écrivains. Ce beau triumvirat fera toujours les délices et le désespoir des poètes qui écriront après eux.

Puisque j'en suis au chapitre des opinions littéraires, je ne puis m'empêcher de dire un mot de cette question oiseuse, et pourtant si souvent agitée, de savoir si une *tragédie* est plus difficile à faire qu'une *ode*. Ces discussions, en général, n'ont pas été agitées par amour pur des lettres : la jalousie les faisait naître, et la haine les dictait. Pour moi qui ne suis point jaloux, et qui ne hais personne, puisque je n'ai jamais prétendu être auteur, et que personne ne m'a fait de mal, je pourrais me tromper, mais au moins je n'aurai pas cherché à me tromper moi-même. Il me semble donc qu'on a trop écrit pour la tragédie, et pas assez pour l'ode. En effet, ne pourrait-on pas dire en faveur de celle-ci, que les Français ne comptent encore qu'un lyrique (*), tandis qu'ils ont plusieurs poètes tragiques? Ne pourrait-on pas citer un Lamotte, qui, avec l'esprit seulement, mais sans talent, a pourtant laissé une tragédie que l'on revoit encore avec plaisir, tandis que de son énorme volume d'odes, pas une ne lui a survécu ? Ne pourrait-on pas citer Voltaire, dont le recueil

---

(*) La perfection même que l'on s'obstine à refuser à Rousseau, ne serait qu'une raison de plus pour croire à la difficulté de ce genre.

en ce genre est peut-être plus mauvais encore que celui de Lamotte? Ne pourrait-on pas dire enfin que les Anglais n'ont que Cowley (*), qui même n'est pas très-estimé parmi eux, et que leurs richesses lyriques se bornent presque à la seule ode de Dryden sur la fête d'Alexandre? Que conclure de tout cela? que l'ode est un genre plus difficile; non, mais que la perfection en tout l'est infiniment. Me voilà sans doute un peu loin d'*Esther* ; mais ayant eu Racine et Rousseau à mettre plusieurs fois en parallèle, j'ai été charmé qu'on ne pût se méprendre sur mes vrais sentimens. Je reviens à mon sujet.

En poursuivant nos remarques sur *Esther*, les vers suivans me semblent dignes d'être cités :

Toi qui, d'un même joug souffrant l'oppression,
M'aidais à soupirer les malheurs de Sion.

Aider à soupirer les malheurs, est une expression infiniment poétique, pour dire, *aider à supporter le chagrin que causent les malheurs*. Je l'ai rencontrée rarement dans d'autres tragédies, et je crois qu'elle est du nombre de celles qui s'emploient plus particulièrement dans des sujets de sainteté. Il en est de même des expressions suivantes :

Dieu tient le cœur des rois entre ses mains puissantes.

(*) Voyez les *Leçons* du docteur Blair *sur la Littérature*, à la fin de l'article du *Poème lyrique*, tom. III, pag. 145.

La phrase plus ordinairement employée est *tenir dans ses mains*, et *avoir entre les mains*; ce qui ne signifie pas toujours la même chose. Mais il est des occasions, comme dans ce vers de Racine, où l'une et l'autre manière de parler s'emploient et sont synonimes :

> Un mot de votre bouche, en terminant mes peines,
> Peut rendre Esther heureuse, entre toutes les reines.

L'expression *entre toutes les reines* est une expression empruntée de l'écriture sainte, et devrait signifier *seule entre toutes les reines*, dans la même acception que Racine lui donne plus bas, lorsque Zarès dit à Aman :

> Seul entre tous les grands, par la reine invité,

Mais il est visible que, dans le premier exemple, cette expression doit signifier *plus heureuse que toutes les reines*; car elle n'est plus en concurrence avec personne, puisqu'elle l'a déjà emporté sur toutes ses rivales ; et sûrement elle ne veut pas dire qu'elle désire être la seule heureuse de toutes les reines : cela serait cruel. Je crois donc l'expression de Racine peu juste dans cet endroit.

> Un roi sage.....
> . . . .
> Est le plus beau présent des cieux :
> La veuve en sa défense espère ;
> De l'orphelin il est le père,

Et les larmes du juste implorant son appui,
Sont précieuses devant lui.

Cette expression charmante, de *larmes précieuses devant lui*, qui paraît aussi être consacrée à la poésie sainte, a été employée par Rousseau. Il a dit dans sa VIe, *Ode sacrée* :

Mais l'humble ressent son appui (*du roi juste*),
Et les larmes de l'innocence
Sont précieuses devant lui.

Athalie, *Esther* et les *Odes sacrées* de Rousseau sont les trésors de ces expressions sublimes et de ces images propres au genre sacré. Je ne toucherai pas au premier ouvrage, il y aurait trop à citer ; en voici quelques exemples tirés des deux derniers :

Que ma bouche et mon cœur, et tout ce que je suis,
Rendent honneur au Dieu qui m'a donné la vie.

Quelle expression que *tout ce que je suis!* et quelle leçon pour ceux qui parlent toujours de mon être, d'espace, nager dans l'espace, et tout ce froid langage métaphysique !

Ministre du festin, de grâce, dites-nous,
Quel mêts à ce cruel, quel vin préparez-vous ?

1re ISRAÉLITE.

Le sang de l'orphelin.

2ᵐᵉ ISRAÉLITE.

Les pleurs des misérables.

1ᵉʳ ISRAÉLITE.

Sont ses mets les plus agréables...

2ᵐᵉ ISRAÉLITE.

C'est son breuvage le plus doux.

Le calme, à l'aspect de ces horreurs, serait, il me semble, déplacé dans un sujet profane; il faudrait s'émouvoir et employer le langage de l'indignation. Ici la tranquillité naît de l'entière confiance dans la justice divine, et devient sublime.

Dieu rejeta sa race,
Le retrancha lui-même, et vous mît à sa place.

Les phrases *rejeter sa race*, pour ne le plus protéger; et *le retrancha lui-même*, pour le fit mourir, sont de véritables conquêtes pour la langue, quoiqu'elles appartiennent particulièrement au langage sacré.

C'est par un ellipse à peu près semblable qu'Isaïe a dit :

» Dereliquerunt Dominum, blasphemaverunt sanctum Israël, abalienati sunt retrorsum. »

(*) Ils ont abandonné le Seigneur; ils ont blasphémé le saint d'Israël; ils se sont retirés.

(*) Je me sers de la traduction du P. Berthier.

La phrase *ils se sont retirés* (abalienati sunt retrorsum), est ici pour *abandonner le culte*.

Voici maintenant quelques expressions du même genre, tirées de J.-B. Rousseau. Je ne ferai que les indiquer.

> L'ambiteux immodéré,
> Et des eaux du siècle altéré,
> N'ose paraître en sa présence.
>
> (ODE VI, liv. 1ᵉʳ.)
>
> De ton dieu la haîne assoupie,
> Est prête à s'éveiller sur toi.
>
> (EPODE, liv. 1ᵉʳ.)
>
> Tu peux de ta lumière auguste
> Éclairer les yeux du juste,
> Rendre sain un cœur dépravé,
> En cèdre transformer l'arbuste,
> Et faire un vase élu d'un vase réprouvé.
>
> (ÉPODE, liv. 1ᵉʳ.)

Tout le monde sent combien cette langue est belle et majestueuse, combien ces locutions de *la colère qui s'éveille sur quelqu'un, le vase élu changé en un vase réprouvé, les eaux du siècle,* pour dire *les vices;* combien, dis-je, elles sont particulières et inhérentes au genre sacré. Je ne prétends pas dire par là qu'il soit impossible d'en employer quelques-unes dans les sujets profanes. Depuis quelque temps même, rien n'est si commun que de multiplier l'emploi et le sens des mots, en transportant, par exemple, des termes d'arts dans des sujets littéraires. Ces sortes de néologismes enrichissent une langue, et provoquent souvent un nouvel ordre d'idées, en présentant à l'esprit des images nouvelles. D'ailleurs, le génie peut tout. Poursuivons.

Ce Racine, si doux et si tendre, a souvent des expressions et des images aussi sublimes que Corneille. Qu'on lise les vers suivans :

> Et sur mes faibles mains, fondant leur délivrance,
> Il me fait d'un empire accepter l'espérance.

Accepter l'espérance d'un empire est une expression elliptique de la plus grande hardiesse.

> Tu sais combien je hais leurs fêtes criminelles,
> Et que je mets au rang des profanations,
> Leur table, leurs festins et leurs libations ;
> Que même cette pompe où je suis condamnée,
> Ce bandeau dont il faut que je paraisse ornée,
> Dans ces jours solennels, à l'orgueil dédiés,
> Seule, et dans le secret je le foule à mes pieds ;
> Qu'à ces vains ornemens, je préfère la cendre,
> Et n'ai du goût qu'aux pleurs que tu me vois répandre.

Ce morceau nous offre plusieurs remarques à faire. Commençons par admirer combien il est hardi de dire, *être condamné à la pompe.* Le contraste qui semble exister dans ces deux termes, étonne d'abord ; mais un moment de réflexion nous fait bientôt sentir toute la justesse et la profondeur de l'idée ; et de là naît le sublime de l'expression.

Cependant la tirade, en général, n'est pas sans quelques taches. Le second vers,

> Et que je mets au rang des profanations,

est un peu lent, à cause de *et que* qui en retarde trop la marche.

> Seule, et dans le secret je le foule à mes pieds.

Le relatif *le*, dans ce vers, est un peu loin de son substantif. Celui-ci,

> Et n'ai de goût qu'aux pleurs que tu me vois répandre,

pèche contre la syntaxe. On ne dit pas, *avoir du goût au spectacle*, mais *avoir du goût pour le spectacle*. D'ailleurs, *qu'aux pleurs que* est désagréable. Disons pourtant que, du temps de Racine, il était encore assez commun de dire *avoir du goût à quelque chose*, comme l'on dit encore, *avoir regret à son argent, à ses plaisirs passés*; mais alors le substantif ne doit pas être précédé de l'article. Cette faute se rencontre souvent dans les contemporains de Racine. Enfin, le vers suivant mérite d'être remarqué.

> Dans ces jours solennels, à l'orgueil dédiés.

L'usage voudrait ici le mot *consacrés*, parce qu'on dit *consacrer ses jours à la patrie, à la gloire*, et non pas *dédier ses jours à la patrie, à la gloire*. Cependant je suis bien loin de donner cette observation pour une critique ; je trouve au contraire l'expression *dédiés* fort belle, quoique latine. Quelques critiques ont blâmé Malherbe d'avoir dit, dans sa belle ode à Duperrier :

Le malheur de ta fille, aux enfers descendue,
Par un commun trépas, etc.

Je ne crois cependant pas que beaucoup de poètes voulussent répéter avec l'abbé Batteux, qu'il nous faut maintenant une circonlocution, et dire *le trépas dont personne n'est exempt* (*). C'est là, au contraire, ce qu'il ne nous faut pas; car nous voulons, aussi bien que nos pères, des beautés; et la circonlocution ne serait qu'une platitude. Que l'on critique ces sortes de licences lorsqu'il n'en résulte aucune beauté, la sévérité devient alors justice, parce que la licence, dans ce cas, prouve l'ignorance... de la langue ou la faiblesse du génie : mais lorsqu'elles servent à donner un tour plus vif à l'idée, une plus grande précision au vers, on doit en faire la remarque pour ceux qui étudient la langue, mais non pas les proscrire. Quel poète, par exemple, sacrifierait à la sévérité grammaticale l'expression de

---

(*) *Principes de littérature*, liv. III, pag. 268.

Maynard, dans une très-belle Ode trop peu connue.

> Romps tes fers, bien qu'ils soient dorés.
> Fuis les injustes adorés,
> Et demeure toi-même à l'exemple du sage.

Et celle-ci, plus belle encore, de J. B. Rousseau :

> Lançant vos traits venimeux,
> Osez, digne du tonnerre,
> Attaquer ce que la terre
> Eut jamais de plus fameux.

Injustes adorés, pour des *hommes injustes que l'on adore*; *demeure toi-même*, pour *garde ton propre caractère*; enfin *dignes du tonnerre*, pour *mériter d'être frappés de la foudre*, sont des latinismes si l'on veut; mais avant tout, ce sont des beautés, et dès-lors précieuses.

Racine dit :

> L'affreux tombeau pour jamais les dévore.

Et ailleurs :

> Souvent avec prudence un outrage enduré
> Aux honneurs les plus hauts a servi de degré.

Un tombeau qui dévore; un *outrage qui sert de degré aux honneurs*, sont des hardiesses non seulement permises, mais admirées.

> J'ai foulé sous les pieds, remords, crainte, pudeur.

Ce vers est remarquable par le rapprochement d'une action physique sur des êtres moraux. Il n'a cependant rien qui blesse : mais il faut avoir un goût bien sûr pour employer ces façons de parler sans tomber dans le mauvais goût.

> Ainsi puisse à jamais, contre tes ennemis,
> Le bruit de ta valeur te servir de barrière !

Il est facile de voir tout ce que la pensée gagne ici par la hardiesse de l'expression, et combien l'homme doit être grand, quand le bruit seul de son nom en impose à ses ennemis. Ce vers en rappelle un autre non moins beau du même auteur :

> Déjà de votre gloire on adorait le bruit.

L'image suivante est remplie d'agrément :

> Il erre à la merci de sa propre inconstance.

Malherbe avait dit, avec assez peu d'élégance, dans sa consolation à Charitée :

> Et livriez de si belles choses
> A la merci de la douleur.

Et dans la première églogue de Segrais, on trouve deux vers charmans :

> Errant à la merci de ses inquiétudes,
> Sa douleur l'entraînait aux noires solitudes.

Les poëtes se rencontrent tous les jours; et il y a grande apparence que Segrais n'a pas plus copié Malherbe, que Racine n'a copié l'un et l'autre.

Le vers suivant est d'une grande force, et renferme le mot *regorger*, dans une acception que le style noble admet rarement.

On verra. . . . .
. . . .
Le sang de vos sujets regorger jusqu'à vous.

La phrase est parfaitement grammaticale, le verbe *regorger* est un verbe neutre, et se construit aussi avec le régime simple. Ainsi on peut dire: *Ces masses de pierres jetées dans ce bassin ont fait regorger l'eau*(*). Cependant le mot *regorger* s'emploie plus souvent au figuré, et alors il exige un régime composé. Ainsi, on dit: *regorger d'or*, *regorger de sang*. En poésie, on a recours le plus souvent aux sens figurés des mots pour les ennoblir; ici, au contraire, Racine rétablit le sens propre d'un mot peu usité, et sait encore par-là lui donner plus de force. C'est que Racine, outre son génie, avait une parfaite connaissance de sa langue, étude trop négligée par les jeunes littérateurs.

— Hydaspe dit à Aman:

L'heureux Aman a-t-il quelques secrets ennuis?

(*) *Dict. de l'Acad.*

AMAN.

Peux-tu le demander, dans la place où je suis?

Ce trait est profond et digne de Corneille. Cependant, il eût peut-être fallu que le dernier hémistiche fût plus détaché du premier pour présenter l'idée d'une manière plus frappante.

Rien n'est plus brillant en poésie que les gradations ; mais elles demandent un art extrême. Il faut toujours observer la règle de cette figure, qui exige que le trait qui suit l'emporte de beaucoup pour la force, sur celui qui le précède, et que le dernier enfin les efface tous. Racine nous en offre un modèle dans ces vers du rôle d'Aman :

> Mardochée est coupable; et que faut-il de plus ?
> Je prévins donc contre eux l'esprit d'Assuérus ;
> J'inventai des couleurs, j'armai la calomnie;
> J'intéressai sa gloire, il trembla pour sa vie.

Quelle vivacité dans ces deux derniers vers ! quels coups redoublés ! et comme ils sont bien terminés par le plus terrible : *il trembla pour sa vie!*

> Nulle paix pour l'impie ; il la cherche, elle fuit.

Ce vers vole presqu'aussi vîte que la pensée. Maynard, dans l'Ode dont j'ai parlé plus haut, a un trait d'une rapidité aussi sublime. Il dit à Alcippe:

> La cour méprise ton encens;
> Ton rival monte, et tu descends.

M. l'abbé d'Olivet (*), au sujet du vers de Racine, fait une remarque de grammaire bien importante; il dit : « Je doute que le pronom relatif » *la*, puisse être mis après *nulle paix* »; et il s'appuie de cette règle de Vaugelas « qu'on ne doit pas mettre de relatif après un nom sans article. » Cependant il n'admet cette règle que pour le relatif *le*, et non pas pour le relatif *qui*. Dans la phrase, *il la cherche*, le *la* semble en effet dire *il cherche nulle paix*, puisque ces deux mots ne font qu'un sens et sont inséparables. Pascal, dans ses *Lettres provinciales*, l'ouvrage le plus pur de la langue française, a fait aussi la même faute. On lit dans sa viie lettre (édit. 1766, vol. *in*-12, pag. 97): « Et ce n'a pas été sans raison. La voici. —Je la sais bien, lui dis-je. » Pour pouvoir dire, *la voici*, *je la sais*, il aurait fallu qu'il y eût *et ce n'a pas été sans une bonne raison*, ou une phrase équivalente, dans laquelle le substantif fût précédé d'un article.

Là où l'on aime à trouver surtout Racine, c'est dans ces images gracieuses, où son imagination féconde s'est plu à embellir une expression peu noble, à enrichir d'un mot créé une idée sans cela trop commune, enfin à métamorphoser, pour ainsi dire tous les objets sur lesquels elle promène ses regards. Citons-en quelques exemples.

(*) Voyez pag. 253 de ses *Remarques sur Racine*, insérées dans le volume intitulé, *Remarques sur la langue française*, par M. l'abbé d'Olivet; chez Barbou, édit. de 1783, vol. *in*-12.

> L'une d'un sang fameux vantait les avantages ;
> L'autre, pour se parer de superbes atours,
> Des plus adroites mains empruntait le secours.

Ces deux derniers vers n'avaient assurément qu'une idée bien commune à exprimer ; mais comme tout est embelli par le charme du style !

> Je ne trouve qu'en vous je ne sais quelle grâce.

Le terme de *je ne sais quoi* semblait appartenir à la familiarité de la conversation ou de la comédie ; cependant, dans le vers cité, il paraît être placé si naturellement, que l'élégance, loin d'en être blessée, en contracte un air de naturel, qui ajoute ici au mérite de l'expression, parce que ce naturel sied à merveille au langage d'un amant. Aman dit ailleurs, d'une manière aussi heureuse :

> Un je ne sais quel trouble empoisonne ma joie.

Tout le monde a cité ces vers où les exemples de mots communs, ennoblis par notre poète, sont frappans :

> Baiser avec respect le pavé de tes temples.

Et celui-ci, dans *Athalie* :

> Ai-je besoin du sang des boucs et des génisses ?

En voici un où cette hardiesse n'a pas été heureuse.

Racine fait dire à une Israélite :

Mes sœurs, j'entends du bruit dans la chambre prochaine.

Ce vers pèche par trop de familiarité. Le mot *chambre* surtout est choquant. Mais la phrase *payer avec usure*, qui est du nombre de celles que l'on appelle des phrases faites, et par conséquent appartenant au langage familier, a été employée avec beaucoup de bonheur par Racine, dans le vers suivant :

Babylone paya nos pleurs avec usure.

Le vers est noble, et la phrase *payer avec usure*, loin de paraître basse, ajoute même à l'énergie.

Rien n'est plus gracieux que les images suivantes. En parlant de jeunes filles emmenées en captivité, *Esther* dit :

Jeunes et tendres fleurs par le sort agitées,
Sous un ciel étranger, comme moi transportées,
Dans un lieu séparé de profanes témoins,
Je mets à les former mon étude et mes soins.

Cette image nous intéresse à la fois, nous émeut de compassion. On ne saurait mieux peindre la situation de jeunes filles sans soutien, jetées au milieu d'une nation qui leur est étrangère.

> Ma vie à peine a commencé d'éclore,
> Je tomberai comme une fleur
> Qui n'a vu qu'une aurore.
> Hélas ! si jeune encore,
> Par quel crime ai-je pu mériter mon malheur ?

Il est impossible de lire rien de plus parfait; toutes ces images sont fraîches, gracieuses et touchantes dans la bouche de jeunes filles.

> Ma vie à peine a commencé d'éclore,

est de l'imagination la plus aimable et la plus riante.

Aman veut demander à Hydaspe quelle protection Mardochée peut avoir à la cour. Un autre poète aurait fait de cette idée un vers qui n'eût été ni bon ni mauvais ; mais Racine a dit :

> Sur quel roseau fragile a-t-il mis son appui ?

Et ailleurs, Hydaspe, pour demander à Aman qui jamais fut plus heureux que lui, dit :

> Eh ! qui jamais du ciel eut des regards plus doux ?

Toujours des images ! et voilà ce qui distingue particulièrement la langue de Racine. Lorsqu'il a de belles idées à exprimer, quelque long récit à faire, ou des passions à traiter, il est impossible, en exceptant cependant l'amour, que d'autres poètes puissent approcher de lui, ou même qu'ils parviennent quelquefois à l'égaler ; mais quand il faut substituer une image à l'idée simple, dire une chose que tout le monde a dite, son heureuse imagination laisse bien loin tous ses rivaux.

Citons un des tableaux les plus agréables qui se trouve dans *Esther* :

> Tous ses jours paraissent charmans ;
> L'or éclate en ses vêtemens ;
> Son orgueil est sans borne, ainsi que ses richesses ;
> Jamais l'air n'est troublé de ses gémissemens ;
> Il s'endort, il s'éveille au son des instrumens ;
> Son cœur nage dans la molesse.
> Pour comble de prospérité,
> Il espère revivre en sa postérité ;
> Et d'enfans à sa table une riante troupe
> Semble boire avec lui la joie à pleine coupe.

Toujours cette manie du poète de donner à chaque idée l'expression et l'harmonie qui lui est propre. Quel calme dans ce vers :

> Jamais l'air n'est troublé de ses gémissemens.

Et cet *il s'endort* qui coupe le vers, avec quel art il peint, par sa chûte lourde, l'accablement du sommeil ! Je n'ai pas besoin d'avertir combien est belle l'image qui termine le morceau, et combien est hardie l'expression de *boire la joie à pleine coupe.*

Voyons encore Rousseau, avec son énergie et son feu ordinaires, exprimant les mêmes images :

Cette mer d'abondance où leur âme se noie,
Ne craint ni les écueils, ni les vents rigoureux :
Ils ne partagent point nos fléaux douloureux ;
Ils marchent sur les fleurs, ils nagent dans la joie ;
Le sort n'ose changer pour eux.

On voit tout de suite, comme dans le premier exemple, l'imagination créatrice et le pinceau du grand maître; et l'on aime, après avoir admiré les vers de Racine cités plus haut, à payer un juste tribut d'éloge à ceux-ci :

Cette mer d'abondance où leur âme se noie,

qui est magnifique, ainsi que le dernier,

Le sort n'ose changer pour eux.

Le sort qui n'ose changer, est de la plus grande force.

Pourquoi si peu de poètes ont-ils été doués de cette sensibilité profonde, si nécessaire à celui qui veut traiter tour à tour les douceurs et les em-

4

portemens de l'amour ? Pourquoi n'a-t-on recours le plus souvent qu'au seul Racine, quand on parle de cette passion ? Et je ne dis pas cela des poètes tragiques seulement, mais encore de presque tous ceux qui ont écrit dans les autres genres ; cependant, ils se disent tous inspirés par la sensibilité et par l'amour. Ce moyen est si sûr pour plaire, qu'on ne pense pas à l'impossibilité qu'il y a d'en imposer au cœur. Qu'est-il arrivé ? c'est que la plupart des poètes ont rempli leurs ouvrages de définitions de ces sentimens, et que très-peu les font reconnaître au langage qui leur est propre. Ils n'en eussent pas parlé ainsi, s'ils en avaient réellement été pénétrés, car ils auraient su qu'il est certaines affections de l'âme dont les définitions sont aussi inutiles qu'impossibles à faire, parce qu'elles ne sont comprises de personne. L'homme qui n'aura point connu cette passion, ne vous entendra pas ; et vous ne pourrez jamais la rendre que faiblement à celui qui l'aura éprouvée. En effet, est-il rien de plus ridicule que de vouloir définir l'amour, la sensibilité, la tendresse ? Leurs nuances fines et imperceptibles se font sentir ; mais elles échappent, lorsqu'on veut les saisir ; et il en sera toujours d'elles comme du plus grand nombre des choses ; on dira plutôt ce qu'elles ne sont pas que ce qu'elles sont. Un amant a t-il jamais cherché à expliquer la passion qui le tourmente ? non, il en est incapable ; les idées, les mots, tout lui manque. Il pense à celle qu'il aime; c'est-là tout ce qu'il peut dire; il est condamné à renfermer sa passion au-dedans de lui-même, où à ne la manifester que par la joie, la tristesse, le dépit, le chagrin, et d'autres mouvemens semblables et passagers. L'amour n'a pas permis que son secret fût révélé; l'homme ne le possède qu'avec l'impossibilité de le divulguer, et il en perd le souvenir au moment où sa passion cesse, car ce secret n'est jamais que l'amour même. Voilà ce que les Corneille semblent n'avoir pas senti, lorsqu'ils ont mis dans la bouche de leurs amantes ces maximes d'amour, si froides et si éloignées de la nature. Dans Racine au contraire, Hermione, Roxane, ne me débitent aucune sentence, ne cherchent point à me faire comprendre qu'elles aiment par des définitions ou par des raisonnemens. Mais je les vois tour-à-tour accabler leurs amans de reproches et s'efforcer de les attendrir, prendre la résolution de les abandonner et les chercher partout, vouloir bannir leur image de leur cœur et parler sans cesse d'eux. C'est alors que je reconnais l'amour et que je m'intéresse à ceux qui l'éprouvent, parce que je ne doute plus que cette passion ne les tyrannise. Mais quel cœur il faut avoir pour cela, et quelle irritabilité dans l'imagination, pour être frappé de tout et pour pouvoir tout exprimer! Ce devait sans doute être une âme de feu que celle d'où sont partis les emportemens de Roxane, les reproches amers d'Hermione, les douces plaintes de Bérénice, et les fureurs de Phèdre. Aussi, si quelques anciens ont peint l'amour avec la même force que Racine, il n'y a ni anciens ni modernes qui puissent jamais être mis au-dessus de lui ; il semble qu'en parlant d'*Esther*, l'éloge de cette partie du talent de ce grand poète ne dût pas y trouver place. En effet, on avait demandé à Racine une pièce sans amour, il le promit ; mais fut-il en état de tenir parole ? et dépendait-il de lui qu'on ne reconnût, même dans ce sujet sacré, la plume brûlante qui avait exprimé tous les mouvemens de l'amour ? car, qu'est-ce que l'amour, si ceci n'en est point ?

> Croyez-moi, chère Esther, ce sceptre, cet empire,
> Et ces profonds respects que la terreur inspire,
> A leur pompeux éclat mêlent peu de douceur,
> Et fatiguent souvent leur triste possesseur.
> Je ne trouve qu'en vous je ne sais quelle grâce
> Qui me charme toujours, et jamais ne me lasse.
> De l'aimable vertu doux et puissans attraits !
> Tout respire en Esther l'innocence et la paix ;
> Du chagrin le plus noir, elle écarte les ombres,
> Et fait des jours sereins de mes jours les plus sombres.
> Que dis-je ! sur ce trône, assis auprès de vous,
> Des astres ennemis j'en crains moins le courroux,
> Et crois que votre front prête à mon diadème
> Un éclat qui le rend respectable aux dieux même.
> Osez donc me répondre, et ne me cachez pas
> Quel sujet important conduit ici vos pas,
> Quel intérêt, quels soins vous agitent, vous pressent.
> Je vois qu'en m'écoutant, vos yeux au ciel s'adressent.
> Parlez : de vos désirs le succès est certain,
> Si ce succès dépend d'une mortelle main.

Sans doute, celui qui parlait ainsi était inspiré par l'amour. Assuérus n'est content que lorsqu'il est auprès d'*Esther* ; il voudrait pouvoir ne la jamais quitter : à son aspect, le chagrin fait place au plaisir ; assis à côté d'elle, il ne craint plus ni les astres ennemis, ni les dieux ; il est attentif à ses moindres mouvemens ; il la presse, il la supplie de lui révéler son secret. Il la voit lever les yeux au ciel ; l'inquiétude s'empare de son esprit, il ne se possède plus ; et il finit par lui dire en amant aveugle, sans savoir ce qu'elle exigera :

De vos désirs le succès est certain,
Si ce succès dépend d'une mortelle main.

Voilà le véritable langage de la passion. Et quelle diction! quelle énergie dans ces vers !

Ce sceptre et cet empire
A leur pompeux éclat mêlent peu de douceur,
Et fatiguent souvent leur triste possesseur.

Et quel charme dans les deux suivans!

Du chagrin le plus noir elle écarte les ombres,
Et fait des jours sereins de mes jours les plus sombres.

Rien n'est plus dans le caractère de la passion que ces sortes de répétitions, ni plus agréable que ces oppositions de mots, comme *sereins* et *sombres* qui se trouvent dans le même vers. C'est là ce qui fait la beauté de ce vers de Virgile :

Te, veniente die, te, decedente, canebat.

Quelques taches légères s'aperçoivent pourtant dans ce beau morceau. Les critiques ressemblent à ceux qui examinent de grands tableaux d'histoire, une loupe à la main. Les défauts qu'ils aperçoivent au moyen de leur vue artificielle, disparaissent lorsqu'on examine l'ensemble du tableau, mais n'en sont pas moins des défauts. Au reste, cette loupe est plus nécessaire pour Racine que pour tout autre ; et puisque nous avons tant fait que de nous en servir, profitons-en pour découvrir encore quelques petites imperfections.

Croyez-moi, chère Esther, ce sceptre, cet empire,
Et ces profonds respects que la terreur inspire,
A leur pompeux éclat mêlent peu de douceur,
Et fatiguent souvent leur triste possesseur.

Il y a ici une petite faute, parce que des trois nominatifs qui régissent la même phrase, il y en a un qui ne peut point la régir. Dégageons ces vers de la tournure poétique, et nous aurons, *ce sceptre, cet empire et ces profonds respects fatiguent leur possesseur*. On conçoit bien le *possesseur d'un sceptre, d'un empire*, mais non pas le *possesseur de respects*. On est *l'objet de profonds respects*, on n'en n'est pas le *possesseur*. Plus loin on trouve ces vers :

> Que dis-je ! sur ce trône assis auprès de vous,
> Des astres ennemis j'en crains moins le courroux.

Le relatif *en* signifie ici *à cause de cela*, *de cette circonstance*, et devrait se trouver ainsi à côté de la phrase à laquelle il se rapporte, *assis auprès de vous, j'en crains moins le courroux des astres ennemis*. Mais étant placé immédiatement après *des astres ennemis*, on est tenté de rapporter cet *en* à ces *astres* : ce qui deviendrait alors une véritable faute, au lieu que ce n'est ici qu'une petite négligence ; d'ailleurs, je crois ce *en* très-nécessaire, parce qu'il revient sur l'idée principale qui occupe Assuérus, et il eût été moins bien de dire :

> Que dis-je ! sur ce trône assis auprès de vous,
> Des astres ennemis je crains moins le courroux.

Racan, dans ces belles stances à Tircis, fait la faute que semblait faire Racine ; il dit :

> Et voit enfin le lièvre après toutes ses ruses,
> Du lieu de sa retraite en faire son tombeau.

Le *en* est ici visiblement inutile. Puisque le substantif est exprimé, le pronom ne tient la place de rien, et par conséquent est de trop.

Citons encore quelques-uns de ces vers qui

n'ont point été faits par Racine, mais qui se sont trouvés faits chez lui, et qui se sont élancés du fond de son âme.

>Demain, quand le soleil ramènera le jour,
>Contente de périr, s'il faut que je périsse,
>J'irai pour mon pays m'offrir en sacrifice.

Cette répétition du mot *périr* rend le second vers doux et touchant. Les sentimens vifs et les passions aiment en général à revenir sur les mêmes mots, parce que l'âme est toujours obsédée de la même pensée.

Virgile, qui se présente si naturellement à l'esprit lorsqu'on parle de Racine, dit dans une de ses églogues:

>Occidet et serpens, et fallax herba veneni
>Occidet.

On voit ici l'espérance qui se complaît dans l'idée de voir mourir les serpens et les herbes venimeuses, et qui répète avec complaisance le mot *mourir* (OCCIDET).

Voici quelques exemples encore du même genre:

>Ma prompte obéissance
>Va d'un roi redoutable affronter la punissance.
>C'est pour toi que je marche, accompagne mes pas
>Devant ce fier lion qui ne te connaît pas.

Cette image du lion est noble, sans être recherchée, parce qu'elle est naturelle à une personne de qui la terreur s'est emparée. On la trouve aussi dans la Bible : mais ce qui ne s'y trouve pas, c'est cet hémistiche, *qui ne te connaît pas*, dont la simplicité est si touchante.

Le dialogue de Racine offre souvent de ces réponses d'une concision élégante, et si rare lorsqu'on est restreint dans les bornes étroites d'un seul vers. Assuérus demande à Asaph :

> Quel honneur pour sa foi, quel prix a-t-il reçu ?
>
> ASAPH.
>
> On lui promit beaucoup ; c'est tout ce que j'ai su.

Et plus loin, Assuérus lui demande

> Vit-il encore ?
>
> ASAPH.
>
> Il voit l'astre qui vous éclaire.

Ce genre de beauté est peut-être plus difficile à atteindre que beaucoup d'autres qui semblent l'être davantage.

La répétition du même mot dans le vers, ajoute souvent aussi à la majesté et à la force, comme dans ces exemples :

> Descends, tel qu'autrefois la mer te vit descendre..

Ailleurs :

> Et détestés partout, détestent tout le monde.

Ailleurs encore,

> Et je dois d'autant moins oublier sa vertu,
> Qu'elle-même s'oublie..........

En général cependant, on doit être sobre de cette figure ; mais bien employée, elle est d'un excellent effet. Dans le premier exemple surtout :

> Descends, tel qu'autrefois la mer te vit descendre.

Elle donne une grande majesté au vers ; car, outre l'agrément de la répétition, il renferme encore une espèce de comparaison qui en augmente la beauté. Malherbe, qui avait une critique saine et une oreille délicate en poésie, affectionnait ces répétitions de mots. On en trouve des exemples fréquens et quelquefois heureux dans ses poésies. En voici un tiré de son *Ode à Louis* XIII :

> Donne le dernier coup à la dernière tête
> De la rébellion.

Et ailleurs :

> Est le premier essai de tes premières armes.

Nous avons dit combien le style de Racine était toujours pur. Jamais on ne voit, dans ses ouvrages, qu'il se soit laissé éblouir par le brillant d'une figure; et s'il en emploie quelqu'une, c'est qu'elle est dans la nature de la situation; et loin d'être un défaut, elle ne peut alors être qu'une beauté. L'antithèse, par exemple, dans ce vers d'Assuérus, n'a rien assurément qui puisse choquer. Il dit à Mardochée :

> Je te donne d'Aman les biens et la puissance :
> Possède justement son injuste opulence.

L'éclat de l'antithèse n'est point ici un faux éclat, parce qu'elle sert à nous développer mieux ce que veut dire Assuérus. Au lieu donc d'être un jeu d'esprit, les deux mots qui sont mis en opposition, deviennent comme la mesure l'un de l'autre, et nous donnent par-là celle de la justesse et de la latitude de l'idée. C'est aussi ce qui fait la beauté de cette figure, dans ces vers de Rousseau :

> Et les soins mortels de ma vie,
> De l'immortalité seront récompensés.

et ces autres vers si fameux :

> Le temps, cette image mobile
> De l'immobile éternité.

Dans tous ces exemples, l'antithèse ajoute à la pensée, ou plutôt n'est que la pensée même. Remarquons qu'*injuste opulence*, dans Racine, est encore un latinisme, mais je me garderai bien de le critiquer.

Me serait-il permis, après avoir épuisé tous les termes de l'admiration, de présenter maintenant quelques critiques. J'en ai dit assez, sans doute, pour qu'on ne puisse pas suspecter mon enthousiasme ; et d'ailleurs, le chapitre des fautes est si court dans notre poète, et le mot de Voltaire, qui voulait écrire *beau, très-beau*, au bas de toutes les pages de Racine, est si vrai, que, me bornant à *Esther* seule, ma tâche sera légère. Cependant si quelqu'un se plaignait encore, malgré cela, de mes notes, je lui dirais de ne s'en prendre qu'à Racine lui-même ; car nous devenons, en le lisant, comme ces sybarites délicats, qui toujours voluptueusement couchés sur des duvets de fleurs, finissaient par se sentir blessés d'une feuille de rose pliée en deux.

On a repris, avec bien de la rigueur, le grand lyrique français, pour avoir dit : *Jusques à quand honorerons-nous tes autels ? réside le solide honneur et la terrestre masse.* Ces observations étaient justes ; mais il me semble qu'on leur a donné une importance que d'aussi petites fautes ne pouvaient mériter. L'injustice consiste principalement à tirer de pareilles inadvertances, qui pourtant sont fort rares dans ce poète, des jugemens généraux sur le mérite de ses productions. Il n'est pas d'ouvrages en vers où l'on ne peut recueillir beaucoup de ces négligences, qu'il est presqu'impossible d'éviter dans un poème aussi difficile que *l'ode* ou la *tragédie*; et pour s'en convaincre, l'on devrait se rappeler que l'harmonieux Racine, dans sa seule pièce d'*Esther*, à laisser échapper

> Cieux ! l'éclairerez-vous cet horrible carnage ?
>
> Toute pleine du feu de tant de saints prophètes.
>
> Aux plus affreux excès son inconstance passe.
>
> Et faire à son aspect que tout genou fléchisse.
> Sortez tous.
>
> D'un souffle l'Aquilon écarte les nuages,
>   Et chasse au loin la foudre et les orages.
> Un roi sage, ennemi du langage menteur, etc.
>
> De ma fatale erreur répareront l'injure.

Ces vers sont pour le moins aussi mauvais et aussi durs que ceux que l'on a reprochés à Rousseau. Mais les remarque-t-on au milieu des beautés dans lesquelles ils sont comme noyés? Tout cela donc est bien peu de chose et mérite à peine qu'on s'y arrête. Venons à des observations plus importantes: les vers suivans nous en offrent quelques unes :

> Tel qu'un ruisseau docile
> Obéit à la main qui détourne son cours,
> Et laissant de ses eaux partager le secours,
>   Va rendre un champ fertile :

> Dieu de nos volontés, arbitre souverain,
> Le cœur des rois est ainsi dans ta main.

Les quatre premiers vers sont parfaits, mais la similitude est mal énoncée, ou plutôt il n'y a pas de similitude du tout ; car on peut bien dire : *De même que les ressorts de cette machine obéissent à ma main, ainsi ces chevaux obéissent à la main qui les guide.* Mais la phrase n'aurait aucun sens s'il y avait : *ces chevaux obéissent à la main qui les guide, comme ces ressorts sont dans ma main.* Pour qu'il y ait similitude, il faut que les deux objets comparés soient dans les mêmes attitudes, par rapport aux choses auxquelles ils sont liés.

Or, Racine pèche visiblement ici contre cette règle ; car, dans le premier membre de sa composition, *le cheval obéit à la main ;* et dans le second, *le cœur des rois est dans la main de Dieu.*

> Sur le point que la vie
> Par mes propres sujets m'allait être ravie.

Sur le point que, n'est pas français. *Sur le point* régit toujours la préposition *de* suivie d'un infinitif. Aussi on ne dit pas *je suis sur le point que je vais partir, sur le point que cette dignité allait m'être conférée* : mais *sur le point de partir, d'obtenir cette dignité.* Au reste, cette phrase ne peut aucunement trouver place ici. Il aurait fallu, *au moment où la vie*, etc.

Elise dit à Esther :

> Au bruit de votre mort, justement éplorée,
> Du reste des humains je vivais séparée.

Il me semble que *justement éplorée* est froid et languissant, et qu'Elise, dans l'ivresse de la joie, racontant ce qui s'était passé, eût dû parler avec plus de feu, et non pas motiver une douleur que l'on conçoit aisément dans une femme qui perdait son amie. Je crois remarquer une faute à peu près semblable dans le vers suivant, où Assuérus voyant Esther tomber entre les bras de ses femmes, dit :

> Dieu puissant! quelle étrange pâleur,
> De son teint tout-à-coup efface la couleur!

Ce mot *étrange* me paraît encore déplacé, parce qu'il est peu naturel. Le premier mouvement d'Assuérus doit être de dire tout de suite, *Dieu puissant! quelle pâleur*, etc.

> Détourne, roi puissant, détourne tes oreilles
> De tout conseil barbare et mensonger.

Oreilles au pluriel n'est ordinairement pas du style noble, surtout lorsqu'il vient seul et sans être accompagné d'une figure. Dans ces vers du rôle de Mardochée, par exemple :

> Et s'il faut que sa voix frappe en vain vos oreilles,
> Nous n'en verrons pas moins éclater ses merveilles.

Ce même mot n'a rien qui choque, parce qu'il est préparé par l'image de la voix qui frappe. Cependant, je crois qu'il est mieux encore, quand il est employé au singulier, comme dans Iphigénie en Aulide :

Oui, c'est Agamemnon, c'est ton roi qui t'éveille,
Viens, reconnais la voix qui frappe ton oreille.

Cette remarque devient plus pénible, lorsqu'on parle de l'Être-suprême, et qu'on l'envisage sous la figure humaine. Alors, si l'on veut nommer quelque partie du corps, on ne doit presque jamais parler qu'au singulier. Ainsi l'on dit, *la main de Dieu m'a soutenu*, et non pas *les mains de Dieu : le doigt de Dieu m'a guidé*, et non pas *les doigts de Dieu.*

Cette raison semble être fondée sur la conscience que nous avons tous de la force de Dieu, qui n'a pas besoin de moyens compliqués pour exécuter ses desseins, parce que cela prouverait effort, et que tout n'est qu'un jeu pour sa puissance infinie.

Quel profane en ces lieux s'ose avancer vers nous ?

S'ose avancer, pour *ose s'avancer*, serait une faute maintenant ; mais du temps de Racine, non-seulement cela n'en était pas une, mais cette manière de s'exprimer était préférée à la moderne. Il y a plus de grâce, ce me semble, en cette transposition, puisque l'usage l'autorise, dit Vaugelas dans ses Remarques (*) : « C'est pourquoi il préfère *je ne le veux pas faire* ; à *je ne veux pas le faire*. Tous les bons auteurs du siécle de Louis XIV écrivent presque toujours ainsi. Pascal (**), dans sa Xe *Lettre provinciale*, dit : « Je l'entendis bien, car il m'avait déjà appris de quoi le confesseur *se doit contenter* pour juger de ce regret. » Et Bossuet de même, dans son *Discours sur l'Histoire universelle* (***) : « Les sens nous gouvernent trop, et notre imagination, qui *se veut mêler* dans toutes nos pensées, ne nous permet pas toujours de nous arrêter sur une lumière si pure. » Thomas Corneille ne veut pas qu'on en fasse, comme Vaugelas, une règle générale; mais que, dans ce cas, ce soit l'oreille qui décide. Cependant il observe fort bien qu'il est des occasions où l'on ne peut mettre l'un pour l'autre, et où la construction grammaticale exige absolument que le pronom soit auprès de l'infinitif, comme dans cette phrase : il *se vint justifier* et répondre aux accusations qu'on lui avait faites. « La raison est, dit Corneille, que ces premiers mots, il *se vint répondre* qui est mal, parce que le pronom *se* y est superflu, comme on y trouve

---

(*) Tom. II, pag. 304, édit. 1783, qui renferme les Notes de Patru et de Corneille.

(**) Pag. 143, édit. 1766, in-12.

(***) Tom. Ier, pag. 417. Paris, Didot, 1786.

il *se vint justifier* qui est bien, parce que le pronom *se* y est gouverné par *justifier*. On connaît par là que la transposition du pronom personnel *se* est vicieuse, et qu'il faut dire : *il vint se justifier* et répondre aux accusations ; et auquel cas *il vint* fait une construction correcte, et s'accommode aussi bien avec *répondre* qu'avec *se justifier.* » Il pourrait encore résulter un autre inconvénient d'éloigner le pronom de l'infinitif : c'est de changer entièrement le sens par cette transposition. Dans cette phrase, par exemple, *il vit s'ouvrir* la porte : que l'on sépare le pronom *se* de l'infinitif, on aura *il se vit ouvrir* la porte, ce qui veut dire toute autre chose. J'ai allongé cet article, parce que M. l'abbé d'Olivet, dont l'autorité est d'un grand poids, semble pencher pour la plus ancienne de ces deux manières de parler (*), et qu'il m'a paru qu'en l'employant, on risquait souvent de tomber dans les fautes dont on vient de parler, principalement dans celle relevée par Corneille.

Et veulent qu'aujourd'hui un même coup mortel
Abolisse ton nom, ton peuple et ton autel.

On dit dans un sens absolu, *nous sommes tous deux abattus d'un même coup : nous nous attendons tous à un même sort ; c'est toujours le même*

(*) Voyez sa Remarque sur les premiers vers de la tragédie de *Bajazet.*

homme, et d'autres phrases semblables, où le pronom relatif *même*, exprimant identité de deux choses, ne permet point que le substantif soit suivi d'un adjectif, parce qu'il n'ajoute rien à la clarté de la phrase, qui, au moyen de la comparaison qu'elle renferme, dit tout ce que cet adjectif pourrait dire :

Esther que craignez-vous ? suis-je pas votre frère ?

Suis-je pas votre frère, pour *ne suis-je pas*, est une licence que Racine s'est permise plusieurs fois. Il a dit, dans *Alexandre,* d'une manière moins heureuse :

Sais-je pas que Taxile est une âme incertaine ?

et dans *les Plaideurs* :

Suis-je pas fils de maître ?

M. de Voltaire, dans ses Remarques sur le *Menteur* de Corneille, dit, au sujet d'un vers où la particule *ne* est omise devant le verbe :
« Cette licence n'est pas même permise en prose. » Je le crois bien, mais cela n'est pas une raison pour qu'elle ne le soit pas en vers. La poésie, ce me semble, a bien plus de licence que la prose, ou plutôt la prose n'en devrait avoir aucune. Ces licences rendraient variables les principes de la langue, si l'on se les permettait.

Au reste, ma preuve contre Voltaire est ce vers même de Racine, dans lequel *suis-je pas votre frère* n'est assurément pas désagréable, et n'a été critiqué par personne.

O bonté, qui m'assure autant qu'elle m'honore !

Et ailleurs:

En les perdant, j'ai cru vous assurer vous même.

Dans le premier exemple, le mot *assurer* doit signifier *rassurer*, *faire perdre la crainte que l'on avait;* et dans ce sens, on l'emploie encore, quoique rarement. Ainsi l'on dit : *j'avais peur, mais cela m'a* ASSURÉ *l'habitude de voir le danger* ASSURE *le soldat* (*). Mais dans le second vers, ce même mot ne saurait avoir aucun sens; car il doit signifier visiblement, vous *mettre hors de tout péril, de tout danger*, comme quand Assuérus dit :

Mais plus la récompense est grande et glorieuse,
. . . .
Plus j'assure ma vie.

Ce qui s'entend. Mais de ce qu'on peut dire, *assurer la vie de quelqu'un*, ce n'est pas une raison pour pouvoir dire aussi *assurer quelqu'un*,

---

(*) *Dict. de l'Acad.*

dans le même sens, parce que, dans cette dernière phrase, il y aurait amphibologie. Il paraît au reste que ce mot n'est plus employé dans le sens de *mettre à l'abri du danger*. En style de commerce, on en fait encore usage; mais alors il signifie, ou *garantir le prix des marchandises dont un vaisseau est chargé*, ou *payer la rançon de l'équipage*, dans le cas où il serait pris par l'ennemi. Ainsi l'on dit : *assurer un navire à tant pour cent*; *assurer le capitaine et les matelots* (*).

> Quiconque ne sait pas dévorer un affront,
> Ni de fausses couleurs se déguiser le front.

Se déguiser, pris figurément, comme il l'est ici; c'est *se montrer autre que l'on n'est*; et alors il se met absolument, parce qu'il forme un sens complet. Ainsi l'on dit *se mettre un masque sur le visage*, pour *se déguiser*; il *se déguise* en mille manières. Mais lorsqu'on veut faire suivre ce verbe d'un régime simple, il ne faut point le faire précéder du pronom *se*; il eût donc fallu dire dans ce vers, ni *de fausses couleurs déguiser son front*. Voltaire, dans la Henriade, fait la faute inverse, il dit :

> . . . Le héros, à ce discours flatteur,
> Sentit couvrir son front d'une noble rougeur.

(*) *Dict. de l'Acad.*

Ici, il eût fallu le réciproque *se couvrir*, parce qu'il y a action d'un sujet sur lui-même, et non pas une action extérieure, comme l'indique le verbe actif *couvrir*.

> Je frémis quand je voi
> Les abîmes profonds qui s'ouvrent devant moi.

Et ailleurs,

> Je le voi, mes sœurs, je le voi ;
> À la table d'Esther, l'insolent près du roi
> A déjà pris sa place.

Racine, à cause la rime, a retranché l'*s* dans toutes ces premières personnes de l'indicatif. Il a dit aussi, dans *les Plaideurs* :

> Oh, Messieurs, je vous tien.

Ce sont de très-petites licences permises aux poètes ; celle là l'était d'autant plus, du temps de Racine, qu'il n'y avait pas encore très-long-temps qu'on mettait un *s* aux premières personnes (*). Cette *s* était aussi une licence, que les poètes s'étaient permise d'abord en faveur de l'oreille, mais qui est devenue aujourd'hui une

---

(*) Vaugelas, dans ses *Remarques sur la Langue française*, écrit toujours les premières personnes sans *s* dans les verbes suivans : *je croi, je reçoi, je sçai*, etc.

règle que l'on enfreint rarement. Quelques modernes ont profité de la permission de l'ajouter ou de la retrancher. M. de Voltaire, dans sa Henriade, ne la met pas dans le mot *Londre*, pour la facilité de l'élision ; et J.-B. Rousseau, dans une de ses odes, dit :

> J'ai toujours refusé l'encens que je te doi.
> (ODE VII, liv. 1ᵉʳ.)

> On traîne, on va donner en spectacle funeste,
> De son corps tout sanglant le déplorable reste.

Je n'avais lu, depuis long-temps, les Remarques de M. l'abbé d'Olivet sur Racine, lorsque j'achevai mon premier brouillon de ces notes ; et peut-être que si je me fusse rappelé plutôt l'ouvrage de cet excellent littérateur, je n'aurais osé entreprendre le mien. Cependant, l'ayant relu, et voyant que je ne m'étais rencontré qu'une seule fois avec mon devancier dans ce qu'il dit sur *Esther*, je ne pensai pas devoir supprimer mon travail. L'endroit où nous nous sommes rencontrés, est précisément sur ce qui regarde ces deux vers. J'aime mieux faire le sacrifice de ce que j'avais dit là-dessus, pour ne pas priver le lecteur de l'excellente remarque de l'abbé d'Olivet ; la voici : « On dit absolument *donner en spectacle*, comme *regarder en pitié*, et beaucoup de phrases semblables, où le substantif, joint au verbe par la préposition *en*, ne peut être accompagné d'un adjectif. *Don-*

ner en spectacle funeste est un barbarisme. » Cette remarque est si juste, que M. l'abbé Desfontaines même en est convenu (*).

> Que tout leur camp nombreux soit devant ses soldats,
> Comme d'enfans une troupe inutile ;
> Et si par un chemin il entre en tes états,
> Qu'il en sorte par plus de mille.

Les deux derniers vers sont lâches et prosaïques, et le paraissent d'autant plus que toute la strophe jusques-là est magnifique.

On a pu remarquer, dans ces notes critiques sur Racine, que nous n'avons jamais pu citer plus de trois vers de suite qui fussent mauvais ; et certes, on serait bien embarrassé de trouver chez lui de longues tirades mal écrites. En voici cependant un exemple dans *Esther* ; mais aussi est-ce le seul. Zarès dit à Aman :

> Pourquoi juger si mal de son intention ?
> Il croit récompenser une bonne action ?
> Ne faut-il pas, seigneur, s'étonner au contraire,
> Qu'il en ait si long-temps différé le salaire ?
> Du reste, il n'a rien fait que par votre conseil ;
> Vous-même avez dicté tout ce triste appareil.
> Vous êtes après lui le premier de l'empire.

Ces vers ne sont que de la prose rimée. Rien

(*) Voyez le *Racine vengé*.

de moins poétique que toutes ces formes de raisonnement, *ne faut-il pas*, *au contraire*, *du reste;* ce style serait à peine soutenable dans la comédie. Racine est habitué si fort à la perfection, qu'on est tout étonné qu'il ait pu laisser subsister de semblables vers.

Avant de terminer ce petit écrit, je vais ajouter quelques notes aux Observations de M. l'abbé d'Olivet sur Racine. Les miennes ne sont pas faites dans l'intention de venger ce poète; car, comme l'a dit ingénieusement M. de La Harpe, il n'avait reçu aucune offense. Je viens seulement proposer mes doutes à ceux qui les croiront assez intéressans pour mériter d'être éclaircis. Je n'offre même toutes mes Remarques que comme de simples doutes littéraires; et si le ton affirmatif m'est échappé quelquefois, c'est que je me suis senti vivement ému, lorsque j'ai cru apercevoir la vérité, et qu'alors je n'ai pu toujours réprimer la vivacité qui entraînait ma plume. Mais lorsqu'on voudra me montrer quelqu'erreur dans mes jugemens, je m'empresserai moi-même à les condamner, parce que je n'ai eu pour motif que de m'éclairer, et non pas la vanité de trancher sur le mérite des grands hommes, dont je sens toute la supériorité.

M. l'abbé d'Olivet blâme ce vers :

Condamnez-le à l'amende, ou, s'il le casse, au fouet.

Il dit que c'est le seul exemple d'un *le* pronom

relatif, mis après un verbe, et devant un mot qui commence par une voyelle; et il finit par conclure que Racine a senti que l'élision blessait l'oreille, puisqu'à ce vers il en a substitué un autre dans la suite. Dans ce vers de Racine, la remarque est juste, le double son de *la la* étant désagréable : mais on ne peut en faire une règle générale. Je croirais, par exemple, que cette élision n'a rien de très-dur dans ce beau vers de la Henriade.

Tout souverain qu'il est instruis-le à se connaître :
Que ce nouvel honneur va croître son audace.

M. l'abbé d'Olivet observe ici que *croître* est pour *accroître*, et passe cela comme une licence poétique. Cette remarque est très-juste ; et l'autorité de Vaugelas, dont elle est appuyée, la rend incontestable. Il dit positivement que ce verbe est neutre et non pas actif, et que jamais aucun de nos auteurs en prose ne l'a fait que neutre. Vaugelas parle de ses contemporains, comme de Coeffeteau et d'autres; car il est certain qu'il a été actif longtemps avant lui (*), et que l'on s'en servait au lieu d'*accroître*. Ainsi l'on disait, il voulut *croître* son jardin (**), son enclos. Bossuet même, dans son *Discours sur l'Histoire universelle* (***), dit en-

---

(*) Voyez les *Observations* de Ménage *sur la Langue française*; tom. 1er, pag. 73, 2e édit. de Barbin.

(**) *Dict. de Trévoux.*

(***) Tom. 1er, pag. 206.

core : « Saint Irénée vient un peu après, et l'on voit *croître* le dénombrement qui se faisait des églises. » La règle de Vaugelas est excellente, aussi a-t-elle prévalu ; mais je suis tenté de croire qu'au temps de Racine, elle n'était pas encore bien établie. On est rarement avoué par ses contemporains, lorsqu'on présente de nouvelles règles à suivre ; l'empire de l'habitude agit trop puissamment sur nous ; et les meilleures idées, pour être universellement adoptées, ont besoin de la sanction du temps.

>Ma colère revient, et je me reconnais ;
>Immolons en partant trois ingrats à-la-fois.

Ces vers assurément n'ont pas de rime, comme l'a fort bien remarqué M. l'abbé d'Olivet. Il est extraordinaire que les poètes en aient encore conservé plusieurs qui ne sont que pour la vue. Rousseau lui-même, qui là-dessus est si strict, fait rimer quelquefois des imparfaits avec des mots qui se prononcent en *ois*, comme reçois, chinois ; et Gresset nous offre ces deux vers, dont la rime est suffisante d'après les règles.

>Dans ces gracieux jours, sous mes doigts plus légers,
>Mon chalumeau docile enfantait de beaux airs.

Cependant *légers* et *airs* sont des sons absolument différens l'un de l'autre ; car si l'on prononçait *légers*, en faisant sentir l'avant-dernière consonne, on tomberait dans l'inconvénient de faire croire que cet adjectif est au féminin, et la clarté en souffrirait trop. Peut-être faudrait-il proscrire aussi les rimes telles que *madame* et *âme*, *grâce* et *préface*(*), où l'on fait rimer une longue avec une brève; mais la prosodie française, malgré l'excellent ouvrage de M. l'abbé d'Olivet, est encore trop peu reconnue pour priver les poètes d'une licence qui leur est si commode; ils ont déjà tant d'entraves dans cette langue, qu'il faudrait, je crois, chercher plutôt à les diminuer qu'à les augmenter encore.

Voilà tout ce que j'avais à ajouter à l'ouvrage de M. d'Olivet. Ses Remarques sur Racine sont en général bien faites, et d'un grammairien profond. Je conseillerai à quiconque voudra étudier la langue française, de les lire avec attention, ainsi que les ouvrages de cet auteur, qui tous sont écrits avec la plus grande pureté. Il a pu se laisser emporter quelquefois à un esprit de système; mais comme c'est-là ce qu'un écrivain communique le plus difficilement à ses lecteurs, attendu que cet esprit est le résultat de la méditation et de l'enthousiasme, l'effet en est un peu prompt, et par conséquent peu dangereux. Les remarques de détail, plus faciles à saisir, n'en instruisent pas moins; et en rejetant les fausses conséquences

---

(*) Voyez pág. 110 du *Traité de la Prosodie française* de l'abbé d'Olivet. Paris, 1736, chez Gandouin.

d'un principe trop généralisé, on peut toujours profiter de celles qui sont solides et vraies. Peut-être dira-t-on qu'il est difficile de les démêler, lorsqu'elles se trouvent ensemble. Je ne le crois pas : la vérité a son caractère propre ; et ce caractère, c'est la clarté, la simplicité. Les rayons qui s'en échappent frappent d'une lumière éclatante qui dissipe aussitôt le brouillard et l'obscurité ; le faux au contraire est ingénieux, et s'il en sort quelques étincelles, elles éblouissent; mais l'esprit, en se consultant bien, s'aperçoit toujours que le nuage n'est pas dissipé. Enfin, le faux peut quelquefois persuader ; mais le vrai seul peut convaincre.

Résumons maintenant notre opinion sur *Esther*. Cette tragédie, sous le double rapport d'un ouvrage fait par ordre, et entrepris après un silence de douze ans, est un de ces phénomènes dont les archives de la littérature ne rapportent aucun exemple. Le défaut capital du rôle d'Esther l'empêchera toujours d'être accueillie sur la scène. Mais d'ailleurs toutes les parties de la tragédie y sont parfaitement observées. Rien n'est plus grand que le sujet, puisqu'il s'agit du sort de toute une nation. Les développemens de l'action y sont d'autant plus admirables, que presque toutes les scènes sont des chefs-d'œuvre (*), et la péripétie

---

(*) Qu'on lise surtout la 1re et la 3e scènes du 1er acte, la 7e du 2e et la 4e du 3e; et l'on verra s'il existe, en aucune langue, rien de plus parfait.

est une des plus belles qu'il y ait au théâtre ; car, c'est au moment où Aman s'imagine être au faîte des honneurs, qu'il tombe tout à coup, et qu'une nation entière, dévouée à la mort, semble sortir du tombeau pour renaître au bonheur. Et puis, quelle diction ! Racine, ayant senti lui-même le défaut inhérent au sujet de son ouvrage, paraît avoir cherché à le couvrir, en y répandant avec profusion tous les trésors de sa brillante imagination et de sa plume harmonieuse, et par-là seul avoir dédommagé cette tragédie de ce que ses aînées avaient d'avantage sur elle.

On chérit généralement Esther avec une sorte de prédilection ; on en parle avec complaisance, et beaucoup de gens assurent qu'on la lit plus qu'aucune des autres tragédies de Racine. D'où cela viendrait-il ? Est-ce parce qu'elle est mieux écrite, comme quelques littérateurs le prétendent (*), ou parce que, ne paraissant pas sur la scène elle offre d'avantage l'attrait de la nouveauté ? En supposant mon hypothèse vraie, ce dont je ne voudrais pas répondre, j'avoue que je penche à croire ce dernier motif plutôt qu'aucun autre. Ce sera toujours une question insoluble que de savoir laquelle des tragédies de Racine l'emporte sur l'autre pour l'élégance de la diction. L'un nommera *Phèdre*, l'autre *Athalie* ; un troi-

---

(*) Entr'autres, M. Lefranc de Pompignan. Voyez sa lettre à Racine le fils.

sième *Iphigénie en Aulide*. Tout cela me prouve bien clairement une chose, c'est qu'elles sont toutes la perfection du style.

Pour moi, j'avoue que j'ai une tendresse particulière pour *Esther*. Elle produit sur moi le double effet de l'ode et de la tragédie en même temps. Outre les sentimens de pitié et de crainte qu'elle me fait éprouver tour-à-tour, je me sens encore en la lisant, dans une sorte d'enthousiasme continuel. L'onction du style, les chœurs sublimes de ces filles d'Israël, tout concourt à mon illusion. Il me semble, lorsque je prends cette tragédie, que j'entre dans un de ces temples antiques élevés avec pompe dans Jérusalem, au culte du très-haut. Dès l'entrée, je vois un vestibule d'une structure superbe. J'entends, autour de moi, une douce harmonie; la piété elle-même m'adresse la parole; ses accens pénètrent mon âme, enchantent mes esprits; un transport divin s'empare de tous mes sens. J'avance, et bientôt j'aperçois l'intérieur du temple: sa beauté a été par-delà mon imagination; mes premiers regards s'arrêtent sur un de ces anges terrestres qui font l'ornement du genre humain; je la contemple avec respect, et je l'aime avec tendresse. Mais bientôt un spectacle douloureux vient m'attrister profondément; je vois un combat entre le méchant et le juste. La puissance est le partage du premier; la faiblesse, la compagne de l'autre. Dans ce danger pressant, à qui s'adressera le faible? il s'adresse à Dieu, et Dieu vient à son secours : il ne veut point que son troupeau soit dévoré par le loup avide ; il vient au secours de l'innocent, et l'innocent triomphe. O délices ! ô transport ! le juste est récompensé. La tristesse alors s'enfuit de dessus mon front, et la joie vient prendre sa place ; car le juste a triomphé. Un concert de louanges retentit de toutes parts ; Dieu est célébré, sa puissance infinie exaltée, et le temple redevient le séjour du bonheur et de l'allégresse. C'est au milieu de ces harmonieux accords auxquels se mêlent les voix angéliques, que s'évanouit mon illusion ; et mon cœur reconnaissant remercie le mortel fortuné qui peut procurer à ses semblables d'aussi douces jouissances.

FIN DES NOTES SUR ESTHER.

ÉPITRES.

ÉPITRES.

ÉPITRE

SUR LA VANITÉ DE LA GLOIRE.

Tu n'vetulæ auriculis alienis collegis escas?

C'en est donc fait, et ton âme sensible
A ses vrais goûts va se livrer enfin!
Tu suis, ami, la pente irrésistible
Qui des beaux arts t'applanit le chemin.
Tu sais trop bien qu'une plume immortelle
Nous a tracé les dégoûts, les hasards,
Qu'en cette lice ouverte à nos regards
Sème souvent la fortune cruelle.
Oui, des destins la jalouse fureur,
Osant mêler l'absynthe à l'ambroisie,
A poursuivi l'aimable poésie,
Et du nectar altéra la douceur.
Mais, cher ami, cette muse badine,
Vive autrefois, alors un peu chagrine,
Sur un fond noir détrempa ses couleurs;
Et cette abeille, en volant sur les fleurs,
Avait senti la pointe d'une épine :
Pour moi, je veux, aux yeux de mon ami,
En badinant, combattre sa chimère;
Faut-il des dieux emprunter le tonnerre
Pour écraser un si faible ennemi?

Je t'obéis. Tu m'ordonnes de croire
Que ton esprit, et même ta raison,
N'écoute ici que l'instinct de la gloire,
Et ne se rend qu'à son noble aiguillon.
Des vanités de la nature humaine,
Dis-tu, la gloire est encor la moins vaine ;
Et du trépas je veux sauver mon nom.
Quoi ! ta raison, quoi ! cet esprit si sage
Conserve encor ce préjugé falot !
Quoi ! de la mort ton être est le partage !
Et tu prétends lui dérober un mot !
Ton nom ! quel est cet étonnant langage !
Quoi ! ce désir, vrai fléau de ton âge,
Va tourmenter tes jours infortunés,
Pour illustrer ce frivole assemblage
De signes vains par le sort combinés !
Écoute au moins ces argumens célèbres
Qui de l'école ont percé les ténèbres.
Ce qui n'est rien peut-il avoir un nom ?
Que veux-tu dire ? et quelle illusion !
Peux-tu forcer ton âme fugitive
A s'échapper de l'éternelle nuit ?
Peux-tu renaître ? et quand l'arbre est détruit,
Pourquoi vouloir qu'une feuille y survive ?
Quoi ! du néant une ombre veut jouir !
Mais supposons que ces vains caractères,
Que le hasard a voulu réunir
Pour distinguer, pour désigner tes pères,
Vainqueurs du temps, perceront l'avenir.
Par quelle voie et quel canal fidèle,
Pour te transmettre une atteinte immortelle,
Jusques à toi pourront-ils parvenir ?

Ce grand Romain, père de l'éloquence,
Père de Rome et consul orateur,
Dans son printemps adora cette erreur.
Mais à la fin, rempli d'indifférence,
Sur ce vain songe il composa, dit-on,
Un beau traité contre cette démence,
Cette fureur d'éterniser son nom,
Traité modeste, et signé Cicéron.
Dans un écrit, voyez-vous ce grand homme
Vanter, prôner, même assez bassement,
Un petit Grec, un sophiste de Rome ;
Recommander, et très-expressément,
Au vain portier du temple de Mémoire
De lui donner bonne place en l'histoire ?
Le Grec le fit ; mais savez-vous comment
La vanité se vit bien confondue ?.
La lettre reste et l'histoire est perdue.
Mais admirez comment, fiers d'être fous,
Devant l'idole ils se prosternent tous !
Oui, disent-ils, ce sentiment sublime
Qui fait chérir et la gloire et l'estime,
Par la vertu fut imprimé dans nous.
D'une grande âme il est l'heureux partage ;
Dans notre cœur il descend le premier,
Survit à tous, disparoît le dernier.
Il est, dit-on, *la chemise du sage :*
S'il est ainsi, qu'il aille donc tout nu.
Quoi ! vous osez transformer en vertu
Cette folie, et tirer avantage
De ce délire à d'autres inconnu !.
Et selon vous, tous ces mortels volages,
Pour être fous, ne sont point assez sages !

Je quitte, ami, ce ton de Juvénal :
Permets qu'au moins ma muse plus légère
Ose à tes yeux, sur un prisme moral,
Analysant un préjugé fatal,
Décomposer ta brillante chimère.
Pardonnez-moi, rare et sublime Homère,
L'air cavalier et le frivole ton
Dont j'ose ici proférer votre nom.
Vous savez bien que mon cœur vous révère.
Ai-je oublié que Samos, Colophon,
Et Clazomène, et Smyrne, et l'Ionie,
Ont disputé jadis avec chaleur
La gloire unique et l'immortel honneur
D'avoir produit un si vaste génie ?
Vrai créateur de l'art le plus divin,
J'avoûrais bien que, quand vous y passâtes,
Et qu'on vous vit, aveugle pélerin,
Brillant de gloire, un bourdon à la main,
Du violon vainement vous raclâtes.
Chaque pays, même l'heureux séjour
Qui, selon lui, vous a donné le jour,
Peut s'écrier, pour appuyer sa thèse :
Couvert d'honneur et chargé de mal-aise,
Ceint de lauriers, partant manquant de pain,
Homère ici pensa mourir de faim.
Or, réponds-moi, gueux et divin Homère.
(Car maintenant je puis te tutoyer,
Puisqu'il est sûr qu'on a vu ta misère
Ramper, languir dans le double métier
De mendiant, et même de poète),
Quand un savant, payé pour te louer,
Te va prônant d'une bouche indiscrète,

Et sans un cœur osant t'apprécier,
Par vanité, par coutume t'admire,
Et, t'ayant lu, te vante par oui-dire;
Son vain encens descend-il chez les morts
De ton esprit caresser les ressorts?
Et toi, brillant et fertile génie,
Toi, son rival et son imitateur,
Ainsi que lui, fuyant de ta patrie,
Non pour aller, besacier, voyageur,
Piéton modeste, et pélerin poète,
Faire aux passans une prière honnête;
Mais pour donner bals, concerts et cadeaux,
Pièce nouvelle et spectacles nouveaux,
Où le cœur sent lorsque l'esprit s'élève;
Pour transporter Athènes à Genève,
T'y consoler, dans le sein du repos,
Et de la haine et de l'encens des sots;
Je l'avoûrai, quand un mortel sincère,
De tes écrits ardent admirateur,
Vante Arouet, il a flatté Voltaire;
Mais quand la mort, au gré de maint auteur,
De maint jaloux, surtout de maint libraire,
T'aura frappé de sa faux meurtrière;
Sous cette tombe, eh bien! parle, réponds,
Mortel fameux: lequel de ces deux noms,
Ces noms vantés, Arouet ou Voltaire,
Dans ton sommeil, par un plus sûr pouvoir,
Ranimera tes cendres réveillées?
Lequel des deux saura mieux émouvoir
De ton cerveau les fibres ébranlées?
Auquel, enfin, devons-nous envoyer
Ce fade encens d'un éloge unanime?

Noble fumée et tribut légitime
Qu'à tes travaux l'univers doit payer ?
Du sort jaloux un caprice ordinaire
A mon valet donna le nom d'Hector.
L'entendez-vous, désœuvré téméraire,
Estropier, en insultant Homère,
Les noms sacrés d'Ulysse et de Nestor ;
Et de Dacier, dans ses nobles emphases,
Faire ronfler les éternelles phrases ?
Quand de Priam le fils infortuné,
Le nom d'Hector, ce fléau de la Grèce,
S'en vient frapper son esprit étonné,
Avez-vous vu redoubler son ivresse,
Et sur son front, de joie enluminé,
Étinceler sa grotesque allégresse ?
Je sonne ; il vient d'un air de dignité :
Et le héros, en me versant à boire,
Plus sûr que moi de vivre dans l'histoire,
Savoure en paix son immortalité.
Lorsque la mort, sans toucher à sa gloire,
Rassemblera sous ses voiles épais
L'Hector de Troye avec l'Hector laquais,
Et qu'un des deux quittera ma livrée
Pour endosser celle du vieux Pluton ;
Que sais-je, moi, si son âme enivrée
Par les vapeurs dont jadis ce grand nom
A chatouillé sa cervelle timbrée,
Dans son erreur n'ira point partager
Les vains honneurs dus au rival d'Achille ;
Si le Troyen ardent à se venger,
Dont cet outrage échauffera la bile
D'un coup de poing vaillamment asséné

Tout à l'instar d'Ulysse dans Homère,
Ne voudra point trancher en sa colère
Ce grand débat, noblement terminé?
Six Annibals ont illustré Carthage;
De tous jadis on vanta le courage;
Deux sont encor connus par leurs exploits,
Et de la gloire ont enroué la voix.
L'un, des Romains l'ennemi redoutable,
Pendant treize ans d'un sénat éperdu
Fut la terreur; et l'autre plus traitable,
Nous dit l'histoire, avait été pendu.
Vous, pensez-vous qu'Annibal morfondu
Dort à part soi, rempli d'indifférence,
Sur ses lauriers ou bien sur sa potence?
Apprenez donc que lorsqu'en vos récits
Vous célébrez le fier vainqueur de Rome
Trop vaguement, en termes peu précis,
Le cher pendu, qui croit être un grand homme,
Prend pour son compte un éloge indécis.
Quatre Platons ont honoré la Grèce;
Mais d'un surtout on célèbre le nom.
Lorsque ma voix, pour prix de sa sagesse,
A dit un mot de l'immortel Platon,
Apprenez-moi comment, par quelle adresse,
Par quelle voie et quels secrets rapports,
Ce triste mot, dans la foule des morts,
Du vrai Platon peut-il trouver l'adresse?
Platon! Platon! voyez comme à ma voix
Tous les Platons accourent à la fois!
Voyez, voyez, comme chacun s'empresse!
Chaque Platon, prenant le nom pour soi,
Vole, et s'écrie en écartant la presse:

Çà, rangez-vous ; place, messieurs, c'est moi.
Le vrai Platon reste seul immobile :
Mais j'aperçois venir d'un pas agile
Et le sophiste et le grammairien :
J'y suis, monsieur, que voulez-vous? — Moi! rien.
Chaque pays a produit son Hercule,
Réparateur des torts, vengeur des droits ;
Mais un surtout, impérieux émule,
De ses rivaux a conquis les exploits.
Un seul, malgré la docte académie,
Malgré Saumaise et malgré son génie,
Malgré Bardus, et Lipse, et Scaliger,
Fait aux savans les honneurs de l'enfer.
Or, qui ne croit qu'un jour, dans leur colère,
Pour se venger d'un odieux confrère,
L'Égyptien, l'Africain, le Gaulois,
Dans l'intérêt dont le nœud les rassemble,
Contre le Grec ne se liguent ensemble,
Et sur son dos ne tombent à la fois ?
Peut-être aussi qu'un jour dans l'Élysée,
Signant la paix, devenus bons amis,
Tranquillement, près de Mégère assis,
Tous en commun démêlant la fusée,
Édifieront les mânes attendris.
Sans nul malheur la dispute appaisée
Sur ces grands points pourra nous réunir;
Et nous saurons à quoi nous en tenir.
Alors chez nous la vérité reçue
Saura fixer, distinguer pour jamais
Et leur pays, et leur siècle, et leurs faits,
Et du fuseau séparer la massue.
Ce n'est pas tout : par un funeste sort

Une syllabe, une lettre éclipsée,
Par le hasard, par le temps effacée,
Suffit souvent pour nous rendre à la mort.
Ce Grec fougueux, l'immortel Alexandre,
Lequel un soir, au gré d'une catin,
Ivre d'amour et de gloire et de vin,
Mit par plaisir Persépolis en cendre :
Héros jaloux, de qui la vanité
Avait pleuré sur les lauriers d'un père
Dont il craignait que la postérité
Ne laissât plus à sa témérité
De grands exploits, de sottises à faire ;
A ce vengeur de son peuple outragé,
A ce guerrier chacun doit son suffrage.
Sur notre encens, sur l'éternel hommage
De l'univers conquis et ravagé,
Il a des droits, puisqu'il l'a saccagé :
Quels sont souvent les transports de sa rage,
Quand les honneurs qu'on lui doit accorder
Sont, au Mogol, prodigués à Scander?
Faut-il convaincre un esprit indocile
Qu'un caractère, une lettre futile,
Pour tout gâter, hélas ! suffit trop bien !
Montagne est tout, et Montaigne n'est rien ;
Si quelque jour une âme charitable
Dans les enfers ne daigne l'informer
Que des Français la langue variable
Détruit son nom, voulant le réformer.
L'auteur charmant, et qui, l'auteur ! non, l'homme,
Par notre encens n'est jamais chatouillé,
Et dans l'oubli dormant d'un profond somme,
Par un vain bruit n'est jamais éveillé.

Ah! j'ai bien peur que trompé par la rime,
Malgré mes soins, l'historien Dion
N'ose usurper cette offrande d'estime
Que mon cœur paie au délicat Bion ;
Et de leurs noms maudissant l'imposture,
Maints froids auteurs, maints héros oubliés
Offrent souvent aux mânes égayés,
D'un quiproquo la comique aventure.
Du même nom cent rois ont hérité :
Tous ont vécu pour la postérité ;
Tous ont voulu consacrer leur mémoire.
Mais vous, mortels! votre légèreté,
Par un oubli trop funeste à leur gloire,
En les nommant ne les désigne point :
C'est donc en vain qu'ils vivent dans l'histoire.
Ignorez-vous qu'il faut de point en point,
Pour les atteindre au ténébreux empire,
Pour que l'éloge ait sur eux son effet,
Fixer les temps, les lieux, marquer, détruire
Leurs nom, surnom, numéro, sobriquet ?
Sans tous ces soins, le vengeur de la Prusse,
Le fier vainqueur de l'Allemand, du Russe,
Héros du siècle et célèbre à la fois
Par les combats, par la flûte et les lois ;
Lui qu'Arouet annonçait à la terre,
Et que depuis a chansonné Voltaire ;
Ce Frédéric, Dieu ! quel affront cruel !
Peut voir un jour sa grande âme avilie
Humer l'odeur d'un encens éternel,
Faut-il le dire ? avec un vil mortel,
Un Frédéric, baron de Silésie,
Lequel voudra, comme dans son château,

Donnant aux morts un spectacle nouveau,
Porter partout, sur la rive infernale,
Et ses quartiers, et sa voix chapitrale...
Il est bien vrai que, pour prendre un détour,
Le mot flatteur, quittant les grandes routes,
Descend moins vite au ténébreux séjour ;
Que le héros, attentif aux écoutes,
Dans son cerveau moins prompt à s'ébranler
Ne peut sentir qu'une atteinte légère.
Que feriez-vous? Il faut s'en consoler ;
Et du destin quel est l'arrêt sévère !
Les plaisirs purs pour nous ne sont point faits ;
Même en enfer, ils sont tous imparfaits.
Or maintenant, qu'un censeur téméraire,
Un bel esprit, volage papillon,
Vienne fronder ce travail salutaire
Qui, pour changer, pour rétablir un nom,
Dans cette nuit apportant la lumière,
Va compilant de vieux compilateurs,
Des manuscrits et d'antiques auteurs.
Sans un talent, sans de si dignes veilles,
Tous les héros, leurs noms et leurs merveilles,
Les vains exploits de cent mortels fameux,
Vivant pour nous, seraient perdus pour eux.
Quel nom donner à la folle imprudence
De ces humains qui, dans leur déraison,
Après avoir avec inconséquence
Tout immolé pour anoblir leur nom,
Et qui, vieillis dans leur culte frivole,
N'ont rien omis pour orner leur idole,
L'osent détruire, et dont l'aveugle erreur
Y substitue un fantôme imposteur,
De qui jamais cette gloire n'approche ?

Quoi! Du Terrail, parrain du roi François,
Ami des preux, chevalier sans reproche,
Au bon Bayard cède tous ses exploits !
Et ne crois pas qu'avec plus d'indulgence
Je traite encor cette autre vanité
Qui, des climats rapprochant la distance,
Entraîne au loin notre esprit emporté.
Enseigne-moi quelle est la différence.
Qu'importe enfin à ta félicité
Que dans mille ans tes vers se fassent lire,
Ou que Stockholm aujourd'hui les admire ?
Du Nord jaloux le souffle impétueux
Dissipera cet encens si frivole;
Et sa fureur ira, loin de tes yeux,
Le déposer dans les antres d'Eole.
De près au moins, l'éloge plus flatteur,
Voisin de toi, descendrait dans ton cœur;
Et le zéphyr, sur son aile légère,
Jusqu'à tes sens daignerait apporter
Une vapeur, hélas ! bien passagère,
Que tes esprits pourraient au moins goûter.
Ah ! que le sort, pour moi plein d'indulgence,
Sur le présent borne son influence,
Et de mes jours marque chaque moment
Par un plaisir, ou par un sentiment :
De l'avenir, ami, je le dispense.
Je veux sentir, je veux jouir enfin :
Et mon esprit, dans son indifférence,
D'aucun absent n'est le contemporain.
Pauvres humains ! quelle est votre inconstance !
Qu'est-ce que l'homme à soi-même livré ?
Oui, cher ami, moi de qui l'imprudence
Vient de traiter de fièvre, de démence,

Ce beau désir par les temps consacré,
De réunir la double jouissance
D'un nom pourtant à jamais révéré ;
Que sais-je, hélas ! si mon inconséquence,
Par une sotte et double vanité,
Ne prétend point franchir l'espace immense
De l'univers et de l'éternité ;
Et si des temps perçant la nuit obscure,
Je ne veux point aller, dans un Mercure,
Au bout du monde, à l'immortalité ?

ÉPITRE D'UN PÈRE A SON FILS,

SUR LA NAISSANCE D'UN PETIT-FILS.

Il est donc né, ce fils, objet de tant de vœux !
Il respire ! avec lui nous renaissons tous deux.
Mon cœur s'est réveillé : cette ardeur qui m'enflamme,
Au jour de ta naissance a pénétré ton âme.
Je te pris dans mes bras : un serment solennel
Promit de t'élever dans le sein paternel.
Le temps, qui m'a conduit au bout de ma carrière,
De mes yeux par degrés épura la lumière :
Vainement et trop tard allumant son flambeau,
La raison nous éclaire aux portes du tombeau.
Ah ! si l'expérience, école du vrai sage,
Pouvait de nos enfans devenir l'héritage !
Si nos malheurs au moins n'étaient perdus pour eux !
Un père, en expirant, se croirait trop heureux :

Mais il meurt tout entier ; et la triste vieillesse
Dans la tombe avec elle emporte sa sagesse.
De mon vaisseau du moins que les tristes débris,
Épars sous les écueils, en écartent mon fils.
Je le vois, en mourant, s'éloigner du rivage :
Ah ! s'il arrive au port, je bénis mon naufrage.
Parmi tous ces mortels sur ce globe semés,
Les uns portent un cœur, des sens inanimés ;
Le feu des passions n'échauffe point leur âme :
D'autres sont embrâsés d'une céleste flamme :
Mais trop souvent, hélas ! sa féconde chaleur
Enfante les talens et non pas le bonheur ;
Et de l'infortuné dont elle est le partage,
Elle fait un grand homme et rarement un sage.
Le bonheur ! ô mortel !... Ose te détacher
D'un espoir que bientôt il faudrait t'arracher :
Si le songe est flatteur, le réveil est funeste ;
Fais le bonheur d'autrui, c'est le seul qui te reste.
Si ton fils n'a reçu que des sens émoussés,
Qu'il se traîne à pas lents dans les chemins tracés :
Sans lui frayer toi-même une route nouvelle,
De tes seules vertus offre-lui le modèle :
Mais si des passions le germe est dans son sein,
Veille, père éclairé, sur ce dépôt divin :
Loin de lui ces prisons où le hasard rassemble
Des esprits inégaux qu'on fait ramper ensemble ;
Où le vil préjugé vend d'obscures erreurs,
Que la jeunesse achète aux dépens de ses mœurs :
Si ton fils ne te doit son âme toute entière,
Tu lui donnas le jour, mais tu n'es pas son père.
Le chef-d'œuvre immortel de la divinité
Sur la terre au hasard paraît être jeté.

L'homme naît; l'imposture assiége son enfance :
On fatigue, on séduit sa crédule ignorance :
On dégrade son être. Ah, cruels! arrêtez :
C'est une âme immortelle à qui vous insultez.
De l'éducation l'influence suprême,
Subjugant dans nos cœurs la nature elle-même,
Peut créer à son choix, des vices, des vertus :
C'est du fils de César que Caton fit Brutus.
Règne sur le hasard, affaiblis son empire :
L'homme peut le borner, ou même le détruire.
Que son fier ascendant soit dompté par tes soins :
Transforme pour ton fils les vertus en besoins.
O toi! fille des Cieux que l'univers adore,
Toi qu'il faut que l'on craigne, ou qu'il faut qu'on implore,
Sainte religion, dont le regard descend,
Du créateur à l'homme, et de l'homme au néant,
Montre-nous cette chaîne adorable et cachée
Par la main de Dieu même à son trône attachée,
Qui, pour notre bonheur, unit la terre au ciel
Et balance le monde aux pieds de l'Éternel.
Mais déjà de ton fils la raison vient d'éclore ;
Sache épier, saisir l'instant de son aurore,
Où l'homme ouvrant les yeux, frappé d'un jour nouveau,
S'éveille, et regardant autour de son berceau,
Étonné de penser, et fier de se connaître,
Ose s'interroger ; s'aperçoit de son être ;
Dévore les objets autour de lui semés,
Jadis morts à ses yeux, maintenant animés ;
Demande à ces objets leurs rapports à lui-même,
Et du monde moral veut saisir le système ;
A de sages leçons consacre ses momens ;
De ses vertus alors pose les fondemens ;

Des vrais biens, des vrais maux, trace-lui les limites ;
Renferme ses regards dans les bornes prescrites ;
Qu'il sache tour à tour se concentrer dans lui,
Etendre ses rapports à vivre dans autrui ;
Ne fais briller dans lui que des clartés utiles ;
Il est pour les humains des vérités stériles ;
Le ciel est parsemé de globes lumineux ;
Mais un seul nous éclaire et suffit à nos yeux.
Prolonge pour ton fils cet heureux temps d'ivresse,
Cet aimable délire où la simple jeunesse,
Ignorant l'artifice et les retours cruels,
N'a point perdu le droit d'estimer les mortels,
Et goûte ce bonheur si pur, si respectable,
De croire à la vertu pour aimer son semblable.
Jeune homme, j'aime à voir ta naïve candeur
Chercher imprudemment nos vertus dans ton cœur,
Chérir une ombre vaine, adorer ton ouvrage,
De tes purs sentimens reproduire l'image,
Et se plaire à créer, dans ta simplicité,
Un nouvel univers par toi seul habité.
Oui, que mon fils embrasse un fantôme qu'il aime :
Nous croyant des vertus, il en aura lui-même.
Mais voici ce moment utile ou dangereux,
Qui, souvent annoncé par un naufrage affreux,
Des sens avec le cœur préparant l'alliance,
Donne à l'homme étonné toute son existence,
Établit ses devoirs sur ses rapports divers,
Le fait vivre à lui-même et naître à l'univers.
Ce sont les passions, dont la fatale ivresse
L'élève quelquefois, et trop souvent l'abaisse ;
Mais quel que soit sur nous leur ascendant vainqueur,
Leur force ou leur faiblesse est toute en notre cœur.

Indociles coursiers, ils éprouvent leur guide;
Le faible est entraîné par leur élan rapide;
Le fort sait les dompter, les asservir au frein;
Pour jamais de leur maître ils connaissent la main.
Les coursiers du soleil, dans leur vaste carrière,
Répandaient sans danger les feux et la lumière;
Phaéton les conduit : bondissans, furieux,
Ils consument la terre, ils embrâsent les cieux.
Si ton fils des vertus a reçu la semence,
Des passions, pour lui, ne crains point l'influence;
De nos égaremens on les accuse en vain;
Le germe corrupteur dormait dans notre sein :
De sable, de limon cet impur assemblage,
Rebut de l'océan, soulevé par l'orage,
Avant que la tempête eût ébranlé les airs,
Il existait déjà dans le gouffre des mers.
Passions, c'est nous seuls et non vous qu'il faut craindre.
Épurons notre cœur sans vouloir les éteindre.
Parmi tous ces désirs dans notre âme allumés,
Le tyran le plus fier de nos sens enflammés,
C'est ce fougueux instinct fait pour nous reproduire,
Bienfaiteur des mortels, et prêt à les détruire.
Qu'un seul objet, mon fils, t'enchaînant sous sa loi,
Te dérobe à son sexe anéanti pour toi.
Heureux, sans doute heureux, si la beauté qui t'aime,
Remplissant tout ton cœur, te rend cher à toi-même,
Et mêle au tendre amour qu'elle a su t'inspirer,
Ce charme des vertus qui les fait adorer!
Nœuds avoués du ciel, respectable hyménée,
De mon fils à tes lois soumets la destinée!
Que par toi, de son être étendant le lien,
Mon fils, pour être heureux, soit homme et citoyen!

Loin d'ici ces mortels, dont la folle prudence
Refuse à leur pays le prix de leur naissance,
Et qui prêts à brûler des plus coupables feux,
Morts pour le genre humain, pensent vivre pour eux !
Amitié, nœud sacré, récompense des sages,
Plaisir de tous les temps, vertu de tous les âges !
Oui, mon fils chérira tes devoirs, tes douceurs.
L'astre qui nous éclaire eut des blasphémateurs :
Des monstres ont maudit sa féconde influence ;
D'autres ont de Dieu même abhorré l'existence,
Ont haï l'Eternel : amitié ! qui jamais
A blasphémé ton nom, a maudit tes bienfaits ?
Le ciel daigne accorder au mortel magnanime
Une autre passion plus rare et plus sublime,
Aliment des vertus, âme des grands desseins :
C'est ce noble désir d'être utile aux humains,
D'avoir des droits sur eux, de vivre en leur mémoire ;
Le plus beau des besoins, le besoin de la gloire ;
Impérieux instinct que des dieux bienfaiteurs,
Par pitié pour la terre ont mis dans les grands cœurs.
Mais qui cherche la gloire a besoin qu'on l'éclaire.
Il en est une, hélas ! criminelle ou vulgaire,
Que le faible poursuit, qu'encense le pervers,
Qui, sous différens noms, fléau de l'univers,
Arme le conquérant, lui commande les crimes,
Dicte au sage insensé de coupables maximes,
Aiguise le poignard, prépare le poison,
Pour sauver de l'oubli le fantôme d'un nom ;
Prestige d'un instant, vaine et cruelle idole,
Non, ce n'est point à toi que le sage s'immole ;
Ses jours, dans les travaux, ne sont point consumés,
Pour laisser quelques pas sur le sable imprimés :
Mais servir, éclairer le genre humain qu'il aime,

En recherchant surtout l'estime de soi-même ;
La mettre au plus haut prix ; l'obtenir de son cœur ;
Voilà quelle est sa gloire et quelle est sa grandeur.
Si de ce beau désir ton âme est dévorée,
Nourris dans toi, mon fils, cette flamme sacrée,
Tandis que tes esprits, dans leur mâle vigueur,
Du feu des passions reçoivent leur chaleur.
Ah ! lorsque les glaçons de la froide vieillesse
Viennent de notre sang arrêter la vîtesse,
Lorsque nous recelons dans un débile corps
Un esprit impuissant, une âme sans ressorts,
Plus de droits sur la gloire et sur la renommée :
La lice de l'honneur est pour jamais fermée :
Et sur nos sens flétris, ainsi que sur nos cœurs,
L'oisive indifférence épanche ses langueurs.
Mon fils, sur les humains que ton âme attendrie
Habite l'univers, mais aime sa patrie.
Le sage est citoyen : il respecte à la fois
Et le trésor des mœurs, et le dépôt des lois :
Les lois ! raison sublime et morale pratique,
D'intérêts opposés balance politique,
Accord né des besoins, qui, par eux cimenté,
Des volontés de tous fit une volonté.
Chéris toujours, mon fils, cet utile esclavage,
Qui de la liberté doit épurer l'usage.
Entends mes derniers mots, toi, dont les soins prudens
Doivent de notre fils guider les premiers ans.
J'ai vu son doux sourire à sa naissante aurore ;
Son premier sentiment à tes yeux doit éclore ;
Dans ton sein paternel il ira s'épancher ;
Et moi, d'entre tes bras la mort va m'arracher.
Puisse un jour cet écrit, gage de ma tendresse,
Cher enfant, à ton cœur faire aimer ma vieillesse !

Puisses-tu t'écrier, saisi d'un doux transport :
Il fit des vœux pour moi dans les bras de la mort!
Oui, c'est toi qui, m'offrant une heureuse espérance,
Plus loin dans l'avenir porte mon existence :
Je t'apprends le secret de vivre et de jouir ;
Ma mort t'enseignera le grand art de mourir.

ÉPITRE

A M. ***

Cologne, 19 juin 1761, écrite sur les bords du Rhin.

Ami, des champs le spectacle flatteur
Vient d'animer, de réveiller mon cœur.
A s'attendrir ce spectacle l'invite.
J'ai fui la ville et l'ennui qui l'habite.
Hélas ! au moins caché sous ces forêts,
Il m'est permis de détourner ma vue
De ces clochers, dont les hardis sommets,
En s'effilant, s'élancent dans la nue,
Et dont l'aspect me poursuit à jamais.
N'entends-tu pas, dans ce verger paisible,
Ce rossignol ? Son organe flexible,
Tendre toujours et toujours varié,
Chante l'amour : je parle à l'amitié.
Oui, dans ces lieux, ami, tout la rappelle.
Autour de moi que la nature est belle !
Je vois du Rhin les flots majestueux
Baigner mes pieds et couler sous mes yeux.
De sept rochers les cîmes inégales
Vont à l'envi se perdre dans les cieux ;

Un bois touffu remplit leurs intervalles.
D'un doux frisson ces trembles agités,
De ces oiseaux la douce mélodie,
Portent le trouble à mon âme ravie;
Pour comble encore, à mes yeux enchantés
Ces fleurs, au loin émaillant la prairie,
Pour me séduire étalent leurs beautés.
Séjour touchant! que n'es-tu ma patrie?
N'importe, hélas! de mon cœur endormi
Ton doux aspect a banni la tristesse.
Je suis heureux dans cette courte ivresse :
Je suis heureux : je songe à mon ami.
C'en est donc fait, la trompeuse fortune
A sur mes jours abdiqué tout pouvoir.
Je la bénis; sa faveur importune,
En aucun temps n'a fixé mon espoir.
Il est bien vrai que, provoqué par elle,
J'obéissais à sa voix infidelle,
Et ton ami s'en faisait un devoir.
Mais elle a fait ce que mon cœur demande :
Sa trahison, que j'aurais dû prévoir,
De ses faveurs est pour moi la plus grande.
J'avais pensé, dans ma trop longue erreur,
Que de ses dons la fatale influence
Aplanissait le chemin du bonheur.
Mais que les Dieux ont borné sa puissance!
Pour être heureux il nous suffit d'un cœur.
Je les ai vus, ses favoris coupables,
En dépit d'elle, illustres misérables,
Fiers d'être sots, de leur faste éblouis,
Punis toujours de n'avoir rien à faire,
Dans leurs miroirs mille fois reproduits,
Peindre partout, voir partout leur misère;

Sur leurs sophas lâchement étendus,
D'esprit, de corps également perclus ;
Du fade objet dont l'aspect les accable
Multiplier l'image insupportable.
J'ai vu Crassus, pour échapper au temps,
Dans sa langueur en compter les instans.
La montre d'or nonchalamment tirée
Dit qu'en secret il maudit sa durée.
Son triste cœur voudrait, dans son ennui,
La démentir, s'inscrire en faux contre elle ;
Mais le témoin muet et trop fidelle
Obstinément dépose contre lui.
Combien mes yeux ont surpris de bassesse
Sous ces dehors, sous cet éclat trompeur !
Oui, que le ciel, punissant ma faiblesse,
Sur ton ami signale sa fureur,
Si, de mon cœur démentant la noblesse,
J'osais tremper dans leur lâche bonheur !
Que l'amitié, pour tous deux indulgente,
A sur nos jours épanché de douceurs !
Avec quel art sa faveur bienfaisante
De nos plaisirs variait les couleurs !
Par la gaîté tantôt enluminée,
Tantôt moins vive, encor plus fortunée,
Elle portait par degrés dans nos cœurs,
Après l'essor d'une libre saillie,
Ce doux sommeil, cette mélancolie,
Qui de l'amour imite les langueurs.
Souvent muets dans notre nonchalance,
Trop sûrs de nous pour craindre un seul moment
Qu'on ne la prît pour de l'indifférence,
Nous nous taisions, et cet heureux silence

Ne finissait que par un sentiment :
Temps précieux pour mon âme attendrie,
Où mon esprit, emporté loin de moi,
Était absent, mais absent près de toi.
Plaisir du cœur, tendre mélancolie,
Doux antidote et baume de la vie,
Par quelle loi, par quel fatal destin,
Faut-il, hélas ! que d'un peuple volage
L'insuffisant et stérile langage
T'ose confondre avec ce noir chagrin,
Fléau cruel de l'âme dégradée,
Par les ennuis tristement obsédée ?
Souvent encor quand un diseur de riens
Venait troubler nos charmans entretiens,
Si par malheur sa bouche téméraire
D'un sentiment né d'une âme vulgaire
A nos regards dévoilait la laideur,
Mes yeux soudain, sur ton front peu flatteur,
En saisissaient le désaveu sincère.
Mais qu'ai-je dit ? Était-il nécessaire
De l'y chercher ? Il était dans mon cœur.
Ah ! cher ami, puis-je espérer encore
De te revoir, de trouver dans le tien
Cette amitié qui tous deux nous honore,
Et dont l'absence a serré le lien ?
Momens heureux, je vais vous voir renaître ;
Et de plus près à tes destins lié,
Auprès de toi, prenant un nouvel être,
Je vais chérir les arts et l'amitié.
J'ignore encor ce que le sort barbare
Pour ton ami cache dans l'avenir ;
Mais quels que soient les jours qu'il me prépare,

De fermeté prompt à me prémunir,
Malgré ses coups, je veux suivre la pente
De ce sentier que l'honneur me présente,
Et que sa main pour moi daigne aplanir.
Je sais trop bien que sa faveur stérile
Ne me promet qu'une palme inutile ;
Mais le travail, tendre consolateur,
M'assure au moins un abri salutaire,
Abri sacré, nécessaire à mon cœur.
Oui, le travail est son propre salaire.
Par le malheur mon esprit abattu,
Se redoutant, chérissant sa faiblesse,
Contre lui-même a long-temps combattu.
Je cède enfin à l'instinct qui me presse.
Te souviens-tu de ce chantre de Grèce !
Encouragé par les dons séducteurs
Du cercle entier de ses admirateurs,
Oh ! disait-il, partageant leur ivresse,
Si l'intérêt pouvait les éclairer ;
Si dans mon cœur ce peuple pouvait lire ;
De quels transports je me sens pénétrer,
Lorsque mes doigts voltigent sur la lyre ;
D'une faveur il croirait m'honorer,
En permettant à mon heureux délire
De s'exercer dans cet art que j'admire.

ÉPITRE

A M. ***, QUI AVAIT FAIT AFFICHER CHEZ SON SUISSE UN ORDRE EN VERS, DE N'OUVRIR QU'AU MÉRITE, ET DE REFUSER LA PORTE A LA FORTUNE.

Je l'ai vu cet ordre authentique,
Mis en vers joliment tournés,
Cette consigne poétique
Qu'à votre Suisse vous donnez;
Mais elle est trop philosophique,
Ou trop peu. Quoi! vous ordonnez
Que l'on ferme la porte au nez
A la Fortune! Et pourquoi faire?
Est-ce humeur, faiblesse ou colère?
Vous avez tort; mais apprenez
Le dénoûment de cette affaire.
Après ce refus insultant
Que fit la belle aventurière?
Surprise de ce compliment,
De la rebufade impolie
D'un portier qui la congédie,
Croiriez-vous que dans cet instant
(Voyez un peu quelle étourdie!)
Elle vint chez moi brusquement?
Je sortais : j'ouvre.... — La fortune!
Ne vous suis-je pas importune?
Le cas arrive rarement.
— Il arrive dans ce moment.
Elle m'étonna, je vous jure.
J'excusai le sage imprudent

Qui brusquait ainsi la déesse ;
Il a tort d'outrer la sagesse.
— Vous raillez, je crois. — Nullement.
Il fallait au moins vous admettre,
En faisant des conditions....
— A moi ! — Sans doute. — Eh bien ! voyons.
Faites les vôtres. — A la lettre
Vous les suivrez ? Premièrement,
Je vous dois un remercîment :
Vous voilà sans qu'on vous appelle,
C'est ce qu'il me faut justement.
— Vous me plaisez assez, dit-elle.
— Tant mieux. — Convenons de nos faits.
— Vous ne prétendrez jamais
A changer le fond de ma vie ;
Vous respecterez sans aigreur
Mon caractère, mon humeur,
Et même un peu ma fantaisie.
Je conserverai mes amis,
Vous ne m'en donnerez point d'autres :
A moi les miens, à vous les vôtres.
Le sentiment sera permis
A mon cœur né sensible et tendre ;
De moi vous ne devrez attendre
Que des soins, et non des soucis ;
Je n'en veux ni donner ni prendre.
Si, par l'effet de vos faveurs,
Je dois approcher des grandeurs,
Partout, à la cour, à la ville,
Je serai, rien n'est plus facile,
Sans orgueil, mais non sans fierté,
Vrai sans rudesse, sans audace,

Et libre sans légèreté.
Auprès de mes amis en place
J'aurai peu d'assiduité,
La réservant pour leur disgrâce.
Permettez-vous? — Accordé, passe.
— Avec le mérite, l'honneur,
Je n'entre point dans vos querelles ;
Je veux rester leur serviteur,
Et les tiens pour amis fidèles.
— Ah ! nous nous brouillerons. — Tant pis.
— Un mot encor. Toujours admis,
Chez moi le mérite aura place
Au-dessus de vos favoris :
C'est la sienne, quoique l'on fasse.
Refusé net. — La déïté
Me dit, d'un ton de bonhommie :
Moi, j'ai de la facilité ;
Mais cet article du traité,
Par quel art, par quelle industrie,
Le faire signer, je vous prie,
A ma sœur? — Qui? — La vanité.
Adieu.— Soit.— La folle immortelle
Part et s'envole à tire d'aile,
Mé supposant de vains regrets,
Je le soupçonne ; car la belle,
Tout en me quittant pour jamais,
Regardait parfois derrière elle,
Pour voir si je la rappelais ;
Mais je laissai fuir l'infidelle,
Et mes voisins courent après.

FRAGMENS

D'UNE ÉPITRE DIPLOMATIQUE, ADRESSÉE A LA COALITION DES PRINCES ARMÉS CONTRE LA FRANCE.

Quoi ! contre nos pamphlets hérissant vos frontières,
Vous formez des cordons, vous dressez des barrières ;
Et vous pourriez, chez nous, vauriens pestiférés,
De l'égalité sainte apôtres conjurés,
Hasardant la vertu de vos bandes guerrières,
Souffrir que d'un faux jour les rayons égarés,
Perçant l'épais repli de leurs lourdes paupières,
Offrissent à leurs yeux troubles, mal assurés,
De nos Français nouveaux les façons familières !
Quoi ! vos fiers cuirassiers qui, combattant pour vous,
Meurent sous vos bâtons en perdant vos trois sous,
Verront-ils exposer leur fidèle innocence
Aux piéges que leur tend notre indigne licence !
Rois, laissez-vous fléchir, ne nous attaquez pas ;
Plaignez plutôt l'erreur de notre indépendance,
De cette égalité, fléau de nos climats.
Sans cesse attendrissez sur nous, sur nos misères,
Vos sujets chargés d'or, payant sans assignats
Le brigand breveté qui les traîne en galères (*),
Pour la mort d'un vieux cerf soustrait à vos ébats.

(*) Les galères ne sont pas la punition de ce crime dans tous les états d'Allemagne. Les peines y sont variées. Dans quelques-uns, on attache le coupable entre les cornes d'un cerf, avec des cordes bien enlacées dans son bois : on le chasse ensuite dans la forêt. Ce mot *galères* n'est ici que l'indication d'un châtiment quelconque.

(*Note de l'auteur.*

Avant qu'on vous apprît que les hommes sont frères,
Funeste vérité qui peut tout perdre, hélas!
Nuire à vos recruteurs, renchérir vos soldats,
Corrompre l'ouvrier en haussant les salaires,
Et, trompant vos sujets égarés sur nos pas,
Leur ravir tous ces biens si chers à leurs ancêtres,
Ces biens perdus pour nous, mais non pour vos états,
Des moines, des geôliers, des nobles et des prêtres...
. . . .

A quoi de l'art des rois on borne les leçons!
Transplanter en Brabant les braves de Hongrie,
Puis contre les Hongrois armer les Brabançons,
Styriens à Milan, Milanais en Styrie:
De ce profond mystère est-ce là tout le fin?
Combien de temps faut-il pour que le monde enfin
De ce royal secret découvre l'industrie?
— Mais, depuis six cents ans! — Soit: rien ne prouve mieux
Que, pour aller bien loin, ce système est trop vieux.
Kaunitz le sentira: sa tête octogénaire
Dira: Voici du neuf, voyons, que faut-il faire?
Je ne reconnais plus ce commode métier
De régir les états pour se désennuyer.
Régner est chose grave et devient une affaire.
. . . .

Voisins des Marquisats (*), vous savez tous qu'en dire,
Frédéric, expliquant ses droits régaliens,
Forme, allonge, élargit son nouvel apanage;
Fait chez vous la police et vous prendra vos biens
Par sage surveillance et par bon voisinage,
Pour vous défendre mieux contre les Autrichiens.
Déjà de ses *housards* une troupe impolie

(*) Anspach et Bareuth.

A rançonné deux fois les gens de Nuremberg.
— Bon! Nuremberg n'est rien : c'est de la bourgeoisie.
— D'accord. Mais un moment : Monsieur de Wirtemberg
S'attend de jour en jour à la même avanie ;
C'est un seigneur, un duc, un prince en Franconie.
Que répondre ? on se tait : l'évêque de Bamberg,
Plus confondu que vous, rassemble ses vieux titres,
Et du cercle alarmé consulte les chapitres :
Publicistes, docteurs, à l'escrime excités,
En petit *in-quartos* resserrant leur logique,
Prouvant, démontrant tout, hors les points contestés,
Font admirer de plus cet accord harmonique
Qui, par des mouvemens simples, bien concertés,
Fait marcher sans délais ce grand corps germanique.
Bientôt le brave Hoffmann les a tous réfutés ;
Et par vingt régimens que charme sa réplique,
Kalkreuth et Mollendorff, d'avance bien postés,
Assurent le succès de sa diplomatique.
Raguse et ses faubourgs, Luques et Saint-Martin
Attendent, comme on sait, avec impatience,
L'arrêté du congrès qui doit livrer la France
Repentante et contrite aux chevaliers du Rhin.
De Mercy, de Breteuil la sagesse profonde,
De Rousseau, de Sieyes réformant les erreurs,
Nous guérira des maux causés par ces penseurs,
Qui, malgré la police, ont éclairé le monde,
Et, sans être honorés du poste de commis,
Se mêlent d'influer sur les lois d'un pays.
C'est un abus affreux : il faut qu'on le corrige ;
La constitution le demande et l'exige.
Il nous faut au-dehors une révision ;
L'autre est insuffisante, encor qu'elle ait du bon.

. . . .
Catherine, posant un tome de Voltaire,
Écrit pour condouloir aux chagrins du saint-père.
Le pontife attendri, presque privé d'enfans,
Veut déjà dans Moscou recruter des croyans;
Et bénissant tout bas l'auguste Catherine,
Adresse un doux reproche à la grâce divine,
Qui, contristant les saints, diffère trop long-temps
D'unir l'église grecque à l'église latine.
Hélas! tout vient trop tard: faut-il qu'un si grand bien
Commence à s'opérer quand on ne croit plus rien?

(*Ce qui suit s'adresse au feu roi de Suède.*)

Une croisade noble est œuvre méritoire,
Propre à toucher les cœurs des nobles Suédois,
Utile à vos sujets, commerçans et bourgeois,
Qui, resserrant leurs fonds, vous souhaitent la gloire
D'Artus, de Galaor, ou d'Oger le Danois.
Votre abord si prochain dans la riche Neustrie,
Ce fief du grand Rollon promis à vos exploits,
De vos Dalécarliens excitant l'industrie,
Préviendra la faillite assez commune aux rois,
Mais qu'on leur passe moins aujourd'hui qu'autrefois;
Car on se forme enfin; et du fond de l'Ukraine,
Avant que d'envoyer sa botte souveraine,
Charles, votre patron, balancerait, je crois :
Il craindrait qu'à Stockholm on ne se dît peut-être :
« Essayons : Il faut voir, sous ce commode maître,
» S'il n'eût pas mieux valu, pour un peuple indigné,
» Que sur lui dès long-temps cette botte eût régné.
» Ah! nous n'eussions pas vu dépeupler nos campagnes,
» En brigands, en soldats, changer nos laboureurs,
» Sous des fardeaux virils haleter leurs compagnes,

» Et leur fils consumés en précoces sueurs,
» Jeunes, de la vieillesse accuser les langueurs. »
Vous voyez que déjà la question se pose.
Le texte est dangereux; prévenez-en la glose.
Gèfle en fournit un autre; et, malgré le succès,
Vos états assemblés vers la zône polaire,
En exil, dans un camp, sous le glaive, aux arrêts,
Ou contraints de payer, ou payés pour se taire,
Dans leurs foyers rendus exposeront les faits,
Ces faits accusateurs d'un heureux téméraire.
Vous les redoutez peu ; j'entends Sémiramis
Qui vous dit : « Réprimons ces Français réfractaires,
» Prêchant la liberté qui gêne en tout pays;
» Mais craignons nos sujets, ils sont nos ennemis;
» Et contre eux prêtons-nous nos vaillans mercenaires.
» Unis pour opprimer, despotes solidaires,
» J'espère en vos trébans, comptez sur mes strélitz;
» Marchez et triomphez : la gloire vous appelle
» Aux combats, au congrès dans Aix dit la Chapelle :
» Vous y parlerez trop, mais vous parlerez bien.
» Chefs, soldats, orateurs, il ne vous manque rien.
» Alexandre, partez pour les plaines d'Arbelle ;
» La Beauce en offre assez, et vos braves soldats
» Qu'en Finlande la gloire a maigris sur vos pas,
» Dans Gèfle peu refaits, retrouveront en France,
« Dans maint heureux vignoble, en pays de bombance,
» La santé, la vigueur dont souvent mes guerriers
» M'ont présenté l'image en m'offrant leurs lauriers. »
Ainsi dit Catherine : et le héros habile,
Qui goûte le traité, mais le trouve incomplet,
Jaloux de s'enrichir d'un article secret,
La flatte, élève au ciel son génie et son style,

Ses conquêtes, ses lois, en ajoutant tout bas
Que, sans un fort subside, il ne partira pas.
Sémiramis sourit, et, pour sortir de gêne,
Médite à vingt pour cent un gros emprunt sur Gêne,
Que par les émigrés on croit déjà rempli.
Tranquilles sur le nord, arrêtons-nous ici :
A nos héros français sa voix offre un asile.
— Ne vous y fiez pas : sa politique habile
Songe à ses intérêts plus qu'à nos émigrans.
Adroit à nous ravir nos princes et nos grands,
Elle veut transplanter au sein de son empire
Le premier de nos arts, le blason qu'elle admire,
D'écussons, de lambels tapisser Astracan ;
Chérin doit recruter pour embellir Cazan :
Tel est l'unique but de ses nobles dépenses.
Elle peut, il est vrai, dans ses déserts immenses,
En fiefs, en francs-aleux découper ses états,
Tout brillans de comtés, riches de marquisats,
Sans même expatrier ni les ours, ni les rennes,
Deux *ordres*, dans le nord, puissances souveraines.
— Vous riez.... Si pourtant de ses secours aidés....
— Cent mille arpens de neige, en un jour concédés,
Peuvent soudain, s'il plaît à sa munificence,
Montrer chez les Kalmoucks la véritable France ;
La cour des vrais Bourbons, le palais des Condés.
Princes au Kamshatka, ducs dans la Sibérie,
Voyez-les excitant une active industrie,
Encourager de l'œil les travaux roturiers
Qui défrichent pour eux leur nouvelle patrie,
Fertile au seul aspect de ces grands chevaliers.
De l'Oby, de l'Irtich, les rives délectables
Se peuplant de Français présentés, présentables,

Verront leurs champs féconds sous de si nobles mains,
Etonner Pétersbourg de leur tributs lointains,
Et cet hommage heureux consoler Catherine
D'avoir des Osmanlis différé la ruine.
— J'entends. Et les Suédois... Gustave ? Il est bien loin :
Sans avoir d'assignats, sa richesse est en cuivre.
Ses soldats pourraient bien hésiter à le suivre,
Et de le surveiller son sénat prendra soin.
— Vous pourvoyez à tout; je me tais, et pour cause.
Quel homme! il ne craint rien.—Oh! je crains quelque chose.
— Eh! quoi donc, s'il vous plait ? — D'ennuyer : serviteur.
— Dieu vous envoie à moi quand j'aurai de l'humeur !
Adieu. Malgré les noms dont chez vous on vous nomme,
J'aime votre candeur, votre sincérité,
Et, pour un scélérat, je vous tiens honnête homme.
— Quels que soient les surnoms dont vous soyez noté,
J'honore vos vertus et votre loyauté,
Comme si j'arrivais de Coblentz ou de Rome.

. . . .

ODES.

ODES.

LA GRANDEUR DE L'HOMME,

ODE.

Quand Dieu, du haut du ciel, a promené sa vue
Sur ces mondes divers, semés dans l'étendue,
Sur ces nombreux soleils, brillans de sa splendeur,
Il arrête les yeux sur le globe où nous sommes :
      Il contemple les hommes,
Et dans notre âme enfin va chercher sa grandeur.

Apprends de lui, mortel, à respecter ton être.
Cet orgueil généreux n'offense point ton maître :
Sentir ta dignité, c'est bénir ses faveurs ;
Tu dois ce juste hommage à sa bonté suprême :
      C'est l'oubli de toi-même
Qui, du sein des forfaits, fit naître tes malheurs.

Mon âme se transporte aux premiers jours du monde :
Est-ce là cette terre, aujourd'hui si féconde ?
Qu'ai-je vu ? des déserts, des rochers, des forêts :
Ta faim demande au chêne une vile pâture ;
      Une caverne obscure
Du roi de l'univers est le premier palais.

Tout naît, tout s'embellit sous ta main fortunée :
Ces déserts ne sont plus, et la terre étonnée

Voit son fertile sein ombragé de moissons.
Dans ces vastes cités quel pouvoir invincible
    Dans un calme paisible
Des humains réunis endort les passions ?

Le commerce t'appelle au bout de l'hémisphère ;
L'Océan, sous tes pas, abaisse sa barrière ;
L'aimant, fidèle au nord, te conduit sur ses eaux ;
Tu sais l'art d'enchaîner l'Aquilon dans tes voiles ;
    Tu lis sur les étoiles
Les routes que le ciel prescrit à tes vaisseaux.

Séparés par les mers, deux continens s'unissent ;
L'un de l'autre étonnés, l'un de l'autre jouissent ;
Tu forces la nature à trahir ses secrets ;
De la terre au soleil tu marques la distance,
    Et des feux qu'il te lance
Le prisme audacieux a divisé les traits.

Tes yeux ont mesuré ce ciel qui te couronne ;
Ta main pèse les airs qu'un long tube emprisonne ;
La foudre menaçante obéit à tes lois ;
Un charme impérieux, une force inconnue
    Arrache de la nue
Le tonnerre indigné de descendre à ta voix.

O prodige plus grand ! ô vertu que j'adore !
C'est par toi que nos cœurs s'ennoblissent encore :
Quoi ! ma voix chante l'homme, et j'ai pu t'oublier !
Je célèbre avant toi... Pardonne, beauté pure ;
    Pardonne cette injure :
Inspire-moi des sons dignes de l'expier.

Mes vœux sont entendus : ta main m'ouvre ton temple ;
Je tombe à vos genoux, héros que je contemple,
Pères, époux, amis, citoyens vertueux :
Votre exemple, vos noms, ornement de l'histoire,
   Consacrés par la gloire,
Élèvent jusqu'à vous les mortels généreux.

Là, tranquille au milieu d'une foule abattue,
Tu me fais, ô Socrate, envier ta ciguë ;
Là, c'est ce fier Romain, plus grand que son vainqueur ;
C'est Caton sans courroux déchirant sa blessure :
   Son âme libre et pure
S'enfuit loin des tyrans au sein de son auteur.

Quelle femme descend sous cette voûte obscure ?
Son père dans les fers mourait sans nourriture.
Elle approche... ô tendresse ! amour ingénieux !
De son lait.... se peut-il ? oui, de son propre père
   Elle devient la mère :
La nature trompée applaudit à tous deux.

Une autre femme, hélas ! près d'un lit de tristesse,
Pleure un fils expirant, soutien de sa vieillesse ;
Il lègue à son ami le droit de la nourrir :
L'ami tombe à ses pieds, et, fier de son partage,
   Bénit son héritage,
Et rend grâce à la main qui vient de l'enrichir.

Et si je célébrais d'une voix éloquente
La vertu couronnée et la vertu mourante,
Et du monde attendri les bienfaiteurs fameux,
Et Titus, qu'à genoux tout un peuple environne,
   Pleurant au pied du trône
Le jour qu'il a perdu sans faire des heureux ?

Oui, j'ose le penser, ces mortels magnanimes
Sont honorés, grand Dieu ! de tes regards sublimes.
Tu ne négliges pas leurs sublimes destins ;
Tu daignes t'applaudir d'avoir formé leur être,
   Et ta bonté peut-être
Pardonne en leur faveur au reste des humains.

LES VOLCANS,

ODE.

Eclaire, échauffe mon génie,
Muse de la terre et des cieux ;
Conduis-moi, sublime Uranie,
Vers ces abîmes pleins de feux,
De l'enfer soupiraux horribles,
Arsenaux profonds et terribles
Où, dans un cahos éternel,
Des élemens la sourde guerre
Forme, allume, lance un tonnerre
Plus affreux que celui du ciel.

Quels torrens épais de fumée !
La terre ouverte sous mes pas
Vomit une cendre enflammée :
L'antre mugit... Dieux ! quels éclats !
Des roches dans l'air élancées
Retombent, roulent, dispersées.
Je m'arrête glacé d'effroi...
Un fleuve de feu, de bitume,
Couvre d'une bouillante écume
Leurs débris poussés jusqu'à moi.

Monts altiers, voisins des orages,
Qui recélez dans votre sein
Les fleuves, enfans des nuages;
Et les rendez au genre humain,
C'est dans vos cavernes profondes
Que du feu, de l'air et des ondes
Fermente la sédition.
Au fond de cet abîme immense
Je vois la nature en silence
Méditer sa destruction.

L'esclave qui brise la pierre,
Et qui cherche l'or dans vos flancs,
Sent les fondemens de la terre
S'ébranler sous ses pas tremblans.
Il palpite, écoute, frissonne;
Mais le trépas en vain l'étonne,
La rage ranime ses sens :
Il pardonne au fléau terrible
Qui va sous un débris horrible
Écraser ses cruels tyrans.

Dieu! quelle avarice intrépide!
L'antre pousse un reste de feux :
Une foule imprudente, avide,
Accourt d'un pas impétueux.
Voyez-les d'une main tremblante,
Sous une lave encor fumante,
Chercher ces métaux détestés,
Et, sur le salpêtre et le souffre,
Des ruines même du gouffre,
Bâtir de superbes cités.

Mortel, qui du sort en colère
Gémis d'épuiser tous les coups,
Sans doute le ciel moins sévère
Pouvait te voir d'un œil plus doux.
Mais de la nature en furie
Tu surpasses la barbarie;
De tes maux déplorable auteur,
C'est la rage qui les consomme,
Et l'homme est à jamais pour l'homme
Le fléau le plus destructeur.

Quand ce globe a craint sa ruine,
Quand des feux voisins des enfers
Grondaient de Lisbonne à la Chine
Et soulevaient le sein des mers,
Les assassinats de la guerre
Désolaient, saccageaient la terre;
Vous ensanglantiez les volcans;
Et vous égorgiez vos victimes
Sur les bords fumans des abîmes
Qui vous engloutissaient vivans.

Eh quoi! tandis que je frissonne,
Vous allumez pour les combats
Ces volcans, effroi de Bellone,
Ces foudres cachés sous ses pas !
Contre la terre consternée
Quand la nature est déchaînée,
Vous l'imitez dans ses horreurs;
Et le plus affreux phénomène
Dont frémisse la race humaine
Sert de modèle à vos fureurs !

Que ne puis-je, arbitre des ombres,
Forçant les portes du trépas,
Évoquer des royaumes sombres
Tous les morts de tous les climats ;
A chacun d'eux si j'osais dire :
Un Dieu t'ordonne de m'instruire
Qui t'a conduit au noir séjour ?
Presque tous, homme impitoyable !
Ils répondraient : C'est mon semblable
Dont la main m'a privé du jour.

Ah ! jetez ces coupables armes ;
De vous-mêmes prenez pitié :
Connaissez, éprouvez les charmes
De l'amour et de l'amitié !
Que la force, que la puissance,
Nobles soutiens de l'innocence,
Ne servent plus à l'opprimer.
Écartez la guerre inhumaine,
Et ne vouez plus à la haine
Le moment de vivre et d'aimer.

CONTES.

CONTES.

LA QUERELLE DU RICHE ET DU PAUVRE,

APOLOGUE.

Le riche avec le pauvre a partagé la terre,
Et vous voyez comment : l'un eut tout, l'autre rien.
Mais depuis ce traité qui réglait tout si bien,
Les pauvres ont par fois recommencé la guerre :
On sait qu'ils sont vaincus, sans doute pour toujours.
J'ai lu, dans un écrit, tenu pour authentique,
Qu'après le siècle d'or, qui dura quelques jours,
Les vaincus, opprimés sous un joug tyrannique,
S'adressèrent au ciel : c'est-là leur seul recours.
Un humble député de l'humble république
Au souverain des dieux présenta leur supplique.
La pièce était touchante, et le texte était bon ;
L'orateur y plaidait très-bien les droits des hommes :
Elle parlait au cœur non moins qu'à la raison ;
Je ne la transcris point, vu le siècle où nous sommes.
Jupiter, l'ayant lue, en parut fort frappé.
«Mes amis, leur dit-il, je me suis bien trompé :
C'est le destin des rois ; ils n'en conviennent guères.
J'avais cru qu'à jamais les hommes seraient frères :
Tout bon père se flatte, et pense que ses fils,
D'un même sang formés, seront toujours amis.
J'ai bâti sur ce plan. J'aperçois ma méprise.
Je m'en suis repenti souvent, quoiqu'on en dise ;

Mais, soumis à des lois que je ne puis changer,
Je n'ai plus qu'un moyen propre à vous soulager.
Je hais vos oppresseurs : les riches sont barbares;
Ils paraîtront souvent l'objet de mon courroux ;
Mécontens, ennuyés, prodigues, vains, bizarres,
Ce sont de vrais tourmens : mais le plus grand de tous,
C'est l'avarice ; eh bien! je vais les rendre avares :
C'en est fait, les voilà pauvres tout comme vous.»
Ainsi fit Jupiter. Les Dieux ont leur système.
Mais, soit dit sans fronder leur volonté suprême,
Je voudrais que le ciel, moins prompt à nous venger,
Sût un peu moins punir, et sût mieux corriger.

LA JAMBE DE BOIS ET LE BAS PERDU.

Est-ce un conte ? est-ce un apologue ?
Vous en déciderez : voilà tout mon prologue.

Une dame en faveur, je vous tairai son nom,
      Belle encor quoiqu'un peu passée,
Eut, je ne sais comment, la jambe fracassée :
Il fallut en venir à l'amputation.
Grand fut le désespoir, plus grande la souffrance;
Mais on se tira bien de l'opération.
Bref, on touche au moment de la convalescence :
Il fallut s'habiller; une jambe d'emprunt,
Dans une double éclisse avec art enchassée,
      Supplément du membre défunt,
    Au lieu vacant fut promptement placée :
L'autre jambe, la bonne, était déjà chaussée.

Madame de son lit descendait; mais, hélas!
      Admirez l'étrange caprice,
La malade soudain veut ravoir l'autre bas.
On cherche, on se tracasse, il ne se trouve pas :
Elle de s'obstiner, soit sottise ou malice;
        La voilà qui gronde ses gens,
        Maltraite époux, amis, parens,
   Troupe indulgente, autour du lit groupée,
Par pitié, voyez-vous, pour la pauvre éclopée.
Jugez où l'on en fut, lorsqu'en sa déraison
     Elle parla de quitter la maison !
Chez nous même travers s'est montré tout à l'heure.
Perdre bons marquisats fit pousser moins de cris
Que perdre le beau nom de monsieur le marquis :
Une jambe est coupée, et c'est le bas qu'on pleure.

LE HÉROS ÉCONOME.

Pourquoi faut-il que l'humaine faiblesse,
Chez les mortels que nous nommons héros,
Souvent se montre, et par de tels défauts
Qu'en les voyant, on se dit : Pauvre espèce !
Livrons le monde et la gazette aux sots.
Pourquoi de l'or l'avidité cupide
A-t-elle, hélas ! souillé plus d'un grand nom,
Flétri, perdu Démosthènes, Bacon ;
Et, qui pis est, de sa rouille sordide
Atteint Brutus et le premier Caton ?
La vanité me gâte Cicéron ;

Annibal fourbe, Agésilas perfide,
Luxembourg fat, et Villars fanfaron :
C'est grand pitié : Catinat.... je ménage
Et ma pudeur et les mânes d'un sage.
Sur Marlborough je serai moins discret,
Car son péché n'était pas un secret.
Dans l'Angleterre éprise de sa gloire,
Sur sa lésine on faisait mainte histoire ;
En affublant d'épigramme ou chanson
Ce grand rival de Mars et d'Harpagon.
Chez les guerriers ce mélange est très-rare ;
Et tout héros est plus voleur qu'avare :
Mais je finis, mon prologue est trop long.
Pour regagner sur la narration
Le temps perdu, courons de compagnie
Vite en Hollande, aux états-généraux,
Où l'on reçoit en grand'cérémonie
Des alliés le support, le héros,
Ce Marlborough, qui, repassant les flots,
S'en va revoir sa brillante patrie.
Le général à Windsor est mandé ;
De ses emplois il est dépossédé,
Vu que soudain, milédi, son épouse,
Brusque et hautaine, imprudente et jalouse,
Près la reine Anne a perdu sa faveur.
Sur une robe une aiguière versée,
Même la jatte avec dépit cassée,
Au cœur royal ont donné de l'humeur.
Tout va changer : la Hollande, l'Empire
Baissent le ton, et la France respire.
La paix naîtra de ce grave incident,
Qui dans l'Europe est encor un mystère ;

Mais Marlborough, qui le sait cependant,
Fait son paquet, et maudit, en partant,
Anne, et sa femme, et la jatte, et l'aiguière;
Ce grand méchef, ces débats féminins
Ferment pour lui le champ de la victoire.
Il se console à l'aspect de sa gloire,
Surtout de l'or qu'elle verse en ses mains.
Le Hollandais, moins par reconnaissance
Que pour mâter le vieux roi, dit le Grand,
Va cette fois écorner sa finance.
Faire dépit à cette cour de France
Est, comme on sait, pour messieurs d'Amsterdam,
Le seul plaisir qui vaille leur argent.
La fête s'ouvre, et le vainqueur s'avance;
Dieux! quel accueil! quelle munificence!
On lui prodigue, on étale à ses yeux
Cent raretés de l'un et l'autre monde;
Mais tout s'efface à l'éclat radieux
D'un diamant le plus beau que Golconde
Depuis long-temps ait vu sortir du sein
De son argile opulente et féconde.
Il est trop cher pour plus d'un souverain :
Il est sans prix : nul Juif ne l'évalue.
Déjà placé par une adroite main
Sur un chapeau qu'au sien on substitue,
Sous un panache, il brille au front du lord.
On applaudit sa noble contenance,
Son air, son geste; et l'on pouvait encor,
Comme on va voir, louer sa prévoyance :
Vers un des siens, qui du riche joyau,
Grands yeux ouverts, contemplait la merveille,
Milord s'approche, et tout bas à l'oreille :
« Songe à ravoir, dit-il, mon vieux chapeau. »

LE RENDEZ-VOUS INUTILE.

Hier au soir on nous a fait un conte,
Qui me parut assez original;
Il faut, messieurs, que je vous le raconte;
Il est très-court et surtout point moral.

Damis, Églé, couple élégant, volage,
Étaient unis, mais par le sacrement;
L'amour jadis les unit davantage.
Églé sensible, au sortir du couvent,
Avait aimé son époux sans partage;
Quoiqu'à la cour tout s'excuse à son âge,
Damis lui-même était un tendre amant.
Mais tout à coup, sans qu'on sût trop comment,
Par ton, par air, fuyant le tête à tête,
Avec fracas courant de fête en fête,
Croyant surtout avoir bien du plaisir,
De s'adorer on n'eut plus le loisir.
Un mari mort, on souffre le veuvage;
Mais quand il vit, c'est un cruel outrage;
Églé le sent : Églé va se venger.
Je vois d'ici ces messieurs s'arranger,
Et minuter le beau brevet d'usage
Au bon Damis. Pour vous faire enrager,
Mes chers amis, Églé restera sage;
Et du mari l'honneur est sans danger.
Madame, un soir, après la comédie,
Rentre chez elle : aimable compagnie,
Cercle brillant ; on apporte un billet,
Elle ouvre... ô ciel ! sottise de valet.

Églé rougit, et regarde à l'adresse.
Or, vous saurez que le susdit poulet
Est pour Damis ; que certaine comtesse
Vers le minuit rendez-vous lui donnait,
Et que d'un mot l'orthographe mal mise
Peut d'un vieux Suisse excuser la méprise.
La belle Églé prend son parti soudain :
En un clin d'œil elle devient charmante :
Noble enjoûment, gaîté vive et piquante
Sont mis en jeu : le souper fut divin ;
Nul quolibet, des contes agréables ;
Les gens d'esprit, les convives aimables
Étincelaient ; les sots, les ennuyeux
Furent bruyans, ne pouvant faire mieux.
Madame avait cette coquetterie
Qui plaît, enflamme, amuse tour à tour,
Et qui permet à la galanterie
De ressembler quelquefois à l'amour.
Or, devinez si chacun voulut plaire.
Mais savez-vous sur qui le charme opère
Plus puissamment ? c'est sur notre mari.
De son bonheur avisé par autrui,
De la tendresse il a pris le langage ;
Malgré l'affront de paraître amoureux,
Un air folâtre, un riant badinage,
Cachaient, montraient ses transports et ses feux.
Chacun sortit ; on s'en va, bon voyage.
Damis est seul : voilà Damis heureux ;
Même on prétend que, dans cette occurrence,
Un doux refus, une adroite défense
Fit d'un époux un amant merveilleux.
A pareil trait on ne pouvait s'attendre ;

Mais un mari s'étonne d'être aimé :
On est surpris, on veut aussi surprendre ;
L'honneur s'en mêle, on se trouve animé.
Damis se croit vainqueur de l'aventure ;
Baissant les yeux, sa modeste moitié
Prend plaisamment un air humilié :
« Écoutez-moi, Damis, je vous conjure ;
Je sens, dit-elle avec timidité,
Qu'à vous fixer je ne saurais prétendre ;
A la raison je sens qu'il faut se rendre,
Et vous céder à la société.
Fait comme vous.... — O ciel ! êtes-vous folle ?
Songez-vous bien ?. — Oui, monsieur... Je m'immole...
Lisez... Eh bien ! reprit-on d'un air doux,
Vous n'allez pas bien vite au rendez-vous ?
— Qui ? moi... J'y suis... — Le mot est bien aimable.
Mais songez-vous qu'une femme adorable
En ce moment... Ah ! du moins, écrivez...
— Ecrire ! quoi !... — Je le veux, vous devez
Une réplique à la tendre semonce. »
Alors Damis confus, un peu troublé,
« Je ne dois rien, dit-il ; et mon Eglé
A tout surpris, la lettre... et la réponse. »

ENVOI A MADAME LA COMTESSE DE R***

Si ce Damis, que j'ai peint si volage,
O R..... eût été votre époux,
L'heureux Damis, tendre et digne de vous,
Jamais ailleurs n'eût porté son hommage.
Non moins heureux, si le sort eût permis
Que vous fussiez son aimable comtesse,
Jamais d'Églé la beauté ni l'adresse

A ses genoux n'eût ramené Damis ;
Ou, de céder s'il eût eu la faiblesse,
Volant chez vous, honteux de ses succès,
Il eût si bien, dans son ardeur nouvelle,
Rendu justice à vos charmans attraits,
Qu'il n'aurait pu vous paraître infidelle.

LE CHAPELIER.

Un Pénitent venait purifier
Sa conscience aux pieds d'un Barnabite.
Ça, mon ami, votre état ? — Chapelier.
— Bon. Et quelle est la coulpe favorite ?
— Voir la donzelle est mon cas familier.
— Souvent ? — Assez. — Et quel est l'ordinaire ?
Hem ! tous les mois ? — Ah ! c'est trop peu, mon père.
— Tous les huit jours ? — Je suis plus coutumier.
— De deux jours l'un ? — Plus encor ; j'ai beau faire
A tous momens le plus ferme propos...
— Quoi ! tous les jours ? — Je suis un misérable.
— Soir et matin ? — Justement. — Comment diable !
Et dans quel temps faites-vous des chapeaux !

LA MARIÉE SANS MARI.

Voir marier dauphin ou fils de France,
C'est, je l'avoue, un vrai plaisir pour moi;
Car, sans compter que l'on a l'espérance
De ne pouvoir jamais manquer de roi,
Fille sans dot, à Paris, au village,
Qui sans hymen eût langui tristement,
Se voit payer pour prendre son amant;
Veuille le ciel conserver cet usage !
Or, vous saurez que tout nouvellement
Certaine Agnès, désirant mariage,
Chez son curé s'en alla bonnement.
« Je viens m'inscrire. — Oh! soit. Votre nom? — Lise.
— Et le futur... » Ma foi, Lise est à bout.
— « Parlez. — Eh! mais, dit la fille surprise,
Je croyais, moi, qu'on fournissait de tout. »

L'AVARE ÉBORGNÉ.

Un Harpagon, d'un œil hypothéqué,
Gardait la chambre en mauvaise posture.
« Grave est le cas, le globe est attaqué,
Lui disait-on; craignez quelqu'aventure;
Voyez Granjean. — Non, parbleu, je vous jure,
Il est habile, il doit être bien cher;
Pour me guérir, il suffit d'un frater. »
Le frater vient, entreprend cette cure,

Le bistourise, et de son instrument
Lui crève l'œil, mais très-parfaitement.
Harpagon crie; Esculape s'évade
A petit bruit le long de l'escalier,
Très-inquiet de sa sotte algarade.
Vite on accourt aux clameurs du malade.
« Un œil! O ciel! ah! quel aventurier!
Dans les deux cas, ignorance ou malice,
Pourvoyez-vous en réparation ;
Un bon procès doit vous faire justice,
Et contre lui vous avez action. »
Le borgne alors, d'un ton tout débonnaire,
« Laissez, dit-il, laissez ce pauvre haire ;
Je sais très-bien qu'il peut être plaidé ;
Mais il en coûte à poursuivre une affaire:
Et puis d'ailleurs il n'a rien demandé. »

FRAGMENT D'UN CONTE,

PROLOGUE.

Vous croyez tous que, brodant quelquefois
Nouvelle en vers, ou conte, ou comédie,
J'aime à surprendre ou sottise, ou folie,
Et suis charmé de tout ce que je vois;
Que quand Églé, qui veut être à la mode,
Suit à la piste un fat suivant la cour,
Donne une scène, ou fait quelque bon tour,
Qui peut m'offrir un plaisant épisode ;
J'en fais les feux, et que je ris d'autant.
Non, point du tout; j'en suis très-mécontent.

Bien il est vrai que l'amour m'intéresse :
J'en suis fâché, mais j'ai cette faiblesse.
Damis s'en moque, et me trouve pédant ;
Cléon me plaint : il fuit le sentiment,
Se croit un sage ; et que s'il a Delphire,
Ne l'aimant point, on n'a rien à lui dire.
Delphire même est fort de cet avis :
C'est sans aimer qu'on trompe les maris.
C'est un grand mal, mais très-grand, que les femmes
Aiment un peu qu'on les ait à son tour ;
Je ne dis mot ; mais, s'il se peut, mesdames,
Dans vos boudoirs daignez placer l'Amour.

. . . .

PROLOGUE D'UN AUTRE CONTE.

Je fus toujours un peu républicain ;
C'est un travers dans une monarchie.
Vous conclurez, certes, que le destin,
Sous Louis-Quinze a mal placé ma vie.
Assez long-temps j'en ai gémi tout bas.
On me disait : La France est ta patrie,
Il faut l'aimer ; cela ne prenait pas.
Triste habitant d'une terre avilie,
Je consolais ma pensée ennoblie,
En la tournant vers ces climats heureux,
Qui présentaient à mon cœur, à mes vœux,
La liberté, ma maîtresse chérie.
Je m'étais fait Anglais, faute de mieux.
Ou bien, par fois, rêveur, silencieux,
Je saluais les monts de l'Helvétie,

Cherchant des yeux, dans le simple Apenzel,
L'Égalité, cette fille du ciel,
Faite pour l'homme et par l'homme haïe :
Péché d'orgueil que son malheur expie.

. . . . , ...

CALCUL PATRIOTIQUE.

Cent mille écus pour la justice !
Deux cents pour la religion !
Prêtres, juges, la nation
Surpaie un peu votre service.
Mais aussi, vous craignez, dit-on,
Qu'habilement on ne saisisse
Cette attrayante occasion
D'opérer, par suppression
De maint office et bénéfice,
Quelque bonification :
Et vraiment, vous avez raison,
Plaise au ciel qu'on y réussisse !
Croire et plaider sont deux impôts
Que tout peuple met sur lui-même ;
Aux dépens des heureux travaux
De Bacchus et de Triptolême ;
Croire et plaider sont deux besoins
De notre mince et folle espèce,
Que la France, dans sa détresse,
Tâche de satisfaire à moins.
De nos jours la philosophie
A porté quelqu'économie

Dans la dépense du chrétien.
Mettons de côté l'autre vie :
Ce qu'on perd en théologie,
En finance on le gagne bien.
L'américaine prud'hommie
Croit très-peu pour ne payer rien.
Que dites-vous de ce moyen ?
Il est bien fort pour ma patrie ;
Mais elle y viendra, je parie.
En attendant un si grand bien,
Je me console, en citoyen,
Des malheurs de la sacristie.
Courage ! allons, mes chers Français,
Méritez un second succès :
Attaquez cette autre manie :
Émondez l'arbre des procès ;
Et mettant de même au rabais
De *messieurs* l'avare industrie :
Économisez sur les frais
De la seconde maladie,
Dont nous ne guérissons jamais.

LA VRAIE SAGESSE.

C'est encor parmi nous un grand bien d'être sage ;
Il en faut convenir ; mais ce bonheur si doux,
Chez les Grecs autrefois l'était bien davantage :
Il laissait partager tous les plaisirs des fous.
L'ivresse de Bacchus, une plus douce ivresse,
Chez ce peuple charmant, moins ennuyé que nous,

Était le prix de la sagesse.
Mais ne serait-ce point la sagesse en effet ?
Et pourquoi non ? Consultons les sept sages :
Leur nom, sans leurs plaisirs, eût péri tout à fait.
    N'avons-nous pas oublié net
      Et leurs écrits et leurs ouvrages ?
    On parle encor de leur banquet.
    Socrate qui le remarquait,
    Un jour alla chez Aspasie,
Qui ne voulait jamais être que son amie.
Il entre : elle brodait, dans ce goût élégant,
Que la mode aujourd'hui parmi nous renouvèle,
Car la Grèce est toujours en tout notre modèle.
    « Hé bien ! dit-il en s'approchant,
    Serez-vous donc toujours la même ?
Rien que de l'amitié ! quoi ! jamais rien de plus ?
Et d'autres vœux jamais ne seront entendus !
Quoi ! n'être que l'ami de l'objet que l'on aime !
Encor si votre cœur savait, ainsi que nous,
Mêler à l'amitié des mouvemens plus doux !
Car toujours dans notre âme un grain de convoitise
    Assaisonne, quoiqu'on en dise,
Cette pure amitié que nous avons pour vous ?
Vous paraissez rêveuse, et vos regards baissés
    Sur le canevas sont fixés :
    Parlez, daignez au moins m'apprendre
Pour quel heureux mortel vos mains, dans ce moment...
— Pour qui ? dit Aspasie avec étonnement.
Eh ! mais... en vérité... je ne puis vous comprendre ;
C'est pour... — Hé bien ? — Pour un de mes amis.
— Pour un de vos amis ! Achevez de m'instruire,
    Dit Socrate avec un souris ?

Parlez.—Eh bien! c'est vous, puisqu'il faut vous le dire. »
Le philosophe, au comble de ses vœux,
Sentit... que sais-je, moi! ce que l'amour inspire,
Quand, par bonheur pour lui, le sage est amoureux.

LA JOUISSANCE TARDIVE.

Je te disais: « Cloé, prends mes leçons, prends-moi;
Tu ris: de nos beaux jours il n'est qu'un seul emploi;
Use de ton printemps: chasteté, c'est vieillesse,
Pour les femmes surtout. » Cloé ne m'a point cru;
Les roses de son teint, hélas! ont disparu :
Elle connaît l'erreur de sa triste sagesse.
Moins belle et plus sensible, au midi de ses ans,
Elle ressent l'injure et le bienfait du temps.
Elle gagne, elle perd, et compte avec son âge.
Plus de fête: elle fuit les vains amusemens;
Il lui faut des plaisirs et non des passe-temps.
Le passe-temps l'ennuie, un soupir la soulage;
Pensive, son miroir, moins entouré d'amans,
Lui parle du passé, lui dit : « C'est bien dommage! »
Un désir inquiet le lui dit davantage.
J'ai vu tomber sur moi ses regards languissans.
J'ignore si je plais; je vois que j'intéresse :
Sa longue indifférence est un poids qui l'oppresse.
A mes vœux négligés elle accorde un regret,
Ses sens aident son cœur à trahir son secret;
Son repentir tardif ressemble à la tendresse.
« Ma Cloé, jouissons: près de toi ranimé,
Mon cœur, mes souvenirs te rendent ta jeunesse ;
Donne-moi ce que j'aime, ou bien ce que j'aimai. »

PARIS JUSTIFIÉ.

C'est toi, c'est ta funeste flâme,
Disait Anténor à Pâris,
Qui va mettre en cendre Bergame,
Et rougir de sang ses débris.
Quand de trois déesses rivales,
L'une offre à tes vœux la grandeur,
L'autre des palmes triomphales,
Et la sagesse et le bonheur :
C'est Vénus que tu leur préfères !
De ses promesses mensongères
Hélène est le gage imposteur !
La jouissance d'une belle,
Arbitre insensé, valait-elle
La sagesse ou la royauté ?
— Oui, répond Pâris irrité ;
Croyons-en les trois immortelles,
Qui, dans leurs jalouses querelles,
Ne s'enviaient que la beauté.

LE PEINTRE D'HISTOIRE.

Pour la première fois la jeune Agnès aimait,
Elle veut régaler Damis de son portrait :
Elle grimpe au grenier d'un successeur d'Apelle,
   Qui, la trouvant si belle,

Croit dans son atelier voir le séjour des dieux.
Son âme tout entière a passé dans ses yeux.
Il admire, il soupire, il s'écrie : « Ah, la peste !
Qu'on va faire de vous un portrait séduisant;
Mais, plaignez-moi, je peins l'histoire seulement !
—Hé, mon Dieu ! dit Agnès, qui me peindra le reste ?

LE CALCUL.

Une prêtresse de l'Amour,
Soupant chez Quincy, l'autre jour,
Vantait d'un ton de pruderie
Et sa constance et ses beaux sentimens.
« J'ai, dit-elle, cédé quelquefois dans ma vie ;
Mais tout le monde ici peut compter mes amans.
— Oui, lui répond Quincy; le calcul est facile;
Qui ne sait compter jusqu'à mille ?

LE PRONOM INDISCRET.

Sur un homme à bonne fortune
Quelques femmes s'entretenaient,
Et presque toutes soutenaient
Que de ses maîtresses pas une
N'avait possédé tout un jour
Son cœur, ses sens et son amour.
Une enfin, prenant sa défense,
Dit : « Je crois pouvoir, dieu merci !

Vous éclairer sur ce point-ci,
Sans redouter la médisance :
Chacun dans Paris me connaît.
On sait quelle est ma répugnance
Pour un semblable freluquet.
Mais, tout fat et fripon qu'il est,
Je puis jurer, en conscience
(Et le fait est des plus certains,
De sa maîtresse je le tiens),
Qu'aumoins une fois en sa vie,
Il sut aimer solidement :
Sa maîtresse était mon amie ;
Elle m'a tout dit franchement.
Un matin chez elle en entrant,
Moitié transport, moitié folie,
De cet air vif et séduisant
Dont il subjugua tant de femmes,
Entre ses bras il la saisit,
Et la transporta sur son lit :
Mêmes feux consumaient leurs âmes ;
Ils éprouvaient mêmes désirs ;
Et là, dans des flots de plaisirs,
Trois jours entiers *nous* demeurâmes.

LE CALENDRIER DES JÉSUITES.

Fiers rejetons du fameux Loyola,
Dont Port-Royal a foudroyé l'école ;
Vous que jadis sans cesse harcela
Le grand Pascal, étayé par Nicole ;

Vous, qui, de Rome usant les arsenaux,
Fîtes frapper du fatal anathême,
Pour soutenir votre lâche système,
Les Augustins sous le nom des Arnaud;
Vous, dont Quesnel, digne fils de Bérule,
A tant de fois éprouvé la férule,
Et qui, voyant dans ses puissans écrits
De Molina les sentimens proscrits,
Contre son livre, au benin Clément Onze,
Fîtes pointer le redoutable bronze ;
Vous, qui dans Chine alliez à la fois
Confucius et Dieu mort sur la croix,
Et dont le culte équivoque et commode
Rapporte à Dieu celui d'une pagode;
De la morale éternels corrupteurs,
Qui du salut élargissez la voie;
Et qui, guidant, par des chemins de fleurs,
Les pénitens que le ciel vous envoie,
Au champ de Dieu ne semez que l'ivraie ;
Des grands du siècle adroits adulateurs ;
Vils artisans de mensonge et de fourbe ;
De qui le dos sous l'iniquité courbe ;
Qui, démasqués et partout reconnus,
Êtes pourtant partout les bien venus
(Car il n'est lieu de l'un à l'autre pôle
Où, dieu merci, n'ayez le premier rôle),
Dites-nous donc par quel puissant moyen
Vous trouvez l'art d'en imposer aux autres,
Et de coiffer la mître des apôtres
Chez l'infidèle et le peuple chrétien ?
Si l'on en croit vos longs martyrologes,
Où le mensonge a tracé vos éloges,

L'Inde rougit du sang de vos martyrs ;
Sur un trépied vous rendez des oracles ;
Et le payen, avide de miracles,
Les voit éclore au gré de ses désirs ;
L'avide mort, au teint livide et blême,
Lâche sa proie à votre voix suprême ;
Par vous le sang qu'elle a coagulé,
Dans les vaisseaux a de nouveau coulé ;
A l'ordre seul d'un petit thaumaturge,
L'air de vapeurs ou se charge ou se purge ;
Et vous avez à vos commandemens
Le vent, la foudre et tous les élémens.
A ce propos, on m'a fait certain conte,
Mes révérends, qu'il faut que je vous conte :
De vers Golgonde, où la terre en son sein,
De ses sablons forme la reine pierre,
Dont le poli réfléchit la lumière
En cent façons, était un jeune essain
D'Ignaciens, qui, dans l'âme indienne,
Allait, Dieu sait, plantant la foi chrétienne.
Tous les beaux fils qu'a l'Inde sur son bord,
Etaient par eux catéchisés d'abord ;
Les cordeliers qu'ils avaient pour annexe,
De leur côté baptisaient le beau sexe.
Tout allait bien ; et leur apostolat
Fructifiait, moyennant ce partage :
Si que de Dieu le nouvel héritage
Allait croissant avec beaucoup d'éclat.
Là, le démon, qu'en figure de bronze,
Fait adorer l'ignorance du bonze,
Grâces aux fils d'Ignace et de François,
Allait perdant tous les jours de ses droits.

L'Ignacien, à ces nouvelles plantes,
Distribuait les grâces suffisantes,
Si largement que l'efficace là
Glanait après les fils de Loyola
Petitement. Quoiqu'il en soit, les drôles,
Par maints bons tours, maintes belles paroles,
Passaient pour saints, se faisaient vénérer
Du peuple indien qu'ils savaient attirer.
Le bruit en vint jusqu'au roi de Golgonde;
Ce prince était un vieux payen fieffé,
Qui de son diable était si fort coiffé,
Qu'il n'encensait que cet esprit immonde;
Il voulait voir des apôtres nouveaux,
Que de son diable on disait les rivaux.
Bien croyait-il entendre des oracles,
Et comme Hérode aller voir des miracles.
Nos révérends, le crucifix en main,
Lui prêchent Dieu mort pour le genre humain,
En déclamant contre le simulacre
De Satanas. Le roi, dont la bile acre
Jà s'échauffait à leur beau plaidoyer,
Leur dit : « Messieurs, quand aux dieux on insulte,
Et qu'on annonce un si singulier culte,
Encor faut-il de preuves l'étayer ?
Depuis six mois la sécheresse afflige
Tout mon royaume; et votre zèle exige
Que de ce Dieu vous obteniez de l'eau.
Si dans trois jours vous n'en faites répandre,
Comme imposteurs je vous ferai tous pendre;
Pensez-y bien. « Nos frocards eurent beau
Représenter à l'absolu monarque
Que ce serait tenter le Tout-Puissant :
«Nous connaîtrons, dit-il, à cette marque,

S'il est le Dieu sur la terre agissant. »
Force fut donc aux moines de promettre,
Sauf à tenter l'avis du baromètre,
Qui, consulté par eux tous les instans,
Ne répondait jamais que du beau temps.
Tous de concert allaient plier bagage,
Pour le martire éprouvant peu d'attraits,
Quand un frater qu'ils laissaient là pour gage,
Et qui pour eux aurait payé les frais,
D'un tel départ leur demanda la cause.
« Las! dirent-ils, le prince nous propose
De décorer nos collets de la hard,
S'il ne pleut pas dans trois jours au plus tard.
— Quoi! voilà tout? Allez, reprit le frère,
Par Loyola, patron du monastère,
Dites au roi que dès demain matin
Nous en aurons, ou j'y perds mon latin. »
Pas ne mentait notre moderne Elie :
Du sein des mers un nuage élevé,
A point nommé, de sa féconde pluie,
Vit du pays chaque champ abreuvé.
Et de crier en Golgonde au miracle!
Et de donner le bon frère en spectacle!
Puis dit tout bas à nos moines joyeux :
« Mes révérends, si j'ai tenu parole,
Vous le devez à certaine vérole
Qu'exprès pour vous me conservaient les cieux.
Toutes les fois que l'atmosphère aride
Va condensant de nouvelles vapeurs,
L'air surchargé de l'élément humide
Ne manque pas de doubler mes douleurs.»
On n'en dit mot à messieurs de Golgonde,

Dans le pays il resta constaté
Que ce n'était qu'un fruit de sainteté,
Et non celui de cette peste immonde
Dont le pénard se trouvait infecté.
Puisque le bien naît ainsi du désordre,
Que le bon Dieu la conserve à tout l'ordre !

LE SAUT DE LA SOUPENTE.

Dans le lit nuptial, après maintes façons,
Au pouvoir d'un lourdaut Perrette abandonnée,
S'attendait aux plaisirs que promet l'hyménée ;
Car, malgré l'innocence, on a certains soupçons :
  On pleure, on crie, on se lamente
Au moindre mouvement que veut faire un époux ;
Mais s'il laissait en paix reposer l'innocente,
  Ce serait bien autre peine entre nous.
  Témoin notre épouse nouvelle,
Modestement tapie au bord de la ruelle,
Dans le ferme projet de faire le dragon,
Si Blaise seulement lui prenait le menton,
  Et qui voyant le discret personnage,
A l'autre bord du lit établir son quartier,
Ne put tenir son fier, et le cœur plein de rage,
  Venait, aventurant près du sot écolier,
D'abord un bras, un pied, puis le corps tout entier.
  Point n'entendait le pauvre sire
Ce que voulait l'Amour et permettait l'Hymen,
  Ce que sa femme voulait dire,
En lui serrant les genoux et la main :

Il allait s'endormir, lorsque notre épousée
   Prit le parti, de crainte d'accident,
   De s'expliquer, sans doute en bégayant.
(Car enfin, femme encor doit être embarrassée).
« Eh bian! que ferions-nous... là... pour rire un instant?
Qu'en dis-tu, Blaise?—Oh oui; c'est fort bien dit, voirment.
   Eh bian! voyons : queu divertissement?....
   Un jour de nôce il faut une fête complette;
   Allons... » Et de sauter du lit de la pauvrette.
   « Où cours-tu?...Laisse-moi.Mais encore... quel sot!..
   —J'ons des pommes dans la soupente,
Tu les aimes, j'y vole, et tu seras contente :
   Vois-tu, j'entends à demi mot. »
   Notre benêt monte à l'échelle;
Sa femme furieuse est bientôt sur ses pas,
   Tire d'abord l'échelle à bas :
   « Charche; nigaud; charche, dit-elle; »
   Et puis se remet dans ses draps.
   Un bon vivant, sûr de plaire à la belle,
   Qui, pour se divertir un peu,
   S'était caché dans la ruelle,
Voyant qu'Amour lui faisait si beau jeu,
   Sort brusquement de sa cachette,
   Se glisse au lit de la fillette,
   Et d'un baiser vous accole Perrette;
   « Paix, dit-il, paix! c'est Lucas;
   A mes transports ne te dérobe pas;
C'est un bon compagnon, un amant qui remplace
   Un mari sot et tout de glace. »
Perrette volontiers aurait fait les hauts cris;
   Mais elle eut éveillé sa mère
Qui couchait, voyez-vous, dans le même taudis.

Le plus prudent était donc de se taire,
Et Perrette se tut. Perrette se taisant,
Lucas va son chemin, Lucas marche en avant;
Et tandis que, bloti dans sa soupente,
Ne pensant pas à son malheur,
L'époux cherche des fruits, l'amant cueille une fleur
Qu'avec ravissement lui cède son amante.
La bonne mère aux écoutes était :
« Eh mais ! pas trop mal ce me semble;
Blaise n'est pas si sot qu'on le contait,
En besogne il va tout fin droit;
Pour ma fille plus je ne tremble;
De ce train-là, tredame, y moudront bien ensemble.
— Bon, disait-elle, au plus faible soupir
Que l'Amour arrachait à Lucas, à Perrette;
Au moindre bruit de la couchette.
— Bon, toujours bon... queu noce ! queu plaisir !
Et puis, ma fille est raisonnable;
Y sont fort bian sur ce ton-là,
Il est pressant, elle est traitable,
Y ne disont plus rian... ma fi, les y voilà. »
Bien juste au fond pensait la bonne dame;
Précisément l'affaire en était-là.
Mais l'époux n'avait part à ce grand opéra,
Le benêt ramassait des pommes à sa femme.
Chargé comme un mulet, enfin le bon chrétien
Cherche l'échelle et ne trouve plus rien.
Il appelle Perrette, et puis sa belle mère;
Perrette ne dit mot, fait sortir son galant;
Mais ardente à savoir tout le fond de l'affaire,
La bonne mère, hélas ! qui croit chacun content,
A son beau fils répond en demandant :

« Quelle nouvelle... est-tu bien là, mon gendre ?
— Oh ! palsanguienne, en vérité,
J'y suis monté ;
Mais je ne sais comment descendre.
— Eh ! glisse-toi, nigaud, sur le côté.
— Sur le côté ?... voirment, voilà tout le mystère,
Grand merci... Pa-ta-tra, mon benêt tombe à terre. »
Au bruit de cette chûte, aux cris de mon lourdaut,
Mère effrayée, et fille en peine,
Du lit à bas ne font qu'un saut,
Et vont, sans savoir où, comme la peur les mène.
Une lumière enfin vient les rassembler tous,
Et montre à la mère étonnée,
Blaise étendu loin du lit d'hyménée,
Et tombé de plus haut que ne tombe un époux.
« Eh mais, lui dit la mère impatiente,
Quel saut as-tu donc fait ?.. — Le saut de la soupente. »
La mère regarda Perrette et la comprit ;
Femmes ont pour s'entendre un merveilleux esprit ;
Et l'époux seul, plus sot que d'ordinaire,
Froissé, raillé, trompé, fut se remettre au lit,
Sans rien comprendre à cette affaire.

LE LINCEUL DU PÉLERIN.

HÉLÈNE, de pleurs inondée,
Songeait au courageux Mainfroi,
Qui, dans les champs de la Judée,
Combattait au nom de la foi.

« Dût ma funeste impatience,
Disait-elle, aggraver mon sort,
Dieux qui m'enviez sa présence,
Rendez-le moi vivant ou mort.
Beau manoir, opulens domaines,
Présens que m'a fait son amour,
Côteaux rians, fertiles plaines,
Que j'aperçois de cette tour,
Ne m'étalez point vos richesses
S'il ne doit plus les partager;
De ses regards, de ses caresses,
Pouvez-vous me dédommager ? »
La nuit allait couvrir la terre.
Enveloppé d'un noir manteau,
Un pélerin, au front sévère,
Aborde un page du château :
— « Page, va dire à ta maîtresse,
Un pélerin daignez ouir;
De l'objet qui vous intéresse
Il voudrait vous entretenir.
— Bon pélerin, à mon veuvage,
Quelle allégeance apportez-vous ?
— J'ai vu l'Iduméen rivage,
J'ai vu combattre votre époux.
— Ah ! rendez la paix à mon âme;
Quand finiront tous ces combats ?
— Votre époux le sait, noble dame,
Mieux que personne d'ici bas.
— Oh ! combien de flèches aigues
Ont dû l'atteindre et le blesser !
— Les blessures qu'il a reçues,
Jà n'est besoin de les panser.

— Mais d'où vient, parlez-moi sans feinte,
Ne m'apportez-vous de sa part,
Ni vrai morceau de la croix sainte,
Ni perles fines, ni brocard ?
— Je n'ai brocard, ni perle fine ;
Tout ce que j'ai pour vous, hélas !
C'est qu'aux champs de la Palestine
Votre époux attend le trépas.
A ces mots, Hélène éperdue
Remplit le château de ses cris ;
Les pleurs ont obscurci sa vue,
La douleur trouble ses esprits.
— « Oh, pélerin ! malheur t'advienne,
Pour m'avoir dit ces mots affreux !
Mais ne vas pas penser qu'Hélène
Demeure oisive dans ces lieux.
Dût ma funeste impatience
Aggraver l'horreur de mon sort,
Je jouirai de la présence
De mon époux vivant ou mort.
Page chéri, je t'en conjure,
Cherche-moi, dans tout le canton,
D'un pélerin l'humble chaussure,
La robe grise et le bourdon.
Que ces réseaux d'or et de soie,
Ces franges, ces rubans, ces fleurs,
Tous ces atours faits pour la joie,
Cessent d'insulter à mes pleurs.
Coupe ma longue chevelure,
Prends mon collier, prends mes bijoux,
Quelque fatigue que j'endure,
Je veux aller voir mon époux.

Dût ma funeste impatience
Aggraver l'horreur de mon sort,
Je veux jouir de sa présence,
Et l'embrasser vivant ou mort. »
Etonné d'un amour si tendre,
Le pèlerin lui dit : « Restez,
Restez, de grâce ; et pour m'entendre,
Calmez vos sens trop agités :
« Porte mes adieux à ma femme,
« Me dit votre époux expirant;
« L'instant d'après il rendit l'âme,
« Cet anneau d'or est mon garant.
— « Comment, ô ciel! le méconnaître?
Il vient de moi cet anneau d'or,
Il n'aurait pas changé de maître,
Si mon époux vivait encor.
Mais que cette douceur dernière
Aggrave ou non mon triste sort :
Je n'ai pu fermer sa paupière ;
Je veux le voir après sa mort.
— Abjure un projet inutile.
En vain ton cœur brûlant d'amour
Presserait son cœur immobile ;
Tu ne saurais le rendre au jour.
Vas, songe à conserver tes charmes;
A ton destin résigne toi ;
Ne gémis plus, séche tes larmes;
Chacun est ici bas pour soi.
— Respectez ma douleur amère ;
Cruel, ne m'opposez plus rien.
Dussé-je accroître ma misère,
J'irai voir mon unique bien. »

Après un moment de silence,
« Ma fille, dit le pélerin,
Tu peux jouir de sa présence,
Sans aller au bord du Jourdain.
— Parle, ô mon ange tutélaire !
Fais qu'il paraisse devant moi !
Mon or, mes joyaux, mon douaire,
Toute ma fortune est à toi. »
L'étranger, fourbe autant qu'avare,
Un livre ouvert devant ses yeux,
Feint de lire un jargon barbare
Des secrets émanés des cieux.
— De ton époux l'ombre fidèle
En ces lieux erre nuitamment.
Mais la terreur marche avec elle ;
Un linceul est son vêtement.
— N'importe, exauce ma prière.
Ah ! dussé-je aggraver mon sort ;
Je n'ai pu fermer sa paupière,
Je veux le voir après sa mort.
— Ce soir il promet d'apparaître
Où sont inhumés tes vassaux.
Cours aux pieds du souverain maître,
Former des vœux pour son repos.
Quand la nuit deviendra plus sombre,
Parmi ces tombeaux vas t'asseoir,
Et sans approcher de son ombre,
Qu'il te suffise de la voir. »
Dans sa chapelle solitaire,
Long-temps Hélène, avec ferveur,
Compte les grains de son rosaire,
Ou s'abandonne à sa douleur.

Puis d'un fol espoir abusée,
Au souffle d'un vent glacial,
Les cheveux baignés de rosée,
Elle arrive à l'enclos fatal.
L'astre des nuits éclaire à peine
La cime de ces vieux ormeaux;
On n'entend au loin dans la plaine
Que le bruit du vent et des eaux;
Et dans un coin du cimetière,
Hélène qui répète encor :
« Je nai pu fermer ta paupière ;
Je viens te voir après ta mort. »
A vingt pas d'elle se présente
Un fantôme vêtu de blanc ;
Elle pousse un cri d'épouvante,
Et tombe morte au même instant.
Le pélerin (que Dieu punisse)
Jette le linceul imposteur,
Et maudissant son avarice,
S'enfonce un poignard dans le cœur.

L'ARMEMENT INUTILE.

Maître Gaspard, marchand et marguillier,
A cinquante ans désirant faire souche,
Prit jeune femme l'an dernier,
Digne en tout point de l'honneur de sa couche.
Gertrude était son nom, elle avait mille attraits,
OEil bien fendu, petite bouche,
Les dents d'ivoire, le teint frais;

Gaspard ayant de la bourgeoise garde
Été sergent, en certain coin
Conservait avec soin
Sa vieille épée avec sa hallebarde ;
Et quand il se trouvait les soirs de bonne humeur,
A sa femme il racontait comme,
En telle année, il avait eu l'honneur
De garder le logis de tel ou tel seigneur ;
Que dans son temps il était très-bel homme,
Mais qu'il paraissait bien plus beau,
Quand il avait cocarde à son chapeau.
Dans la ville, par aventure
Revient un jeune jouvenceau,
Leste, bien fait, et d'aimable figure,
L'œil tendre, et pourtant un peu fier ;
Bref, il était d'une tournure
A réchauffer les cœurs, même au sein de l'hiver :
De plus il était militaire.
Il vit Gertrude, et bientôt les désirs
Vont leur train ; et suivant la coutume ordinaire,
Par tendres regards, doux soupirs,
Il fait ses efforts pour lui plaire ;
Il fait plus : certain soir, il la trouve à l'écart ;
Il dit que, par l'amour percé de part en part,
Il va mourir, si la belle ne cède,
Et ne lui donne un doux et prompt remède.
Avec courroux la belle entend son cas ;
En vain lui plaît le personnage ;
Vertu de femme aime à faire fracas ;
Et puis déjà j'ai dit qu'elle était sage :
« Allez, monsieur, n'espérez pas
Qu'à mon mari je fasse un tel outrage ;

Apprenez que, depuis que je suis en ménage,
Mon honneur n'a jamais fait le moindre faux-pas. »
  Le drôle ne perd point courage ;
  Il sait que des femmes l'honneur
  Est un brouillard, une vapeur,
 Qui sur la mer des préjugés s'élève,
  Et se dissipe à la chaleur
Des rayons de l'amour, quand cet astre se lève.
  Le soir Gertrude étant avec Gaspard,
   Fière d'avoir fait résistance,
  Va lui conter l'amour de l'égrillard,
 Comme elle a su le tancer d'importance,
Et que n'étant point femme à faire un tel écart,
Elle a bien dans son cœur éteint toute espérance.
« Parbleu ! répond l'époux, c'est bien manquer d'égard,
   Voyez un peu l'impertinence ;
   Vouloir de moi faire un cornard !
   Je veux punir son insolence.
 S'il revient, finement attire le gaillard :
Par un demi-soupir ou par un doux regard,
Il te faut ranimer sa tendre pétulance ;
   S'il te demande un rendez-vous,
  Feins l'embarras de quelqu'un qui balance,
  Et dont l'amour amollit le courroux ;
Lui même il se viendra livrer à ma vengeance ;
Caché près de ton lit, armé jusques aux dents,
Nous verrons à quel point il porte l'impudence ;
  Et je saurai, quand il en sera temps,
   Châtier son incontinence ;
   Ne vas pas craindre à contre-temps,
Par quelques privautés de blesser la décence ;
   Il payera cher ces doux instans.

Sans scrupule, laisse-le faire :
L'arrêter sera mon affaire. »
Gertrude promet d'obéir.
Le lendemain, pressé par le désir,
L'amant revient chanter sa litanie.
Il reçoit un baiser sur la bouche chérie ;
On gronde à peine : et sa flamme enhardie
Prétend aller de faveur en faveur.
On l'arrête, et sa douce amie
Promet le lendemain de combler son ardeur.
Le soir, la docile Gertrude
Ne manque pas de dire à son époux
L'heure et l'instant du rendez-vous.
« Bon, dit Gaspard, surtout ne fais pas trop la prude,
Quand il viendra se rendre à l'atelier ?
— Ne craignez rien, j'y prendrai garde. »
Maître Gaspard monte au grenier
Y prend sa vieille hallebarde,
Un sabre, un casque et son cimier ;
Il les dérouille, s'arme, à la glace se mire ;
Il paraît à ses yeux un Achille, un César ;
Il met flamberge au vent, pousse en l'air et s'admire.
Le jouvenceau, ma foi, va courir grand hasard.
L'heure approchant, il va, dans la ruelle,
De vengeance altéré, se mettre en sentinelle.
Le galant vient, Gertrude se repent
D'avoir, par sa coupable adresse,
Conduit au piége qui l'attend
Amant si plein de gentillesse ;
Mais trop tard vient ce repentir :
Maître Gaspard est trop près d'elle
Pour qu'elle puisse l'avertir,

Sans s'exposer à paraître infidèle.
Elle ne peut, dans cette extrémité,
Qu'espérer en la providence
Qui, mieux que l'humaine prudence,
Peut nous tirer de la calamité.
Le jouvenceau que le désir embrase,
Trouvant que le plaisir vaut bien mieux qu'une phrase,
Veut sans délai lui prouver son ardeur.
Elle résiste autant que le veut la pudeur;
Et puis enfin... enfin elle s'arrange.
L'amant alors tire de ses goussets
A deux coups deux bons pistolets,
En lui disant : « Voilà, mon ange,
De quoi punir les indiscrets,
S'ils apportaient obstacle à nos plaisirs secrets. »
Notre époux sent alors que le front lui démange;
Mais par respect pour les armes à feu,
En enrageant il voit jusqu'au bout tout le jeu,
Tremblant et respirant à peine,
De peur qu'on n'entendît le bruit de son haleine.
L'amant, comblé des plaisirs les plus doux,
De Gertrude louant les charmes,
L'embrasse, et sort en reprenant ses armes.
Gaspard lâchant alors la bride à son couroux,
Apostrophe Gertrude, et lui dit : « Osez-vous,
Après un tel forfait, lever sur moi la vue ?
— A tort vous êtes mécontent,
Que ne l'empêchiez-vous, dit Gertrude à l'instant,
Au lieu de rester à froid comme une statue?
— Voyant les pistolets, pouvais-je me montrer ?
— Armé de pied en cap, quand la peur vous entrave,
Simple femme, comment pouvais-je être plus brave ?

Oui, de honte, Gaspard, vous devriez pleurer ;
C'est par votre rodomontade
Qu'en ce jour je perds mon honneur ;
Sans vos ordres, jamais, ma vertu, ma pudeur,
N'auraient souffert une telle incartade ;
Mais de pareille lâcheté
Les tribunaux me feront bien justice ;
Il me faut une indemnité
Pour mon honneur, ou bien qu'on vous traîne au supplice. »
Gaspard sentant qu'il avait tort,
Et craignant que sa turpitude
Ne transpirât par le bouillant transport
Du courroux que montrait Gertrude,
Pour l'appaiser se fit effort,
Et quitta pour jamais et sabre et hallebarde ;
Mais il ne put détacher sa cocarde.

L'ABBESSE CONDAMNÉE AU CHAPELAIN.

Pour un procès pendant au Parlement,
Vint à Paris dernièrement
Une abbesse jeune et jolie,
Qui, d'une amoureuse folie,
N'avait jamais connu l'égarement.
Entrée au couvent dès l'enfance,
Elle avait pu facilement
Garder sa première innocence.
Elle prit un appartement
Chez certaine cousine, ou marquise ou comtesse
Dont le fils, chevalier charmant,

Joignait à maint autre agrément
L'esprit et la délicatesse.
Sans intérêt il ne put voir
L'embonpoint reposé de notre aimable abbesse,
Dont la fraîcheur et la finesse
Auraient fait plus d'effet à la cour qu'au parloir :
Nez retroussé, peau blanche, fine, œil noir
Rempli de feux et de tendresse,
De l'amour dans son cœur firent passer l'ivresse ;
Mais ce dieu doublement signala son pouvoir.
Le cavalier est beau, bien fait et leste,
L'air mâle, le ton noble et le maintien modeste ;
Jamais auprès de son moutier
N'avait paru si charmante figure,
Sans quoi l'on pourrait parier
Qu'elle n'eût pas adopté la clôture.
Par un regard où se peint le désir,
Notre amant entame l'affaire ;
Après vient un tendre soupir,
Que l'on écoute sans colère :
Car peut-on se fâcher de ce qui fait plaisir,
Surtout contre un cousin, quand le cousin sait plaire ?
Enhardi par l'impunité,
L'amant ose dire qu'il aime.
«Je le crois bien, dit-elle, et moi de même.
Ne doit-on pas aimer sa parenté ? »
Ils étaient seuls, et la témérité
Toujours se trouve où l'ardeur est extrême.
L'amant avec vivacité
Porte la main vers le bonheur suprême...
D'une pareille liberté
La sensible abbesse surprise,

Un peu tard à la vérité,
Veut s'opposer à l'entreprise :
« Ah! monsieur, quelle indignité!
Vous abusez de ma bonté... »
Discours perdus, il ne lâche point prise;
Il savait trop qu'en ces soins là,
L'excès peut faire seul excuser l'insolence :
Au comble il porta la licence,
Et le succès fit voir qu'il ne se trompait pas.
L'épouse du seigneur, enivrée, éperdue,
Le serre sans oser sur lui jeter la vue;
Il vit, dans son tendre embarras,
La honte et le plaisir d'avoir été vaincue.
Quelques momens après, encore tout émue
« O ciel! qu'ai-je éprouvé! lui dit-elle tout bas,
A jamais vous m'avez perdue ;
Sans cette volupté qui m'était inconnue,
Je ne pourrai plus vivre, cher cousin ;
Que faire à mon couvent, quand j'y serai rendue,
Des longs sermons d'un triste chapelain !

LE COQ ET LE CHAPON.

De Sparte antique on regrette le temps ;
On a raison : alors jeune fillette
De son époux connaissait les talens
Avant qu'hymen en eût fait la conquête.
Besoin n'était d'un regard pénétrant,
Pour qu'au travers d'une étoffe discrète,
L'amour secret allât furtivement
D'appas cachés contrôler la retraite.
Pour voir bondir à la fleur de seize ans

Désirs naissans de jeune pastourette,
Besoin n'était aux sincères amans
Du cercle étroit d'une froide lorgnette ;
Ses charmes nus brillaient dans leur printemps ;
Nature alors parlait sans interprète ;
Dans l'ombre alors point d'amoureux déduit ;
Cette pudeur dont on fait tant de bruit,
Triste avorton d'une ardeur contrefaite,
Du charme obscur d'une prudente nuit
Ne voilait point la nature imparfaite.
O l'heureux temps que ce siècle tout nu !...
Du premier homme on suivait l'innocence ;
L'amour plus jeune était plus ingénu ;
De la beauté l'impudique décence
A son flambeau sans danger se montrait ;
D'un sexe à l'autre errait son inconstance ;
Fidèle ardeur jamais ne l'arrêtait,
De sa pudeur avec grâce voilée,
La jeune vierge innocemment marchait.
De tant d'appas l'âme à peine troublée,
Son jeune amant près d'elle s'approchait :
Ainsi qu'on vit, avant que d'une pomme
Elle eût cueilli le péché défendu,
D'Eve en sa fleur le corps pudique et nu,
Chaste s'asseoir auprès du premier homme.
Amour alors, sans flèche, ni flambeau,
Au front n'avait cet aveugle bandeau,
Nuage épais dont la sombre fumée
Ne laisse voir qu'au travers des brouillards,
Dont la vapeur obscurcit les regards,
Les traits confus de la vierge charmée.
O l'heureux temps que ce siècle tout nu !...

Point de surprise!... alors point de reproche !
Brûlé des feux d'un amour ingénu,
Jamais l'hymen ne prenait chat en poche.
Ce temps n'est plus. Qu'en est-il advenu ?
Pour époux, Lise a pris le jeune Alcandre.
Qui l'eût pensé que ce bel ingénu,
Jeune, attentif, plein d'une ardeur si tendre,
A son amante eût si mal répondu ?
Aux feux brûlans d'un amour éperdu,
Humainement Lise avait cru se rendre.
O sort affreux!.. cet amoureux si prompt,
Que pour un coq Lise avait osé prendre...
Qu'a-t-il fait? Rien... Ce coq est un chapon.

LA PEUR DE LA MORT.

Auprès d'un bois écarté, solitaire,
Un bûcheron, pauvre comme il en est,
Avait construit une frêle chaumière,
Où tous les soirs le bonhomme traînait
Son lourd fagot, sa faim et sa misère.
Cela soit dit sans affliger ton cœur;
Car mon dessein n'est tel, ami lecteur.
Le forestier veuf et content de l'être,
N'avait qu'un fils, l'espoir de ses vieux ans :
C'était Janot. Dans le réduit champêtre,
Sous le taillis où le ciel l'a fait naître,
Il a déjà compté quinze printemps,
Et voit, dit-on, le seizième paraître,
Plus beau pour lui que tous les précédens.

Trop faible encor pour porter la coignée,
Mais de bonne heure au travail façonnée,
Tantôt sa main donne au flexible osier,
En se jouant, la forme d'un panier :
Tantôt il sème autour de son asile,
Non pas des fleurs, mais un légume utile
Que l'appétit assaisonne au besoin.

. . . .

Et pour compagne Annette sa cousine,
Rose naissante ; elle était orpheline
Dès son enfance; et n'ayant d'autre appui
Que son pauvre oncle, elle vivait chez lui.
Tout beau, conteur, va dire un petit maître ;
De sa beauté vous ne nous dites mot :
Faites la belle, ou vous n'êtes qu'un sot.
Belle ! eh qu'importe ? a-t-on besoin de l'être
A quatorze ans ? mais Annette l'était,
Sans le savoir. Ah ! je n'ose le dire :
Une fontaine avait pu l'en instruire.
Sur ce point là si Janot se taisait,
Dans ses regards elle avait pu le lire.
Concluons donc qu'Annette s'en doutait.
C'était beaucoup : élévé sans culture,
Germe tombé des mains de la nature,
Ce couple heureux ne savait presque rien,
A ses penchans se livrait sans mesure,
Et conservant une âme libre et pure
Faisait sans choix et le mal et le bien.
Un jour de ceux que le printemps ramène,
Qui semblait naître exprès pour les plaisirs,
Nos deux enfans que le destin entraîne,
S'étant assis à l'ombre d'un vieux chêne,
Y respiraient sous l'aîle du zéphir.

Mais tout-à-coup sa douce et fraîche haleine
Devint pour eux le souffle du désir.
« Ma chère Annette, hélas! dans le bocage
J'étais venu pour goûter la fraîcheur,
Disait Janot; mais toute sa chaleur
Nous a suivis sous le naissant feuillage.
— Moi, dit Annette, à ces gazons nouveaux
Je demandais un moment de repos;
Mais le sommeil a trompé mon attente;
Le sommeil fuit ma paupière brûlante.
C'est pourtant là qu'hier je m'endormis:
Mais j'étais seule, et ta main caressante
N'y pressait pas ainsi ma main tremblante;
A mes genoux tu ne t'étais pas mis.
Séparons-nous pour trouver l'un et l'autre
Le calme heureux que nous venons chercher. »
Pauvres enfans! quel espoir est le vôtre?
Fuyez, un dieu saura vous rapprocher.
Pour un moment aux vœux de sa cousine
Janot sourit; mais la belle orpheline
Fuit lentement. L'amour vient l'arrêter.
Du jouvenceau l'embarras n'est pas moindre;
S'il fait lui-même un pas pour la quitter,
Il en fait deux bientôt pour la rejoindre.
Bref, le fripon est encore à ses pieds.
Là, moins soumis, mais plus ardent, plus tendre:
« Nous séparer! cesse de le prétendre,
Dit-il, les yeux de quelques pleurs mouillés;
N'ordonne pas que je m'éloigne encore;
Dans ce moment plein d'un trouble inconnu,
A tes genoux je me sens retenu
Par le besoin d'un plaisir que j'ignore.

Demeure, Annette, ou bien je vais mourir.
— Mourir ! quel mot, cria la jeune amante !
Quel mot affreux à côté du plaisir !
Et quelle image, hélas ! il me présente !
Quand on est mort, sais-tu bien comme on est ?
Dans cet état j'ai vu ma pauvre mère ;
J'étais bien jeune alors, mais le portrait
De mon esprit ne s'effacera guère.
Sans mouvement et ne respirant plus,
On a les pieds et les bras étendus,
D'un voile épais la paupière couverte,
Les yeux éteints et la bouche entr'ouverte. »
A ce portrait bien fait pour l'alarmer,
Le jeune amant s'étonne, s'inquiète :
« S'il est ainsi, dit-il, ma chère Annette,
Ne mourons pas, vivons pour nous aimer. »
Déjà leurs cœurs qu'avait glacés la crainte,
Sont ranimés par les brûlans désirs.
Triste raison, mère de la contrainte,
N'approche pas de cette aimable enceinte ;
Et toi, nature, appelle les plaisirs :
Mais je les vois et la fête commence.
Des deux côtés d'abord mêmes soupirs,
Mêmes sermens d'éternelle constance.
Aux doux propos succède le silence ;
Mille baisers échauffés par l'amour,
Sont pris, rendus et repris tour-à-tour ;
Vers le bonheur ainsi Janot s'avance.
Les vents légers, complices de ses feux,
Ont dévoilé tous les charmes d'Annette ;
L'un en jouant fait flotter ses cheveux,
L'autre s'envole avec sa colerette ;

Le plus hardi chatouille ses pieds nus,
Un peu plus haut adroitement se glisse,
Baise en passant l'albâtre de sa cuisse,
Et monte enfin au temple de Vénus.
Janot le sut ; mais le dieu de Cythère
Vient l'arracher à ce guide incertain,
En lui mettant l'encensoir à la main,
Les yeux fermés le mène au sanctuaire.
Arrête, arrête, ô peintre téméraire !
La volupté t'en impose la loi,
De ses attraits respecte le mystère.
Fils de Cypris, dissipe ton effroi,
Vas, je sais être aveugle comme toi ;
Et tes faveurs m'ont appris à me taire.
Charme puissant des plaisirs défendus,
De nos crayons vous n'avez rien à craindre ;
Quand on vous goûte, hélas ! peut-on vous peindre !
Peut-on vous peindre en ne vous goûtant plus ?
Dans les transports de la première ivresse,
Janot sans force et non pas sans désir,
Suivant de près la trace du plaisir,
Le cherche encore au sein de sa maîtresse.
Annette, hélas ! sur les gazons fleuris,
Ne répond plus à des caresses vaines,
Le doux poison répandu dans ses veines
Tient à la fois tous ses sens engourdis.
L'amant novice à l'instant se rappelle
Les traits affreux dont elle a peint la mort,
Soulève, presse, avec un tendre effort,
Contre son cœur, un des bras de la belle,
Croit lui donner une chaleur nouvelle ;
Le bras échappe et tombe sans ressort,

« Annette ! Annette ! » En vain sa voix l'appelle ;
Janot, trop sûr de son malheureux sort,
Reste un moment immobile comme elle.
Tout en impose à sa crédulité.
Les yeux fixés sur ceux de sa cousine
N'y trouvent plus cette flamme divine,
Qui tout-à-l'heure animait sa beauté :
« Annette est morte ! hélas ! je l'ai perdue,
S'écrie alors l'amant épouvanté.
Triste tableau qu'elle offrait à ma vue,
Deviez-vous être une réalité !
Annette est morte, et c'est moi qui la tue.
Qui que tu sois dont l'immense pouvoir
Rend à nos champs leur première verdure,
Annette est morte et tu l'as dû prévoir !
Fais la revivre ainsi que la nature ! »
En exprimant ces frivoles regrets,
Ces vains désirs, de larmes il arrose
Le front d'Annette et ses mornes attraits,
Baise en tremblant sa bouche demi-close.
Anne s'éveille ! hélas ! ce tendre mot
Est le premier que ses lèvres prononcent,
Et le second que les soupirs annoncent
Plus tendre encore est celui de Janot.
« Elle revit ! Annette m'est rendue !
Tristes regrets, vous êtes effacés ;
Elle revit, tous mes maux sont passés.
Plaisirs, rentrez dans mon âme éperdue. »
A ce discours Anne n'a rien compris,
Et sur Janot fixant un œil surpris,
Accompagné d'une voix ingénue,
« Que veux-tu dire ? et quel est ce transport ?

Moi j'étais morte! — Oui, tout comme ta mère,
Tu ne l'es plus et je bénis mon sort.
— Si c'est ainsi, répond la bocagère,
Que l'on arrive à son heure dernière,
On est bien sot d'avoir peur de la mort.

LA CONSOLATION DES COCUS.

D'un préambule, ami, je vous dispense,
Figurez-vous, au sein de la Provence,
  Un couvent de nonains,
 Bien desservi par deux Bénédictins,
Chacun d'eux y remplit son devoir en bon prêtre;
L'un absout les péchés; l'autre les fait commettre.
Ce dernier, jeune encor, vigoureux compagnon,
 A très-bon droit nommé père Tampon,
  Au par-dessus beau sire,
Etait chéri surtout de la mère Alison,
La fabriquante en chef d'Enfans-Jésus de cire.
Aussi l'histoire dit, et sans peine on le croit,
Qu'Enfans-Jésus sortis de sa manufacture,
Ressemblaient à Tampon toujours par quelqu'endroit,
Et que cet endroit-là n'était en mignature.
Mais comme bon chrétien voit tout du bon côté,
  Il n'était pas une seule béate
Qui, loin de se choquer de cette disparate,
N'y crût voir l'attribut de la divinité,
Et n'eût dit volontiers son bénédicité.
Tout allait bien enfin, quand la reconnaissance
Persuada, sans doute, à l'amoureux Tampon,

Que pour payer les soins de la tendre Alison,
  Il devait faire aussi sa ressemblance ;
Et dès le même soir, il ébauche un poupon ;
   Ce poupon là n'était de cire ;
Ergo, point ne fondit : et les nones de rire;
J'entends celles qu'Amour tenait sous son empire,
   Et qui risquaient souvent
Dans les bras du plaisir pareil événement.
Les vieilles de gronder, et cela va sans dire ;
Elles ne faisaient plus un péché si charmant.
Après maint ris moqueur, mainte antienne fâcheuse,
Pour la maison des champs, mère Alison partit ;
   Et la sœur accoucheuse,
Layette sous le bras, aussitôt la suivit.
En secret, tant qu'on put, l'accouchement se fit ;
Le jardinier pourtant en apprit quelque chose ;
Et ne pouvant garder sur ce point lettre close,
   Le dimanche suivant,
En portant le cerfeuil, le concombre, au couvent,
  Il en lâcha deux mots à la tourière,
Qui vous le chapitra d'une étrange manière ;
Et lui montrant un Christ, lui dit : « Pauvre idiot,
Avec un tel époux, veux-tu qu'une réclue
   Puisse faire un marmot ?
  Le rustre alors se prosterne à genoux,
Et s'écrie : « Ah, bon Dieu ! comme l'on vous abuse ;
De ces béguines-là si vous êtes l'époux,
Las ! vous êtes cocu tout aussi bien que nous.

LA FIDÉLITÉ A TOUTE ÉPREUVE.

Une nymphe de l'Opéra,
Leste, fringante, et *cætera*,
Après avoir joué le rôle d'Immortelle,
Craignait de se crotter pour retourner chez elle.
Fort à propos, un élégant marquis
Arrive, lorgne, admire, offre son vis-à-vis.
Fouette, cocher! L'on part, et soudain la cruelle
De demander : « Que fait votre main-là ?
— Chut... ma boucle s'accroche à votre falbala.
— Ah, monstre! je crîrai ; j'y suis très-résolue.
— Enfance ! — Mon honneur ! — Comment vous en avez ?
Quel affront. — quel plaisir. — Je suis... je suis... vaincue ;
Il était temps, ma foi ; nous sommes arrivés.
— Mais je monte chez vous ; pourquoi ces révérences ?
— Non, monsieur. — Entre amis, ridicule à ce point ?
— Fidèle à mon amant, je ne me permets point...
— Quoi ! — De nouvelles connaissances.

LE CONNAISSEUR.

Que de sots renommés pour l'esprit, pour le goût,
N'ont eu que des grands airs, du jargon, de l'audace !
C'est ainsi qu'autrefois maint courtisan surtout
Cachait bien peu de fond sous beaucoup de surface.

Nous avons tous connu le célébre Milfleur,
Né, comme ses ayeux, duc, riche et connaisseur;
Il devait des talens se montrer idolâtre.
Aussi dans son palais avait-il un théâtre,
Des bronzes, des tableaux, des médailles en or :
   Mais son plus cher trésor
Était un pavillon tapissé de gravures;
Il en faisait d'abord admirer les bordures,
Le sujet, le dessin ; ensuite il s'écriait :
  « Remarquez, s'il vous plait,
  Que toutes sont *avant la lettre*. »
   Or, comme il retenait,
  Ou bien qu'il écrivait peut-être,
Ce qu'en le visitant chaque amateur disait,
   Et qu'il le répétait ;
Effleurant des beaux arts la surface agréable,
Il semblait marier la palme du savant
   Au bouquet séduisant
   Du petit maître aimable.
Une de nos Laïs, un jour, dit-on, s'y prit ;
Et son cœur partageait l'erreur de son esprit,
Lorsque Milfleur voulant brusquer cette conquête,
Écrivit un billet, mais si plat, mais si bête,
   Que la nymphe en rougit,
   Et que, dans son dépit,
Sur l'enveloppe elle se borne à mettre ;
  «Vous n'êtes plus *avant la lettre*. »

LA PRUDE.

Amour et pruderie
Eurent toujours quelque léger débat ;
La dame par orgueil donne à tout de l'éclat ;
Puis, je ne sais comment elle fait sa partie,
Elle finit toujours par avoir le dessous.

« A propos de cela, messieurs, connaissez-vous
    La prude Arsinoé ? — Qui ? cette présidente
Dont le cœur a quinze ans, le visage quarante ?
    — Précisément ; veuve depuis trois mois,
On la voit convoler pour la troisième fois.
    Dorval, hier, a fait cette conquête ;
        Il est intéressant ;
        Chez le peuple insurgent,
        Il abattit la tête
        De maint et maint forban ;
Et troqua ses deux bras contre un double ruban.
Je ne vous peindrai pas la modeste grimace,
Qu'en prononçant son *oui*, notre bégueule fit.
Après bien des façons, la voilà dans son lit ;
De ceci, de cela, je vous fais encore grâce ;
Le désir, sous le lin, comme un zéphyr léger,
Circule en murmurant ; c'est l'heure du berger.
L'époux était de feu, l'épouse résignée
Dédiait ses soupirs au dieu de l'hyménée,
Quand.... hélas ! — Vous riez ? Ah ! plaignons-les plutôt.
Si faudrait-il au moins qu'hymen ne fut manchot.

Le Tantale nouveau, de la voix et du geste,
Appelle un prompt secours, que sa position
Devant tout cœur bien fait, sollicite de reste.
La volupté dit oui, mais la pudeur dit non.
On supplie, on refuse, on presse, on boude, on peste :
On avance en tremblant un doigt, puis deux, puis trois ;
  Enfin, notre héroïne est réduite aux abois,
De l'humanité sainte elle écoute la voix ;
Déjà son protégé l'en payait par deux fois ;
Quand par un trait nouveau de fine pruderie,
      La voilà qui s'écrie :
« Devoir, tu l'as voulu, mais j'en jure par toi !
L'ôtera qui voudra, ce ne sera pas moi. »

L'ILLUSION DU CLOITRE.

Désir de fille est un feu qui dévore,
Désir de nonne est cent fois pis encore,
    A dit certain auteur
    D'immortelle mémoire.
Des recluses surtout il connaissait le cœur,
Son enthousiasme heureux, sa brûlante ferveur ;
Et quiconque lira cette pieuse histoire,
    Va s'écrier avec notre docteur :
  Désir de fille est un feu qui dévore,
  Désir de nonne est cent fois pis encore.
Une belle au cœur tendre, à l'œil étincelant,
Victime de ses vœux et d'un père tyran,
Gémissait, sous la guimpe, au fond d'une province.
Son époux lui laissait, consolateur trop mince,
Et de bien tristes jours et de plus tristes nuits ;

Sur son front la jonquille attestait ses ennuis.
Heureusement pour notre prisonnière,
Une pensionnaire
Qu'embellissent déjà deux lustres et trois ans,
Doit attendre, au moutier, que deux ou trois printemps,
Caressant ses attraits de leur aile fleurie,
Peignent en incarnat
Certain petit bouton encor trop délicat,
L'entrouvent au désir, à l'amour, à la vie.
L'hymen le guette, armé de son contrat.
Cependant à ce dieu on taillait de l'ouvrage ;
Car, comptant chaque jour dix larcins par ses doigts,
La nonne lui soufflait les trois quarts de ses droits.
Souffler n'est pas jouer, va s'écrier un sage.
Ne nous amusons pas à ces distinctions ;
Trop heureux le mortel qui vit d'illusions !
Enfin un réel mariage
Vient livrer la nonnette aux ennuis du veuvage.
Elle pleure, gémit ;
Se mort les doigts, enrage ;
Et puis en fille sage,
Elle prend à l'écart son Élise et lui dit :
« Ah! du moins, jurez-moi de m'envoyer l'image
Du trait toujours vainqueur,
Qui doit..... Son front se couvre de rougeur...
Sa langue s'embarrasse.... Admirons tous la nonne ;
Elle n'ose nommer le séduisant bijou,
Dont en grâce, jadis, toute honnête matronne
Ornait publiquement l'albâtre de son cou ;
Mais on l'a devinée, et son trouble s'appaise.
De l'emplette, à Paris, on charge une Marton.
Le marchand dit : « Ce bijou, le veut-on
A l'espagnole, ou bien à la française ?

A l'espagnole courts, ils brillent en grosseur;
Minces à la française, ils brillent en longueur.
 A cette question, l'acquéreuse indécise
N'ose risquer son goût, crainte d'une méprise.
 La bonne amie à la récluse écrit,
Et voici mot pour mot ce qu'elle répondit :
« S'il faut sur ton cadeau parler avec franchise,
C'est dans le goût français surtout qu'il me plaira ;
Mais pour Dieu, mon enfant, dis qu'on l'espagnolise,
 Autant que faire se pourra. »

POÉSIES DIVERSES.

POÉSIES DIVERSES.

LES FÊTES ESPAGNOLES (*).

Il me souvient d'avoir passé deux mois
Dans un château de gothique structure,
Flanqué de tours, imposante masure,
Dont le seigneur m'ennuyait quelquefois,
Ou me grondait quand je daignais l'entendre.
Mais curieux, il me plaisait d'apprendre
Mainte anecdote; il avait vu des rois,
Des empereurs, des princes d'Allemagne,
Ces cours vraiment ont de très-bons endroits.
Sa favorite était la cour d'Espagne;
Il la citait sans relâche et partout,
Cherchant quelqu'un qui pour elle eût du goût.
Du roi Philippe et de la Parmesane
J'ai remporté des traits assez plaisans,
Je dis pour moi, plaisans pour un profane,
Qui veut de loin des princes amusans.
Mon rabâcheur trouvait son passe-temps
A parler d'eux, de lui, de leurs caresses.
Il possédait des reines, des princesses,
En bague, en boite, en bijoux bien montés,
Rois, électeurs, en ordre étiquetés;
Ayant garni tout un écrin d'altesses,

(*) Chamfort composa ce petit poème au commencement de 1792.

Près de la tombe, épris des dignités,
Et raffolant surtout des majestés ;
Puis, allongeant deux tiroirs parallèles,
Il m'étalait cent joyaux radieux,
Luxe enterré, pompeuses bagatelles,
Perles, rubis, diamans précieux,
Présens des rois, et qui plus est, des belles.
En l'écoutant, cent fois je me suis dit :
Les rois d'alors aimaient bien peu l'esprit.
N'importe : il faut, pour prix de ses nouvelles,
Le suivre encor à Madrid, au Prado,
Quitte à partir pour le Ben-Retiro
Où le roi court, quand le sourcil lui fronce :
Et n'a-t-on pas d'ailleurs Saint-Ildephonse,
Lieux enchantés, palais du doux printemps
Où dans l'ennui sa majesté s'enfonce
Tout à son aise, et loin des courtisans ?
Bâiller tout seul marque un certain bon sens,
Et montre au moins que la grandeur suprême
Pour s'ennuyer se suffit à soi-même.
De ce babil du vieil ambassadeur
Que j'écoutais, vous en voyez la cause :
Il m'est resté dans l'esprit, cher lecteur,
Je ne sais quoi dont il faut que je cause.
Là.... pour causer, perdre son sérieux,
Dire un peu.... tout, sans fadeur, sans scrupule.
J'ai des amis aimant le ridicule,
Moi, ... je le peins... par amitié pour eux.
Vous saurez donc, sans plus de préambule,
Que dans Madrid, sous l'avant-dernier roi,
Prince pieux et vraiment catholique,
Mais trop souvent battu, malgré sa foi,

Par les Anglais, maudit peuple hérétique :
Quand je dis lui, c'étaient (vous sentez bien)
Ses généraux, le roi n'en savait rien ;
On lui sauvait tout chagrin politique ;
C'était plaisir de voir comme on tendait
Devers ce but, et comme on s'accordait
A tenir loin tout parleur véridique ;
Pour lui tout seul la gazette mentait,
Gazette à part, de plaisante fabrique,
Que le ministre ou la reine dictait :
Oh! que n'a-t-on cet exemplaire unique !
La cour, la chambre et le moindre valet,
Secondaient tous la reine et le ministre :
Tenant pour sûr qu'un triste événement,
Un grand désastre, un revers bien sinistre,
Appris au roi, pouvait subitement
Plisser son front, obscurcir son visage,
D'un peu d'humeur y laisser le nuage
Et retarder sa chasse d'un moment,
Tant ce bon prince avait de sentiment !
Or, cette fois, le mal étant extrême,
Il fut réglé, d'après ce beau système,
Qu'on donnerait fêtes de grand éclat,
Pour réparer les malheurs de l'état.
Le temps pressait : zèle, soins et dépense,
On prodigua tout, hors l'invention,
Pour étaler avec profusion
Tous les plaisirs de la magnificence,
Un beau gala, dans sa perfection,
Jeu, grand couvert, la musique, la danse,
Feux d'artifice, illumination,
Tout le fracas d'une cour excédée,

Sans frais d'esprit, sans l'ombre d'une idée.
Pardon; j'ai tort; on se disait tout bas,
Que c'est vraiment un prince formidable;
Que les Anglais se rendront sans combats,
Que tous les jours la reine est plus aimable
Malgré les ans, on ne la conçoit pas;
Que le ministre est un homme admirable;
Que les Infans sont plus beaux que le jour :
Bref, ce qu'on dit, ce qu'il est convenable
Qu'un roi vivant entende dans sa cour.
Le lendemain donne fête nouvelle.
Vous connaissez ce que l'Espagne appelle
Acte de foi. La foi devait brûler
De cent Hébreux une troupe infidelle,
D'infortunés triste et longue séquelle
Qu'on dénombrait, la voyant défiler;
Et puis venait un renfort d'hérétiques,
Seuls vrais auteurs des disgrâces publiques.
La foi console : il faut se consoler.
C'est bien aussi ce que l'on se propose,
Quant au public; le roi, c'est autre chose :
Ignorant tout, rien ne peut le troubler;
Nul embarras, nul souci ne l'approche.
Content, heureux, et la gazette en poche,
De l'avenir irait-il se mêler?
Vainqueur partout, terrible (on l'en assure),
Son cœur jouit d'une allégresse pure.
Environné de messieurs les Infans,
D'un air dévot il dit ses patenôtres :
Il faut donner l'exemple à ses enfans,
Priant pour eux la vierge et les apôtres.
Bien surveillés par l'inquisition,

Ils sont dressés à la religion
Par des prélats humbles comme les nôtres,
Mais qui, croyant ce qu'ils prêchaient aux autres,
Avaient de plus la persuasion.
Des trois Infans la sournoise jeunesse
Montrait du goût pour la contrition;
Le sérieux de la componction
Tartufiait leur sombre gentillesse :
Un maintien gauche, en dépit de l'altesse,
Ce tour d'église et cet air d'oraison,
Cet humble instinct qui détruit la raison,
Qui plaît au prêtre, aussitôt l'intéresse
Et lui fait dire : Oh ! celui-ci m'est bon.
On a voulu qu'au sortir de la messe,
L'aîné, surtout, vînt à l'acte de foi
Voir la douceur de notre sainte loi,
Mâter ses sens, sa pitié, sa faiblesse,
Enfin promettre à l'Espagne un grand roi,
Qui vît toujours l'enfer autour de soi.
Et dans le fait, voyant des misérables
Précipités dans des brasiers ardens,
Tordant leurs bras déchirés de leurs dents,
Et leurs bourreaux, des hommes, ses semblables,
Usurpateurs du bel emploi des diables,
N'est-il pas vrai que monseigneur l'Infant
Doit à l'enfer croire plus aisément ?
Aimable prince, ô combien ton enfance
En ce beau jour a donné l'espérance
Au saint office ! Il dit que tôt ou tard
Tu reprendras sûrement Gibraltar,
Qui fut ton bien, et que la Providence
A laissé prendre aux Anglais par hasard.

Ce pronostic, qu'on répand dans l'Espagne,
N'eut point d'accès au journal de la cour;
On s'y bornait à louer tour à tour
L'auguste roi, son auguste compagne,
Qui sont du monde et l'exemple et l'amour :
Puis de vanter, en phrases fanatiques,
Leur zèle ardent contre les hérétiques,
Contre l'Anglais, surtout contre l'Hébreu,
Peuple endurci dans ses vieilles pratiques,
Que l'on convient venir d'assez bon lieu;
Mais qui, fidèle à ses cahiers antiques,
Livres chéris, divins de notre aveu,
Meurt méchamment et pour adorer Dieu
Comme David, de qui les doux cantiques
Lui sont chantés quand on le jette au feu.
Certes, voilà de quoi mettre en colère
Un saint journal : puis, viennent les couplets,
Hymnes, chansons, redondilles, sonnets,
Qu'une foi vive, hypocrite ou sincère,
Un vain désir, ou le talent de plaire,
Adresse au roi sur ses brillans succès;
Car tout le plan de la cérémonie
Est un effort de son puissant génie.
Pourquoi, soudain, places et carrefours
Vont de sa gloire occuper quelques jours
Les regardans : estampes et gravures,
Grotesque affreux, sombres caricatures,
Où, consumés dans leurs sacrés atours,
La tête en bas, feux et flamme à rebours,
En noirs démons, grimacent les figures
Des torturés, infligeant des tortures;
Dieu, qui d'en haut contemple cet enfer

Avec amour, et bénit Lucifer;
Le doux Jésus; l'attrayante Marie,
Qui, caressant d'un sourire amical
Les vils suppôts du monstre monacal,
Semble exciter leur dévote furie;
En bas, le roi d'un beau zèle échauffé,
La croix en main, guidant l'auto-da-fé,
Dont le livret, lu dans chaque famille,
D'un jacobin vu, revu, paraphé,
Va sur les mers, pieuse pacotille,
Charmer, ravir, de Cadix à Manille,
Ses heureux saints qui prennent leur café.
Vous conviendrez que maintenant l'Espagne
Avec honneur peut ouvrir la campagne,
Qu'on va tout vaincre, et que les ennemis
Seront bientôt chassés du plat pays.
Soit, j'en conviens; mais un moment, de grâce;
Rendons surtout la victoire efficace,
Modérons-nous, et faisons qu'aujourd'hui
Le roi n'ait plus une gazette à lui.
Songeons au but de la troisième fête,
Que cette fois pour le peuple on apprête.
Que dites-vous? le peuple! Eh, oui! vraiment,
Dans le malheur on y pense un moment.
Le plus grand roi, quand la chance varie,
Avec le peuple est en coquetterie.
A son époux la reine a prudemment
Insinué qu'au sein de la victoire,
Un roi couvert des rayons de la gloire,
S'il est chéri, paraît encor plus grand.
Le roi, frappé, vit l'importance extrême
De ce conseil : « Eh bien! dit-il, qu'on m'aime.

Veillez-y bien, réglez tout promptement. »
On obéit, et le gouvernement,
Voyant le peuple abattu de tristesse,
Prit le parti d'ordonner l'allégresse,
De la payer. On prit l'argent; mais quoi?
On ne rit pas ainsi de par le roi.
L'auto-da-fé, merveilleux en lui même,
Soutient le cœur, mais ne peut réjouir :
Il faut chercher ailleurs ce bien suprême
Et s'adresser à quelqu'autre plaisir.
Or, le plus grand, le seul par excellence,
Vous devinez, c'est de voir des taureaux
Mis en fureur, poussés à toute outrance
Par des guerriers, des piqueurs, des héros,
Gens vigoureux, bien armés, bien dispos.
De ces combats la sublime science
Chez l'Espagnol brilla dans tous les temps.
Sur Caldérone elle a la préférence :
Elle ravit les petits et les grands,
La cour, la ville; et sa majesté même
Fait grand état de ce talent suprême.
Par cent rivaux le prix est disputé :
C'est un hommage offert à la beauté.
L'Espagnol croit, lorsque son sang ruissèle,
Que pour jamais sa maîtresse est fidèle.
Chez nous Français, cet argument nouveau
Prendrait du poids, en supposant de même,
Qu'on ne peut plus, dès qu'on perce un taureau,
Être fidèle à la beauté qu'on aime.
Chaque pays a son raisonnement;
Cervelle humaine est chose singulière.
De ma raison votre raison diffère :

Le cœur aussi m'étonne grandement.....
Mais je reviens et reprends notre affaire.
L'affaire allait plus que passablement :
L'amphithéâtre était garni de belles
De toute espèce, et même de cruelles.
On avait fait le signe de la croix,
Et trois taureaux s'avançaient à la fois.
Si je voulais faire ici le poète,
Convenez-en, lecteur, j'aurais beau jeu ;
A qui tient-il ? Mais je retiens mon feu,
Je vous fais grâce ; et ma muse discrète
Des lieux communs dédaigne le secours ;
Puis, la morale a seule mes amours.
Or, disons donc, sans soin, sans étalage,
Qu'un des taureaux, j'en ai parlé, je crois,
Deux étant morts, demeuré seul des trois,
Blessé lui-même et transporté de rage,
Glaça d'effroi l'amphithéâtre entier,
Renversant tout, matador ou guerrier,
Nègre, marquis, grand d'Espagne et bouvier,
Armés ou non ; il n'eut plus d'adversaire.
Thésée, Alcide, aux siècles fabuleux,
Eussent cherché ce taureau merveilleux,
Pour en découdre : il était leur affaire.
Sa majesté, ne pensant pas comme eux,
Se blottissait dans sa loge grillée,
Mourant de peur, la croyant ébranlée.
Chacun tremblait à l'exemple du roi ;
Mais savez-vous comme, en ce désarroi,
Dieu secourut cette cour si troublée ?
Un jeune enfant, obscur, bien inconnu,
Vient à songer qu'à l'instant il a vu

Les bœufs d'un tel, troupeau considérable,
Qui lentement regagnaient leur étable.
Vite il y court, les fait sortir soudain,
Et les conduit, aidé d'un vieux voisin,
Vers cet enclos où la terrible scène
Répand l'horreur : les voilà dans l'arène.
En quel moment ? Quand le monstre fougueux,
Moins forcené, paraissait plus terrible ;
Lorsqu'agitant, tournant sa face horrible,
Gonflé, fumant d'un nuage écumeux,
Vainqueur et seul sur l'arène sanglante,
Les feux épais de sa narine ardente,
Les feux hagards, noirs et clairs de ses yeux,
Redemandaient, cherchaient la guerre absente.
Pour ennemis il ne voit que des bœufs
Qui défilaient, un par un, deux par deux,
En plus grand nombre ; et puis la troupe entière
De plus en plus garnissait la carrière.
De leurs gros yeux la stupide langueur
Et de leurs pas la pesante lenteur
N'annonçant point d'intention guerrière,
Le fier taureau, qu'étonne leur douceur,
Tout ébaubi d'être sans adversaire,
Les étonnait d'un reste de fureur,
Qui peut passer entre bœufs pour humeur ;
Et nulle part ne trouvant de colère,
Il s'appaisa, voyant qu'ils n'ont point peur.
Grâce à leur corne, il les crut ses semblables :
Comme ils beuglaient, il les crut ses égaux ;
Et radouci dans ce commun repos,
Environné de voisins si traitables,
Il imita ces prétendus taureaux.

Ce dénoûment plut fort à l'assistance,
Au roi surtout : l'on reprend contenance,
On se rassure, on rit de son effroi,
Que l'on niait ; nul n'avait craint pour soi :
Un seul instant si l'âme fut troublée,
Chacun convient que c'était pour le roi ;
Le roi le crut, se croyant l'assemblée.
La peur cessant, on devint curieux.
Mais d'où vient donc ce grand convoi de bœufs ?
On cherche, on tient tout le fil de l'histoire.
Un empressé courut après l'enfant
Qui prit la fuite ; il avait peur d'un grand,
Et se sauva de l'interrogatoire.
La reine en rit : chacun des courtisans
Voulait qu'il fût le fils d'un de ses gens,
Neveu du moins, tant ils aimaient la gloire.
Le roi laissa disputer là-dessus,
Indifférent, puisqu'il ne tremblait plus.
Hors de péril, sa majesté charmée
Lâche deux mots sur l'enfant, le voisin,
Bâillant, distrait ; et dès le lendemain
S'en soucia comme de son armée.
Tandis qu'il bâille et ne s'amuse pas,
Des battemens de mains, de grands éclats,
Des ris joyeux partent de la commune.
Sa majesté, que le rire importune,
Paraît surprise, elle regarde en bas :
C'était l'enfant qui, rentré de fortune,
Ne craignant plus, voyez-vous, d'être pris
Ni présenté, curieux, s'était mis
Sur un gradin, debout, près de l'issue
Par où des bœufs se pousse la cohue,
Troupeau benin, qu'on chasse avec des ris.

Et des rieurs remarquez l'insolence ;
Car vous saurez qu'en ce troupeau si doux
Est l'animal qui les fit trembler tous ;
Mais de l'enfant la naïve impudence
Fit plus d'effet encor, réussit mieux.
En revoyant ce taureau trouble-fête,
Auteur du mal, si coupable à ses yeux,
D'un gros bâton, plaisamment furieux,
Il va frappant de la maudite bête
Les flancs, le dos ; et le pauvre animal,
Doublant le pas sous l'instrument risible,
Va s'enfonçant dans le groupe paisible,
Pour se sauver de ce petit brutal.
Vous souriez, lecteur ; mais je parie
Que vous rêvez : laissons la rêverie,
Contentons-nous d'un simple enseignement,
D'un aperçu : que tel est fréquemment
Plus fort tout seul qu'avec sa confrérie.
Vous le sentez, hélas ! péniblement,
Hommes de main, de tête, de génie,
Vous que j'ai vus en maint gouvernement
(Le despotisme a bien sa prudhomie),
Vous que je plains, abattus tristement,
Marchant de front, bêtes de compagnie.
Cet art des rois, ce secret merveilleux,
Nous le savons ; mais l'Espagne l'ignore ;
En ces climats le ciel fait naître encore
Des esprits fiers et des cœurs généreux ;
Mais les taureaux sont entourés de bœufs.
Chassons les bœufs, chassons le saint office,
Prions le ciel que la foi s'affaiblisse,
Limons leurs fers et dessillons leurs yeux

Par maint écrit où la vérité brille,
La vérité, trésor plus précieux
Que du Pérou l'opulente flottille;
Et dans Madrid menant la vérité,
Que suit bientôt sa sœur la liberté,
Consolidons le pacte de famille.

CALYPSO A TÉLÉMAQUE,

HÉROÏDE.

Ainsi donc le destin, dans les murs de Salante,
Fixe pour un moment ta fortune flottante!
Tu triomphes, ingrat; et ta crédulité
S'est de tous tes forfaits promis l'impunité!
Que sais-je ? en ce moment ta coupable imprudence
Peut-être ose accuser ma haine d'impuissance.
Je veux avec le jour t'arracher ton erreur;
Par mon amour passé juge de ma fureur.
Non, tu ne verras point cette Itaque chérie,
Ce séjour que je hais, cette obscure patrie,
Pour qui ton cœur jadis, d'un vain espoir flatté,
Méprisa mon amour et l'immortalité.
Grands Dieux ! si vos décrets permettent qu'il la voie,
Puisse-t-il ne goûter qu'une trompeuse joie !
Oui, traître, qu'aussitôt un nuage odieux,
Abusant ton espoir, la dérobe à tes yeux;
Qu'à te persécuter la fortune constante,
Promène sur les mers ta destinée errante ;

Que les vents, échappés de leurs sombres cachots,
De la mer contre toi soulèvent tous les flots ;
Et, pour combler mes vœux, qu'un funeste naufrage
M'offre ton corps mourant poussé vers mon rivage ;
Que ta nymphe, en pleurant sur ton malheureux sort,
Par ses cris douloureux appelle en vain la mort !
Dieux ? quel plaisir de voir ma rivale plaintive
Rappeler vainement ton ombre fugitive !
Mes yeux, au lieu des tiens, jouiront de ses pleurs,
Et ma présence encor aigrira ses douleurs.
Sans me déplaire alors, de cyprès couronnée,
Elle pourra gémir à tes pieds prosternée ;
Et je n'envîrai plus ni ses gémissemens,
Ni ses tendres regards, ni ses embrassemens.
Mais je frémis, mon cœur, mon faible cœur soupire :
Dieux ! serait-ce d'amour ?... Ah ! ma fureur expire !
Malheureuse ! je l'aime et le hais tour à tour.
Que dis-je ? cette haine est un transport d'amour.
Télémaque ! je cède ; oui, c'est ma destinée ;
Sous le joug de l'Amour ma haine est enchaînée ;
N'en crois pas les transports où j'ai pu me livrer ;
Ne crains rien : Calypso ne peut que t'adorer.
Grands dieux ! n'exaucez pas ma funeste prière ;
C'était contre moi-même armer votre colère.
Quand mon cœur pour l'ingrat tremble au moindre danger,
Hélas ! que je suis loin de vouloir me venger !
Quelle était ma fureur ? Oui, dieux ! je vous implore :
Mais ce n'est qu'en faveur de l'objet que j'adore ;
Et s'il faut éprouver sur lui votre pouvoir,
Consultez mon amour et non mon désespoir.
Mais, hélas ! que dis-tu ; malheureuse déesse ?
Arrête ; où t'emportait une indigne faiblesse ?

Songes-tu que le traître, au mépris de ta foi,
Ose former des vœux qui ne sont pas pour toi?
Oui, tandis que pour lui, lâchement suppliante,
Je fais des vœux... l'ingrat en fait pour son amante;
Et son farouche orgueil, que je n'ai pu dompter,
Ne se souvient de moi que pour me détester.
Ah! quand tu vins tremblant, au sortir du naufrage,
M'offrir de tes malheurs l'attendrissante image,
Moi-même je devais, prévenant tes affronts,
Te replonger vivant dans ces gouffres profonds,
Dans ces gouffres affreux que le sort te prépare,
Habités par la mort et voisins du Ténare.
Dans ton cœur ennemi, pourquoi mon faible bras
Hésita-t-il alors de porter le trépas?
Sur la tête du fils offert à ma colère,
Ma main devait venger la trahison du père;
Et ta mort, m'épargnant un fatal entretien,
Devait punir son crime et prévenir le tien.
Mon orgueil, offensé des mépris d'un parjure,
Se croyait désormais à l'abri d'une injure :
Je défiais l'Amour, auteur de tous mes maux;
Je jurai d'immoler au soin de mon repos
Tous les infortunés que leur destin funeste
Conduirait vers ces bords que Calypso déteste;
Leur sang a cimenté cet horrible serment;
J'ai cru, dans chacun d'eux, immoler un amant;
Tu parus, mon courroux s'armait pour ton supplice;
Tu t'avances, je vois... j'aime le fils d'Ulisse :
A la tendre pitié j'abandonne mon cœur,
J'y laisse entrer l'amour au lieu de la fureur.
Au meurtre dès long-temps ma main accoutumée,
Ma main par un mortel se vit donc désarmée;

Je n'osai la porter dans ton coupable flanc ;
Sanglante, je craignis de répandre le sang.
Cette divinité dont le mâle courage
Jadis se nourrissait de meurtre et de carnage,
Dont la rage guidait les farouches transports,
Dont le bras tant de fois ensanglanta ces bords,
A l'aspect d'un mortel, désarmée et tremblante,
Soupire et n'est déjà qu'une timide amante.
Calypso ne hait plus en ce funeste jour ;
Le poignard à la main, elle implore l'Amour.
Qu'aisément tu surpris ma raison égarée !
De mon cœur imprudent je te livrai l'entrée.
Je respectai ces jours, ces jours infortunés,
Des piéges du trépas sans cesse environnés.
O souvenir cruel d'une ardeur insensée !
O pleurs ! ô désespoir d'une amante offensée !
Télémaque !... Eucharis !... Détestables amans !
Malheureuse ! Que faire en ces affreux momens !
Vous m'évitez en vain, je vole sur vos traces...
Mais que dis-je ? Voudrais-je augmenter mes disgrâces ?
Mes yeux pourraient-ils voir leurs transports amoureux,
Et leurs embrassemens insulter à mes feux ?
Encor, si je pouvais, au gré de ma furie,
Briser le nœud cruel qui m'enchaîne à la vie,
Etouffer mes douleurs dans le sein du trépas...
Mais je ne peux mourir... Eh bien ! toi, tu mourras !
Oui, je veux dans ton sang plonger ma main fumante,
Sous les yeux, dans les bras de ton indigne amante.
Oui, dans ses bras sanglans, ingrat, tu vas périr :
Elle triomphera de t'avoir vu mourir.
. . . .
Dieux ! vengez par mes mains son infidélité ;
Je vous pardonne alors mon immortalité.

Non, c'est peu de la mort pour une telle offense ;
Ah ! par mon désespoir, jugez de ma vengeance.
Sombre divinité des malheureux amans,
Cruelle Jalousie, arme tous tes serpens ;
Allume dans mon cœur tous les feux de la rage ;
Je le soumets à toi, règne en moi sans partage ;
Étouffe de l'amour les soupirs et les vœux :
C'en est fait, je me livre à tes plaisirs affreux ;
Change en noire furie une timide amante ;
Enhardis ce poignard dans ma main chancelante...
Que dis-je ? Il n'est plus temps, il a dû m'échapper.
Eucharis, dans tes bras, il fallait le frapper.
O souvenir affreux ! jour fatal à ma gloire,
Où ma présence même ennoblit sa victoire !
Je courais me venger et te percer le sein ;
Elle vit le poignard qui tombait de ma main :
Elle vit expirer mon impuissante rage...
Qu'elle va détester ce funeste avantage !
Oui, sur elle je veux punir ta trahison :
Je veux de tes mépris lui demander raison.
Si tu veux adoucir le malheur qui l'accable,
Pour la justifier, cesse d'être coupable ;
Viens me rendre le cœur qu'elle m'avait ravi.
Ah ! si du repentir le crime était suivi,
Si tu venais enfin, terminant mon supplice,
Dans mes yeux attendris lire ton injustice ;
Si ta bouche abjurait ta haine et ta fierté,
Je ne me souviendrais de ma divinité
Que pour rendre immortels tes feux et ma tendresse.
Viens désarmer mon bras, c'est l'Amour qui t'en presse
Viens régner avec moi. C'en est fait ; oui, je veux
Que le dieu de mon cœur soit le dieu de ces lieux ;

Que du bruit de mes feux l'univers retentisse ;
Qu'à ma félicité tout l'Olympe applaudisse ;
Qu'élevé désormais au rang des immortels,
Tu partages l'encens qu'on offre à mes autels.
Sous les berceaux fleuris de ce riant bocage,
Dans cet Olympe enfin, le céleste breuvage
Nous sera présenté par la main des amours ;
Et seuls ils fileront la trame de nos jours.
Ne crains point qu'à leurs mains la Parque les ravisse ;
Viens me rendre un bonheur qui jamais ne finisse ;
Que d'éternels plaisirs scellent notre union...
Songe délicieux ! charmante illusion !
Pouvez-vous un moment occuper ma pensée ?
Ah ! cessez d'abuser une amante insensée ;
Pour mon cœur malheureux les plaisirs sont-ils faits ?
Inutiles soupirs ! inutiles souhaits !
Aveugle Calypso ! déesse infortunée !
Hélas ! à mon malheur je suis donc enchaînée !
Il faudra de regrets me nourrir chaque jour ;
Je verrai tout finir, excepté mon amour.
Comment me dérober au feu qui me dévore ?
Je retrouve partout le cruel qui m'abhorre.
Ton image importune irrite mes ennuis :
Présent, tu me fuyais ; absent, tu me poursuis.
Peut-être apprendras-tu ma triste destinée ;
Mais si tu sais les maux où tu m'as condamnée,
Si du moins la pitié peut encor t'attendrir,
Plains-moi, surtout plains-moi de ne pouvoir mourir.

L'HOMME DE LETTRES,

DISCOURS PHILOSOPHIQUE.

Nobles enfans des arts, vous que la gloire enflamme,
Qui, soigneux d'agrandir, de féconder votre âme,
Ajoutez en silence à ses trésors divers,
Pour la produire un jour aux yeux de l'univers :
Qui d'entre vous n'aspire à cet honneur suprême,
De servir les mortels en s'éclairant soi-même ?
Laissez-moi contempler vos devoirs, vos destins,
Tous les droits que sur vous le ciel donne aux humains.
Ce sont vos sentimens que ma bouche répète ;
Ils méritaient sans doute un plus digne interprète.
Ah! que ne puis-je au moins, retraçant leur grandeur,
Les peindre à tous les yeux, comme ils sont dans mon cœur!
Quelle est de ces rivaux l'ambition sublime ?
Dans leurs travaux heureux quel espoir les anime ?
C'est ce noble désir d'éclairer nos esprits,
De porter la vertu dans nos cœurs attendris ;
Mais ce droit n'appartient qu'au mortel qu'elle inspire :
Lui seul peut sur notre âme exercer cet empire,
Lui seul dans notre sein lance des traits brûlans.
L'école des vertus est celle des talens ;
Plus l'âme est courageuse et plus elle est sensible ;
L'esprit reçoit de l'âme une force invincible ;
Chaque vertu nouvelle ajoute à sa vigueur.
Courez à votre ami qu'opprime le malheur ;
Par des soins généreux réveillez son courage,
Et des vertus ensuite allez tracer l'image.

Je les vois, respirant sous vos hardis pinceaux,
D'un charme inexprimable animer vos tableaux.
Vertu, sans vous aimer, quel mortel peut vous peindre?
S'il en existe un seul, ô Dieu! qu'il est à plaindre!
Sans cesse, en contemplant vos traits majestueux,
Devant son propre ouvrage il baissera les yeux;
En s'immortalisant, il flétrit sa mémoire,
Et consacre sa honte aux fastes de la gloire.
Mais de ces sentimens qui peut vous animer?
Dans votre âme à jamais comment les imprimer?
Sera-ce en les portant dans un monde frivole?
A d'absurdes égards il faut qu'on les immole.
Pourriez-vous soutenir, sans dégrader vos mœurs,
Le choc des préjugés, des vices, des erreurs,
Dont la foule en tout temps vous assiége et vous presse?
Fuyez: qu'attendez-vous? une vaine richesse?
Ce vil présent du sort serait trop acheté;
Vos cœurs perdaient, hélas! leur sensibilité,
Cette austère hauteur, ce courage inflexible
Qui porte un jugement sévère, incorruptible,
A l'homme, aux actions marque leur juste prix,
Et par la vérité subjugue les esprits.
Quel est ce malheureux qui d'un encens coupable
Fatigue lâchement un mortel méprisable?
Ose-t-il dispenser, de ses vénables mains,
Ce trésor précieux, l'estime des humains?
Mes amis, jurons tous, dans ce temple où nous sommes(*),
De ne point avilir l'art de parler aux hommes,

(*) L'Académie française, pour laquelle cet ouvrage a été composé en 1765.

De faire devant nous marcher la vérité,
De ne mentir jamais à la postérité,
De pouvoir dire un jour à cet arbitre auguste :
Jugez sur notre foi, votre arrêt sera juste.
C'est alors que l'on peut, par d'utiles écrits,
Des mortels incertains diriger les esprits.
Opinion, nos goûts, nos mœurs, sont ton ouvrage,
Dieu t'a soumis le monde, et te soumet au sage ;
Du fond de sa retraite il t'impose des lois ;
Tu marchais au hasard ; il te guide à son choix ;
Avec la vérité sa voix d'intelligence
Fonde, affermit, combat, renverse ta puissance.
Grands hommes, c'est à vous d'exercer son pouvoir ;
Notre cœur appartient à qui sait l'émouvoir ;
Vous avez de l'erreur détruit la tyrannie :
L'univers a changé devant votre génie.
Souvent à notre insu votre âme vit en nous,
Et la raison d'un seul est la raison de tous.
Laissez frémir la haine, et l'erreur, et l'envie ;
Détruire un préjugé, c'est servir sa patrie.
La vérité défend le trône et les autels,
Et la fille des cieux ne peut nuire aux mortels,
Elle émousse les traits de l'ardent fanatisme,
Des tyrans de l'esprit combat le despotisme ;
Jusqu'au milieu des cours elle va quelquefois
Démentir les flatteurs et détromper les rois.
Mais souvent, dans un siècle où l'on craint la lumière,
Le génie opprimé rampe dans la poussière ;
L'orgueil intolérant en prive l'univers ;
On le hait, on l'accable, on lui donne des fers :
On défend la pensée au seul être qui pense.
Vous qui des souverains partagez la puissance,

S'il est un vrai talent, par le sort opprimé,
Qui, faute d'un regard, languisse inanimé ;
Craignez de l'avenir la terrible sentence ;
Mais, non : votre pays vous a jugé d'avance.
Ah ! si vous ignorez le prix des vrais talens,
Demandez-le à ces rois dont les soins vigilans,
Arrachant cette plante à son climat stérile,
Feront germer ses fruits sur un sol plus fertile.
Mais il reste un espoir aux talens méconnus :
C'est de répandre au moins l'exemple des vertus ;
Cette gloire est certaine, et ne craint point d'outrage.
L'exemple des vertus est la dette du sage ;
Ses écrits sont un don fait à l'humanité.
Que le mortel sensible, épris de leur beauté,
Las de voir des cœurs morts, leurs vices, leur bassesse,
Dans ces fiers monumens retrouvant sa noblesse,
Contemple avec transport les traits de sa grandeur,
Et cherche un doux asile auprès de votre cœur.
Eh bien ! il faudra donc, dans cette lice immense,
Fatiguer, tourmenter ma pénible existence.
Pourquoi ? pour embrasser une ombre qui s'enfuit,
Désespère à la fois celui qui la poursuit,
Celui qu'elle a trompé, celui qui la possède !
Cruelle illusion, qui m'échappe et m'obsède,
Qu'à travers mille écueils il me faudra chercher,
Que, jusque dans mes bras, on viendra m'arracher !
Heureux du moins, heureux, si la haine et l'envie,
Complices de ma mort et bourreaux de ma vie,
Souffrent que sur ma cendre on sème quelques fleurs,
Qui croissent auprès d'elle, et naissent quand je meurs !
Dieu ! qu'entens-je ? est-ce ainsi qu'on parle de la gloire ?
S'élever par son âme, ennoblir sa mémoire,

Créer un nom fameux triomphant de la mort,
Que tout cœur né sensible entend avec transport ;
Des vertus, des talens présenter l'assemblage
A nos regards charmés d'une si belle image !
Amis, la gloire existe, et ses droits sont certains.
Quand Dieu créa la terre et forma les humains,
Il fit naître la gloire, ainsi que lui féconde,
Lui commanda d'instruire et d'embellir le monde,
De mesurer les cieux, de subjuguer les mers,
Et lui commit le soin d'achever l'univers.
Que parlez-vous ici de fleurs sur votre cendre ?
Sont-ce les seuls tributs que vous devez attendre ?
La gloire est-elle ingrate ? et ne la vois-je pas,
Quand vous marchez vers elle, accourir dans vos bras ?
Ce sentiment si prompt d'involontaire estime,
Qu'arrachent les talens, que leur aspect imprime,
Que l'or ni les grandeurs n'excitent point en nous,
N'est-il pas votre bien ? n'est-il pas fait pour vous ?
Répandre avec chaleur son active pensée,
C'est la grandeur de l'âme au dehors annoncée,
Par des signes certains offerte à tous les yeux.
Arrachez, déchirez le voile injurieux,
Dont le sort veut couvrir cette empreinte divine,
Qui d'une âme choisie atteste l'origine.
Il faut juger les cœurs sans peser les destins :
Epictète est par l'âme égal aux Antonins.
Les beaux arts sont de tous l'immortel héritage ;
Tous ont sur cet autel présenté leur hommage.
Voyez ce Richelieu, ce fier vengeur des lis,
Tonnant autour du trône où son maître est assis;
Il dispute à la fois, et d'une ardeur pareille,
L'Alsace à l'empereur, et le Cid à Corneille.

Ah! vous m'ouvrez les yeux, vous entraînez mes pas.
Mais, quoi! tous ces écueils, ces malheurs, ces combats!
La haine qui se tait! la basse calomnie
Sans cesse repoussée et sans cesse impunie!
L'homme vil et puissant qui, pour percer mon cœur,
D'une main subalterne achète la fureur!
Eh bien! que craignez-vous? Un bras plus redoutable
Vous couvre d'une égide auguste, impénétrable.
Le jugement public : voilà votre vengeur,
Votre ami, votre appui, votre consolateur;
Je le vois vous conduire au fond d'un sanctuaire,
Dont rien ne brisera l'invincible barrière.
Sous ce puissant abri, placez-vous par vos mœurs.
C'est là qu'on peut braver les absurdes rumeurs,
De l'orgueil forcené la vengeance hautaine,
Voir en pitié la rage, et sourire à la haine.
Ah! plutôt saisissons un espoir plus heureux :
Il est, il est encor des mortels généreux
Dont l'amitié touchante, active et courageuse
Défendra hautement votre vie orageuse,
Soutiendra les assauts du superbe oppresseur,
Et sera de vos jours l'orgueil et la douceur.
Quel prix plus glorieux? que faut-il davantage?
J'embrasse avec transport ce fortuné présage;
Mais l'avoûrai-je enfin? il me faut un bonheur
Qui s'attache à mon être, et qui tienne à mon cœur.
Eh! ne l'avez-vous pas? quoi donc! cette âme immense
Qui sait trouver en soi sa plus vive existence,
Qui tend tous ses ressorts, qui s'agite en tous sens,
Qui voudrait même en vain réprimer ses élans,
De ses propres plaisirs n'est-elle pas la mère?
Ces morts, dont la raison nous guide et nous éclaire,

Ne vont-ils pas dans nous verser leurs sentimens,
De leurs cœurs enflammés rapides mouvemens ?
S'emparer de leur âme et l'égaler peut-être,
Fixer, éterniser chaque instant de son être,
Est-il un sort plus doux, un plaisir plus touchant ?
Conserve-moi, grand dieu ! le fortuné penchant
Qui place dans moi seul mon bonheur, ma richesse,
M'arrache aux passions d'une ardente jeunesse,
Et trompant de mon cœur la sensibilité,
De ses feux sans péril nourrit l'activité.
Tout n'appartient-il pas au mortel né sensible ?
Il est de l'univers possesseur invisible ;
Il va, de tous les arts, par un heureux larcin,
Dérober les trésors, les renferme en son sein :
Tout est vivant pour lui ; son âme active et pure
Existe dans chaque être et remplit la nature,
Partout de son bonheur va saisir l'aliment,
Le dévore et s'enfuit avec un sentiment.
Un autre don du ciel ornera votre vie.
Imagination, compagne du génie,
Toi, dont la main brillante et prodigue de fleurs
Étend sur l'univers tes riantes couleurs !
Le génie entouré de tes heureux prestiges,
Sous tes yeux, à ta voix enfante des prodiges.
Sur ton aile rapide il vole dans les cieux,
Embrasse d'un coup d'œil tous les temps, tous les lieux ;
Des empires détruits il revoit l'origine,
Le choc de leurs destins, leur grandeur, leur ruine ;
Parcourt avidement tous ces tableaux divers
Qu'aux regards des mortels les siècles ont offerts,
La nature et ses jeux, ses travaux, ses caprices,
Miracles échappés à ses mains créatrices,

Le combat et l'accord de tous les élémens,
Le sillon de l'éclair et la fuite des vents.
Voici l'instant propice ; il s'agite, il s'enflamme ;
Un nouvel univers va sortir de son âme :
De ce monde nouveau les élémens pressés
D'abord sont au hasard et sans ordre entassés :
L'imagination plane sur cet abîme ;
Le cahos fuit, tout naît, chaque germe s'anime ;
L'esprit actif et prompt, dans un rapide élan,
Du monde qu'il médite a dessiné le plan ;
Tout s'arrange : l'idée informe, languissante,
Appelle autour de soi l'image obéissante :
Soudain l'image accourt, et par d'heureux accords,
Vient s'unir à l'idée, et lui donner un corps.
Tous les traits sont marqués ; les couleurs s'assortissent ;
Sous de rians pinceaux les êtres s'embellissent,
Et placés avec art, contrastés avec choix,
Sous l'œil du créateur se pressent à la fois.
Il frémit, il palpite ; et son âme ravie
Sent l'ivresse sublime et l'orgueil du génie.
Eh bien ! avec ce sens, cet instinct merveilleux,
Pouvez-vous, sans rougir, vous croire malheureux ?
Ah ! bénissez plutôt ce fortuné partage :
Aux vertus à jamais consacrez en l'usage.
Vivez pour la patrie et pour l'humanité,
Pour l'amitié, la gloire et la postérité ;
De vos cœurs avec soin défendez la noblesse ;
D'un sentiment jaloux repoussez la bassesse :
Chérissons le rival qui peut nous surpasser :
Montrez-moi mon vainqueur, et je cours l'embrasser.
De la lice à l'envi franchissez la barrière,
Et vous direz un jour, au bout de la carrière :

« Le destin m'opprimait, et moi, je l'ai vaincu ;
J'ai senti l'existence, et mon cœur a vécu. »

BACAROLE

IMITÉE DE L'ITALIEN.

Aux bords fleuris d'une fontaine,
J'ai vu, dans les bras du sommeil,
Des cœurs la jeune souveraine,
L'œil demi-clos, le teint vermeil :
Ah ! qu'en dormant elle était belle !
Que son réveil me charmera !
Besoin d'amour dort avec elle ;
Avec elle il s'éveillera.

Sa bouche a l'éclat de la rose,
Qu'au premier souffle du printemps,
Avril respire, fraîche éclose
Du sein des frimats expirans :
Ah ! qu'en dormant elle était belle !
Que son réveil me charmera !
Besoin d'amour dort avec elle ;
Avec elle il s'éveillera.

Sur sa main sa tête appuyée
Ressemble au lis qui mollement,
Sur sa tige aux vents déployée,
Reste penché languissamment.

Ah ! qu'en dormant elle était belle !
Que son réveil me charmera !
Besoin d'amour dort avec elle ;
Avec elle il s'éveillera.

Et sous cette gaze mouvante
Que soulève un zéphir malin,
Palpite une gorge naissante
Qu'envîrait la fleur du matin.
Ah ! qu'en dormant elle était belle !
Que son réveil me charmera !
Besoin d'amour dort avec elle
Avec elle il s'éveillera.

Sa longue et blonde chevelure,
Errant au caprice du vent,
Tantôt flotte sur sa figure,
Et tantôt sur son col descend.
Ah ! qu'en dormant elle était belle !
Que son réveil me charmera !
Besoin d'amour dort avec elle ;
Avec elle il s'éveillera.

Morphée, ô toi par qui reposent
Tant d'appas offerts à mes yeux,
Permets qu'en son sein je dépose
L'ardeur des plus aimables feux.
Ah ! qu'en dormant elle était belle !
Que son réveil me charmera !
Besoin d'amour dort avec elle ;
Avec elle il s'éveillera.

De nos baisers le doux échange
Dans son cœur portera l'amour :
Transports charmans! divin mélange !
Je vous devrai mon plus beau jour.
Ah! qu'en dormant elle était belle!
Que son réveil me charmera !
Besoin d'amour dort avec elle ;
Avec elle il s'éveillera.

L'HEUREUX TEMPS.

Temps heureux où régnaient Louis et Pompadour !
Temps heureux où chacun ne s'occupait en France
Que de vers, de romans, de musique, de danse,
Des prestiges des arts, des douceurs de l'amour !
Le seul soin qu'on connût était celui de plaire ;
On dormait deux la nuit, on riait tout le jour;
Varier ses plaisirs était l'unique affaire.
  A midi, dès qu'on s'éveillait,
  Pour nouvelle on se demandait
Quel enfant de Thalie, ou bien de Melpomène,
D'un chef-d'œuvre nouveau devait orner la scène ;
Quel tableau paraîtrait cette année au Salon ;
Quel marbre s'animait sous l'art de Bouchardon ;
  Ou quelle fille de Cythère ,
Astre encore inconnu, levé sur l'horison,
Commençait du plaisir l'attrayante carrière.
On courait applaudir Dumesnil ou Clairon,
Profiter des leçons que nous donnait Voltaire,
Voir peindre la nature à grands traits par Buffon.

Du profond Diderot l'éloquence hardie
Traçait le vaste plan de l'Encyclopédie;
Montesquieu nous donnait l'esprit de chaque loi;
Nos savans, mesurant la terre et les planètes,
Eclairant, calculant le retour des comètes,
Des peuples ignorans calmaient le vain effroi.
La renommée alors annonçait nos conquêtes;
Les dames couronnaient, au milieu de nos fêtes,
Les vainqueurs de Lawfeld et ceux de Fontenoy.
Sur le vaisseau public, les passagers tranquilles
Coulaient leurs jours gaîment dans un heureux repos,
Et sans se tourmenter de soucis inutiles,
Sans interroger l'air, et les vents et les flots,
    Sans vouloir diriger la flotte,
Ils laissaient la manœuvre aux mains des matelots,
    Et le gouvernail au pilote.

LA VIE DE PARIS.

En se cherchant, il semble qu'on s'évite.
    On rentre chez soi très-content,
    Quand un portier intelligent
De part ou d'autre a sauvé la visite.
On a beaucoup d'amis, mais c'est sans liaison;
Bref, le choix étant nul dans la foule indiscrète
Qu'on adopte sans goût, qu'on quitte sans façon,
De visages nouveaux sans cesse on fait emplète,
Et c'est ce qu'on appelle ici tenir maison.
    On entre en scène à dix-huit ans,

Dans le monde on se précipite :
Une femme vous prend, vous promène et vous quitte;
Bientôt mon grand enfant à ses pareils déplaît;
L'homme forme le fruit, et le vieillard le hait.
  Que devenir? errant à l'aventure,
   Isolé dans le tourbillon,
La liberté du jeu lui paraît la plus sûre;
   Il s'y livre d'abord par ton;
Et le désœuvrement entraînant l'habitude,
   A trente ans vous voyez un sot
   Qui, pour avoir vécu trop tôt,
Gémit dans le chagrin et la décrépitude.

IMITATION D'OVIDE.

Je ne sais point porter de chaînes éternelles,
Et j'ose me vanter de ma légèreté :
Quand l'univers nous offre tant de belles,
  Pourquoi n'aimer qu'une beauté ?
Si je vois une fille innocente et tranquille,
Qui baisse ses regards sur un sein immobile,
Son timide embarras, sa naïve candeur,
Sont des piéges cachés qui surprennent mon cœur.
Si, marchant d'un air leste et la tête assurée,
Attaquant, provoquant la jeunesse enivrée,
Laïs vient à paraître, elle enflamme mes sens;
J'ai bientôt oublié ma modeste bergère,
Et c'est la volupté, c'est l'art que je préfère,
 Afin de savourer des plaisirs différens.

Du haut de sa grandeur, de sa tige éclatante,
J'aime à faire descendre une superbe amante;
Et je crois, triomphant d'elle et de ses aïeux,
M'élever dans ses bras jusques au sein des dieux.
Tu n'as pas moins de droits sur mon âme inconstante,
Toi, dont l'esprit orné rend l'entretien charmant:
Aux plaisirs de l'amour se borne l'ignorante,
Et ses soins délicats flattent un tendre amant.
Que la voix de Cloé me pénètre et me touche!
Quel plaisir, quand le cœur et l'oreille sont pris,
  D'interpréter, par un baiser surpris,
Les sons pleins de douceur qui sortent de sa bouche!
  Je ne puis voir, sans un trouble soudain,
Dans les bras d'une belle une harpe enlacée,
Et mon œil suit en feu, sur la corde pincée,
Le jeu vif et brillant d'une charmante main.
Les grâces de Cinthie et sa taille légère
M'offrent les souvenirs des nymphes de nos bois;
Et quand ses pas hardis l'enlèvent de la terre,
Je voudrais, embrassant sa taille entre mes doigts,
La porter en triomphe aux bosquets de Cythère.
   Le frais matin de la beauté,
   Les premiers jours de sa naissance,
   Portent, dans mon sein agité,
   La plus active effervescence.
  Son été même a des charmes pour moi.
O femmes! je ne vis que pour vous dans le monde;
Mais j'aime à partager l'encens que je vous doi,
Et la brune me rend infidèle à la blonde:
Mon cœur ne brave pas un seul de vos attraits.
Enfin, quelque beauté que l'on cite dans Rome,
Que l'univers possède et l'univers renomme,

Elle est d'abord l'objet de mes ardens souhaits ;
Et comme un nouvel Alexandre,
Animé d'un feu tout divin,
Dans mon ambition, prêt à tout entreprendre,
Je voudrais conquérir le monde féminin.

LE PARADIS.

L'AUTRE monde, Zelmis, est un monde inconnu,
Où s'égare notre pensée ;
D'y voyager sans fruit la mienne s'est lassée :
Pour toujours j'en suis revenu.
J'ai vu, dans ce pays des fables,
Les divers paradis qu'imagina l'erreur :
Il en est bien peu d'agréables ;
Aucun n'a satisfait mon esprit et mon cœur.
Vous mourez, nous dit Pythagore ;
Mais sous un autre nom vous renaissez encore,
Et ce globe à jamais est par vous habité.
Crois-tu nous consoler par ce triste mensonge,
Philosophe imprudent et jadis trop vanté ?
Dans un nouvel ennui ta fable nous replonge.
Mais à notre avantage on dit la vérité.
Celui-là mentit avec grâce,
Qui créa l'Elysée et les eaux du Léthé.
Mais dans cet asile enchanté,
Pourquoi l'amour heureux n'a-t-il pas une place ?
Aux douces voluptés pourquoi l'a-t-on fermé ?
Du calme et du repos quelquefois on se lasse ;
On ne se lasse point d'aimer et d'être aimé.

Le dieu de la Scandinavie,
Odin, pour plaire à ses guerriers,
Leur promettait, dans l'autre vie,
Des armes, des combats et de nouveaux lauriers.
Attaché dès l'enfance aux drapeaux de Bellone,
J'honore la valeur, à d'Estaing j'applaudis ;
Mais je pense qu'en paradis
On ne doit plus tuer personne.
Un noble espoir séduit le nègre infortuné,
Qu'un marchand arracha des déserts de l'Afrique.
Courbé sous un joug despotique,
Dans un long esclavage il languit enchaîné.
Mais quand la mort propice a fini ses misères,
Il revole joyeux au pays de ses pères,
Et cet heureux retour est suivi d'un repas.
Pour moi, vivant ou mort, je reste sur vos pas.
Non, Zelmis, après mon trépas,
Je ne chercherai point les bords qui m'ont vu naître :
Mon paradis ne saurait être
Aux lieux où vous ne serez pas.
Jadis au milieu des nuages
L'habitant de l'Ecosse avait placé le sien.
Il donnait à son gré le calme ou les orages ;
Des mortels vertueux il cherchait l'entretien ;
Entouré de vapeurs brillantes,
Couvert d'une robe d'azur,
Il aimait à glisser sous le ciel le plus pur,
Et se montrait souvent sous des formes riantes.
Ce passe-temps est assez doux ;
Mais de ces sylphes, entre nous,
Je ne veux point grossir le nombre,
J'ai quelque répugnance à n'être plus qu'une ombre ;

Une ombre est peu de chose, et les corps valent mieux ;
Gardons-les. Mahomet eut grand soin de nous dire
Que, dans son paradis, on entrait avec eux.
   Des houris c'est l'heureux empire ;
   Là, les attraits sont immortels ;
 Hébé n'y vieillit point ; la belle Cythérée,
D'un hommage plus doux constamment honorée,
Y prodigue aux élus des plaisirs éternels.
Mais je voudrais y voir un maître que j'adore :
L'Amour qui donne seul un charme à nos désirs,
L'Amour qui donne seul de la grâce aux plaisirs.
Pour le rendre parfait, j'y conduirais encore
   La tranquille et pure Amitié,
Et d'un cœur trop sensible elle aurait la moitié.
   Asile d'une paix profonde,
Ce lieu serait alors le plus beau des séjours ;
   Et ce paradis des amours,
Si vous vouliez, Zelmis, on l'aurait en ce monde.

LA VIEILLE DE SEIZE ANS.

Lise à quinze ans plut et fut peu cruelle ;
Mais Lise, hélas ! fut quittée à seize ans.
La pauvre enfant alors, n'amusant qu'elle,
Crut d'être aimable avoir passé le temps.

Son miroir même, à ses yeux pleins de larmes,
Ne montrait plus ni beauté, ni fraîcheur ;
Toute charmante, elle pleurait ses charmes
Et cet air simple exprimait son erreur.

J'avais quinze ans, quand tu me trouvais belle;
Un an détruit ma beauté, ton ardeur.
Mon cœur, hélas! t'aime encore, infidèle!
Mais à seize ans peut-on offrir son cœur?

Tu me pressais, quel feu!.. quelle tendresse!..
Mais j'ai seize ans; adieu tous tes désirs!
Du doux plaisir je sens encore l'ivresse;
Mais j'ai seize ans; adieu tous tes plaisirs!

Quoi! vingt printemps que toi-même as vu naître,
A tous les yeux n'ont fait que t'embellir!
Moi, j'ai seize ans, je n'ose plus paraître;
Un an d'amour a donc pu me vieillir?

Hier Damon, qui me poursuit sans cesse,
M'offrait un cœur tout prêt à s'enflammer;
Allez, lui dis-je, allez à la jeunesse;
Moi j'ai seize ans, on ne doit plus m'aimer.

Mais non, cruel, reviens à ta bergère,
Reviens, pardonne à mes seize printemps;
S'il faut quinze ans, perfide, pour te plaire,
Viens, dans tes bras j'aurai toujours quinze ans.

CANDIDE.

Candide est un petit vaurien
Qui n'a ni pudeur ni cervelle;
A ses traits on reconnaît bien
Frère cadet de la Pucelle.
Leur vieux papa, pour rajeunir,
Donnerait une belle somme;
Sa jeunesse va revenir,
Il fait des œuvres de jeune homme.

Tout n'est pas bien : lisez l'écrit,
La preuve en est à chaque page,
Vous verrez même en cet ouvrage
Que tout est mal comme il le dit.

LA BOHÉMIENNE.

Pour connaître le sort des maîtres des humains,
Mon art ne m'est pas nécessaire ;
C'est sur le front des rois que je lis leurs destins :
L'oracle est sûr, et mon art doit se taire.
A l'aspect de ce jeune roi,
L'avenir se dévoile à mes yeux sans mystère ;
Son sort est d'être heureux, d'être aimable, de plaire,
Et tous les cœurs l'ont prédit avant moi.
Peuple, à qui sa présence est chère,
En ces lieux retenez ses pas ;
Un roi qu'on aime et qu'on révère
A des sujets en tous climats :
Il a beau parcourir la terre,
Il est toujours dans ses états (*).

(*) Ces vers furent chantés en présence du roi de Danemarck, pour lequel ils avaient été composés en 1768, pendant le séjour de ce monarque à Paris.

SUR L'ÉLECTION DE MM. LEMIERRE ET DE TRESSAN, A L'ACADÉMIE FRANÇAISE.

Honneur à la double cédule
Du sénat dont l'auguste voix
Couronne, par un digne choix,
Et le vice et le ridicule.

SUR LA TRAGÉDIE DE CORIOLAN, PAR LAHARPE, DONT LES COMÉDIENS DONNÈRENT UNE RÉPRÉSENTATION AU BÉNÉFICE DES PAUVRES, LE 3 MARS 1784.

Pour les pauvres la comédie
Donne une pauvre tragédie ;
Nous devons tous en vérité
Bien l'applaudir par charité.

LE SIÈCLE A DU CARACTERE.

L'histoire en a la preuve en mains,
C'est l'exemple qui fait les hommes.
Si Dieu renvoyait les Romains
Dans le pauvre siècle où nous sommes,

Caton tournerait à tout vent,
Lucrèce serait une fille,
Messaline irait au couvent,
Et Brutus même à la Bastille.

L'ABBÉ CHAULIEU ET LE CARDINAL BERNIS.

Chaulieu, disciple d'Epicure,
Et des grâces heureux amant,
Quand tu chantais si tendrement
Ces vers, enfans de la nature,
Qui t'inspirait? le sentiment.
O toi, qui veux suivre ses traces,
Abbé galant et délicat,
Dont les pinceaux donnent aux grâces,
Cet air coquet de ton état,
Qui t'inspire cette finesse,
Ces traits choisis, cet agrément,
Qui voilent le raisonnement,
Et font badiner la tendresse?
Tu me réponds : le sentiment.
Mais viens sur la verte fougère
Voir folâtrer cette bergère;
Quelle tendre simplicité!
Son amour lui sert de parure;
Il rend touchante sa beauté;
On la prendrait pour la nature
Sous les traits de la volupté.
Ne dis-tu pas : telle est la muse
De Chaulieu, cet aimable auteur;

Il me touche, lorsqu'il m'amuse ;
Son esprit ne parle qu'au cœur.
S'il tient en main sa tasse pleine,
Il est Bacchus, je suis Silène.
Lorsque sur les lèvres d'Iris,
Il cueille ces baisers humides,
Dont les plaisirs vifs et perfides
Suspendent tous les sens surpris,
Et livrent les nymphes timides
A leurs satyres enhardis,
Mon âme s'enivre avec elle,
Des torrens de sa volupté.
Je songe... Plus d'une beauté
Sait les nuits que je me rappelle.
S'il cesse d'être Anacréon,
Pour s'instruire chez Epicure,
Il détruit la demeure obcure
Où l'erreur voyait l'Achéron.
A sa voix mon cœur se rassure,
Et mes plaisirs bravent Pluton.
Plus froid, éblouis davantage;
Bernis, je vois dans ton ouvrage
Autant d'éclat et moins d'appas ;
Ton esprit obtient mon suffrage,
Mais mon cœur ne le donne pas.
Ta muse est l'adroite coquette
Qui sait placer un agrément,
Faire jouer un diamant,
Femme adorable, un peu caillette,
Toujours en habit arrangé,
Possédant l'art de la toilette,
Et redoutant le négligé.

LES JEUNES GENS DU SIÈCLE.

Beautés qui fuyez la licence,
Evitez tous nos jeunes gens ;
L'Amour a déserté la France
A l'aspect de ces grands enfans.
Ils ont, par leur ton, leur langage,
Effarouché la volupté,
Et gardé pour tout apanage
L'ignorance et la nullité ;
Malgré leur tournure fragile,
A courir ils passent leur temps ;
Ils sont importuns à la ville,
A la cour ils sont importans ;
Dans le monde en rois ils décident,
Au spectacle ils ont l'air méchant ;
Partout leurs sottises les guident,
Partout le mépris les attend.
Pour eux les soins sont des vétilles,
Et l'esprit n'est qu'un lourd bon sens ;
Ils sont gauches auprès des filles,
Auprès des femmes indécens.
Leur jargon ne pouvant s'entendre,
Si leur jeunesse peut tenter
Ceux que le besoin a fait prendre,
L'ennui bientôt les fait quitter.
Sur leurs airs et sur leur figure
Presque tous fondent leur espoir ;
Il font entrer dans leur parure
Tout le goût qu'ils pensent avoir.

Dans le cercle de quelques belles
Ils vont s'établir en vainqueurs ;
Mais ils ont toujours auprès d'elles
Plus d'aisance que de faveurs.
De toutes leurs bonnes fortunes
Ils ne se prévalent jamais,
Leurs maîtresses sont si communes,
Que la honte les rend discrets.
Ils préfèrent, dans leur ivresse,
La débauche aux plus doux plaisirs,
Et goûtent sans délicatesse
Des jouissances sans désirs.
Puissent la volupté, les grâces,
Les expulser loin de leur cour,
Et favoriser en leurs places
La gaîté, l'esprit et l'amour !
Les déserteurs de la tendresse
Doivent-ils goûter ses douceurs ?
Quand ils dégradent la jeunesse,
En doivent-ils cueillir les fleurs ?

VERS COMPOSÉS.

A L'OCCASION DE LA FÊTE DE M. DE VAUDREUIL.

Du patronage il faut chanter la fête :
A votre tour, Saint-Joseph, aujourd'hui
Qu'à vous louer ici chacun s'apprête !
Chacun de nous en vous trouve un appui.

Celui qu'on vit jadis en Galilée,
Benin mari, s'endormir en son lit,
Quand près de lui Marie, un peu troublée,
Dévotement cachait le Saint-Esprit,
N'est point le saint qu'aujourd'hui ma voix chante ;
J'aime l'hymen, mais je hais un mari,
Qui, sourd aux vœux d'une beauté touchante,
Dort aux transports d'un cœur qui le trahit.
Que l'innocent, armé de sa veruppe,
Joigne sans art les ais mal assortis
Du vieux sapin qui forme son échoppe,
J'en suis fâché : les grâces et les ris,
Par cette fente en sa couche introduits,
Des doux plaisirs allumeront l'amorce ;
Et son honneur, par le ciel compromis,
Piteusement reçoit plus d'un entorse.
Quoiqu'en ce monde il soit plus d'un Joseph,
Au vieux patron le mien point ne ressemble ;
De son honneur il a gardé la clef ;
Cornes au front pour lui font triste ensemble ;
Il n'est besoin, quand l'amour éveillé
Des voluptés ouvre l'ardente coupe,
Qu'un doux pigeon tout à coup révélé
Entre les draps se glisse et monte en poupe ;
Il n'est pour lui d'esprit si merveilleux,
Qu'il ne surpasse en exploits amoureux ;
Prompt sans désirs, il n'attend point qu'un autre
Cueille en son lieu la rose du plaisir ;
L'amour n'a point de plus ardent apôtre,
Et l'amitié de plus noble visir.
Chantons en chœur, amis, chantons la fête
De ce Joseph pour nous si précieux ;

Qu'à le louer chacun de nous s'apprête,
Qu'un gai refrain charme ce jour heureux.

. . . .

Docile aux vœux de son cœur éperdu
Amour pour lui fait de plus doux miracles,
Entre ses mains son arc toujours tendu,
D'un trait brûlant, perce tous les obstacles;
Et nul oiseau par l'amour alléché
N'est en son lit entre deux draps couché,
Sinon l'oiseau qui, d'une aile légère,
Message au bec, court au sein des hasards,
De Cythérée aimable messagère,
Porter au loin un billet doux à Mars;
Ou bien aussi le maître de l'aurore,
Qui, fier des feux dont son front se décore,
Avec orgueil chante, au sein de sa cour,
Les longs transports de son prodigue amour;
Ou bien l'oiseau que le bon La Fontaine
Met dans les mains de certaine beauté,
Quand tout à coup, de soupçons agité,
Auprès du lit où la belle incertaine
Rêve l'amour dont la réalité
Naguère encor parfumait son haleine;
Mère en courroux et respirant à peine,
Paraît et voit, dans ce simple appareil
De deux amans que charme le sommeil,
Sa fille aux bras d'un superbe jeune homme,
Beau comme Adam avant qu'il eût mangé
Le pepin vert de la première pomme;
Et près de lui, côte à côte rangés,
Les charmes nus de sa fille endormie,
Rêvant d'amour, d'espoir et d'insomnie.

MADRIGAL.

Elle est à moi, si parfaitement toute,
Qu'elle et nul autre en elle n'ont plus rien,
Et je n'aurai moins tort d'en faire doute,
Qu'elle a penser qu'on puisse être plus sien.
Aucun ennui n'a su troubler mon bien;
Rien qui m'afflige et rien que je redoute;
Hors qu'il me peine à me trop souvenir
D'un qui l'avait pour maîtresse choisie,
Et rien que mal n'a pu d'elle obtenir;
Mais mal et bien m'en doit appartenir,
Et du passé je suis en jalousie.

A M. DE M***,

Qui m'avait envoyé une Tasse de porcelaine avec un quatrain, où il me recommandait de ne pas imiter Diogène.

On boit commodément aux sources du Permesse
Dans ce brillant émail, présent de votre main.
   De feu Pibrac vous prêchez la sagesse,
   Mais vous tournez beaucoup mieux un quatrain.
      Votre morale très-humaine
Assure à vos conseils plus de succès qu'aux siens.
De suivre vos leçons vous donnez les moyens;
Jamais sage avant vous n'avait pris cette peine.

Je ne cours point après la pauvreté.
D'un cynisme orgueilleux c'est l'absurde manie ;
Il suffit de la voir avec tranquillité :
La souffrir, c'est vertu ; la chercher, c'est folie.
Ce fou de Diogène est trop sage pour moi :
J'aime sa fermeté, son mépris pour la vie ;
Mais son manteau percé ne m'irait point, je croi :
La besace est de trop, je n'ai point ce beau zèle ;
On est pauvre, on est sage, on est heureux sans elle ;
Sans la besace enfin je prétends au bonheur.
Ah! plaignez-le avec moi d'une plus triste erreur ;
Il n'avait point d'amis, ce n'est point là mon maître ;
J'aurais fui ce beau sage. Un ami, c'est mon bien ;
Mes vœux l'auraient cherché trop vainement peut-être,
Et sa lanterne, hélas! ne m'eût servi de rien.

VERS A M***.

Je serai quitte dans huitaine
De mon dramatique démon ;
Et je prétends, l'autre semaine,
Congédier ma Melpomène,
Et voir ta petite maison.
De ta charmante Madelaine
La fête approche, me dit-on ;
Embrasse pour moi sans façon
Cette aimable et tendre chrétienne ;
Fais-lui, de grâce, un beau sermon
Sur son goût pour la pénitence ;

Détourne-la de l'abstinence ;
De la table cours dans ses bras,
Et mets-lui sur la conscience
Tous les péchés que tu pourras.
De ma morale un peu friponne
Peut-être tu t'étonneras ;
J'en rougis, mais il est des cas
Où ma gravité m'abandonne :
Quelquefois même je soupçonne
Qu'Aristippe vaut bien Zénon,
Et qu'après tout, le vieux Caton
Eut moins de plaisir que Pétrone.

A MADAME ***,

SUR UNE LOTERIE.

J'ose espérer quelque bonheur :
Votre nom, si cher à mon cœur,
Doit être cher à la fortune.
Pour vaincre sa haine importune,
Mon nom peut-il mieux s'assortir ?
De nos désirs elle se joue ;
Mais si l'Amour tournait la roue,
Je verrais le vôtre en sortir.
Ah ! pourquoi de la loterie
L'Amour n'est-il pas directeur !
Il saurait, adroit imposteur,
Par une aimable tricherie,
Vous soustraire à l'étourderie
Du hasard, autre escamoteur,

Dont on adore les caprices ;
Des destins, par vous plus propices,
Je partagerais la faveur :
Pour être heureux selon mon cœur,
Il faut l'être sous vos auspices.

A CELLE QUI N'EST PLUS.

Dans ce moment épouvantable,
Où des sens fatigués, des organes rompus,
La mort avec fureur déchire les tissus,
Lorsqu'en cet assaut redoutable
L'âme, par un dernier effort,
Lutte contre ses maux et dispute à la mort
Du corps qu'elle animait le débris périssable ;
Dans ces momens affreux où l'homme est sans appui,
Où l'amant fuit l'amante, où l'ami fuit l'ami,
Moi seul, en frémissant, j'ai forcé mon courage
A supporter pour toi cette effrayante image.
De tes derniers combats j'ai ressenti l'horreur ;
Le sanglot lamentable a passé dans mon cœur ;
Tes yeux fixes, muets, où la mort était peinte,
D'un sentiment plus doux semblaient porter l'empreinte,
Ces yeux que j'avais vus par l'amour animés,
Ces yeux que j'adorais, ma main les a fermés !

IMITÉ DE L'ANTHOLOGIE.

Vénus sortait des bras de son amant :
Une agraffe de sa cuirasse
Au bras de la déesse a laissé quelque trace.
Diane vint, et méchamment,
Aux Dieux, par un seul mot, découvrit le mystère.
Voyez, dit-elle avec douceur,
Voyez comment un téméraire,
Un Diomède encor ose blesser ma sœur !

A MADAME ***.

On ne vit qu'à trente ans : tel est votre système ;
C'est celui de mon cœur depuis que je vous aime.
Mes plus chers souvenirs, mes momens les plus doux,
Me laissent le regret d'avoir vécu sans vous :
J'ai connu des plaisirs et j'ai perdu ma vie.
Elle commence à vous ; elle est à son printemps :
Un sentiment de vous m'a rendu mes beaux ans.
Possédez à jamais mon âme rajeunie.
Vos grâces, votre esprit, vos vertus, vos talens,
Eterniseront mon ivresse ;
Elle épure mes sentimens ;
Et le délire de mes sens
Est approuvé par la sagesse.

A MADAME ***,

EN LUI ENVOYANT UN CHIEN.

Vous l'aimerez ; il passera sa vie
    A vos pieds ou sur vos genoux ;
Près du chevet peut-être... Ah ! je lui porte envie
Sur les soins d'adoucir les tourmens d'un jaloux.

MOTIFS DE MON SILENCE.

Je touche au midi de mes ans,
Et je me dois tous mes instans
Pour jouir, non pour faire un livre.
Ami, penser, sentir, c'est vivre :
Ecrire, c'est perdre du temps.

IMITATION DE MARTIAL.

J'ai fui loin de la ville, Ariste, et pour jamais :
J'ai vu votre surprise, et je vous la pardonne.
Quitter Rome et ses jeux, son cirque, son palais!
Tout Romain de nos jours, en pareil cas, s'étonne.
Ecoutez mes raisons ; vous jugerez après.
Dans Rome, l'or payait mon étroit domicile :
Sans frais, j'ai dans les champs agrandi mon asile.

Une cendre économe, en mon humble foyer,
Réprimait la chaleur d'un ruineux brasier :
Ici la flamme brille, et le chêne et le hêtre
Pétille impunément dans un âtre champêtre.
Chez vous, à chaque pas, ma bourse décroissait ;
Chacun de mes besoins, vivre m'appauvrissait :
Du luxe de mon champ ma table est décorée ;
De mon rustique habit j'admire la durée.
Pour chercher vos plaisirs et quelquefois l'ennui,
On me vit me contraindre et dépendre d'autrui ;
Je dépens de moi seul pour être heureux et sage,
Et j'ai fait loin des cours ma fortune au village.
Cultivez donc les grands : demandez-leur en vain,
Ce qu'en changeant de lieu vous obtenez soudain !

AUTRE DU MÊME.

J'AI dit, belle Aglaé, partout et constamment,
Que Cléon, votre ami, n'était point votre amant ;
  Et j'avais presque dans le monde
  Établi mon opinion ;
Mais, votre mari mort, vous épousez Cléon :
  Que voulez-vous que je réponde ?

AUTRE DU MÊME.

RECHERCHÉ par les grands, invité par les belles,
Vous négligez peut-être un peu trop l'amitié,
 Qui vaut mieux qu'eux, qui vaut mieux qu'elles :
Vous le disiez jadis, vous l'avez oublié.

Adieu : jouissez bien de toute votre gloire ;
Brillez dans les salons ; réussissez, plaisez,
Gardez-vous cependant de vous en faire accroire ;
On ne vous aime point, Damis : vous amusez.

MORALITÉ.

Brillante et vaine ambition,
Et vous, gloire, émulation,
Que l'on vante et qu'on déifie,
Vous êtes l'honorable nom
Et de l'orgueil et de l'envie :
Du cœur vous êtes le poison,
Et le tourment de notre vie.

ÉPIGRAMME.

J'aimai Damis dès ma jeunesse :
Zèle, bienfaits, soins délicats,
Ont prouvé pour lui ma tendresse ;
Eh bien ! Damis ne m'aime pas.
Il me voit ; il m'écrit, me loue :
Je me plaindrais injustement.
Jamais personne, je l'avoue,
Ne fut ingrat si décemment.

AUTRE.

Un théologien expert,
Célèbre par le syllogisme,
Prétendait convertir Robert,
Et le guérir de l'athéisme.
Mais voyez à quoi cela sert?
C'est beaucoup que le bon Robert
Veuille se réduire au déisme,
Encore dit-il qu'il y perd.

SUR UN MARI.

L'heureux époux! que son sort est charmant!
Il est trompé, si bien, si finement!
Il est si sûr de sa tendre Égérie,
Que, si l'hymen s'engage avec serment
A m'accorder le même aveuglement,
Sur mon honneur, demain je me marie.

VERS

MIS AU BAS DU PORTRAIT DE MIRABEAU.

Peintre de Frédéric, il a jugé ses lois,
Et soumis l'héroïsme à la philosophie.
Chez nous, vengeur du peuple, il sert, par son génie,
L'humanité, l'état, peut-être tous les rois.

VERS

A METTRE AU BAS DU PORTRAIT DE D'ALEMBERT.

Je change, à mon gré de visage.
Je deviens tour à tour d'Angeville, Poisson,
Rimeur (*), historien (**), géomètre, bouffon (***);
Je contrefais même le sage (****).

ÉPIGRAMME CONTRE LAHARPE.

Ce cher Laharpe, il ne siégera pas,
Comme Gaillard, dans le fauteuil à bras.
J'en suis fâché; sa fortune était faite.
— Faite! Et comment? — Cent jetons partagés
Sur un tapis entre tant d'agrégés,
C'est pour chacun si modique recette!
Et puis on court après ces jetons. — Oui;
Mais dès l'abord on aurait du confrère
Vu tout l'orgueil, le fiel, le caractère:
Il restait seul; la bourse était à lui.

(*) M. d'Alembert faisait alors des vers.

(**) Les Mémoires de la reine Christine.

(***) On connaît les talens de M. d'Alembert pour contrefaire.

(****) Il y a sans cesse dans les ouvrages de d'Alembert : Lesage fait ceci ou cela.

AUTRE CONTRE LE MÊME.

Mon pauvre ami, te voilà bien confus
De voir qu'enfin chez les quarante élus
Tu ne pourras jamais prendre ton somme.
— Confus! pourquoi? Mes talens sont connus;
Avec éclat sans cesse on me renomme
Dans mon Mercure; et si je suis exclus,
C'est simplement, relisez les statuts,
C'est simplement qu'il faut être honnête homme.

AUTRE CONTRE LE MÊME.

Depuis un temps Laharpe a des aïeux :
Surcroît d'orgueil. Le vitrier, son frère,
En est blessé ; moi, je suis furieux,
Bien moins pourtant que la limonadière.
Eh! mon ami, baisse les yeux sur moi :
Ma race est neuve, il est vrai ; mais qu'y faire ?
Dieu ne m'a point accordé, comme à toi,
Près de trente ans pour bien choisir mon père.

LE ROI DE DANEMARCK

EN PARTANT DE PARIS.

Triste Paris, que tu m'assommes
De vers, de soupers, d'opéras !
Je suis venu pour voir des hommes :
Rangez-vous, messieurs de Duras.

A UNE FEMME

Qui prétendait que ses amis ne s'occupaient pas d'elle.

Tous vos amis songent à vous, Hortense ;
Plus d'un voudrait peut-être y penser moins souvent;
Mais vous devez, je crois, la préférence
A celui-là qui rêve en y songeant.

LE PALAIS DE LA FAVEUR,

ALLÉGORIE EN VERS ET EN PROSE.

J'AIME, vous le savez, les promenades solitaires; et vous, mon ami, vous aimez les rencontres qu'elles me procurent, les récits que je vous en fais, les rêveries même qu'elles m'occasionnent. Prose, vers, séparés ou confondus, tout est bien reçu de vous; tout vous convient également. Il ne me faut rien moins que cet excès d'indulgence et l'amitié qui en est la source, pour m'engager à vous écrire ces bagatelles. Écoutez le récit de ma dernière aventure.

Je m'étais assis au pied d'un arbre, dans le carrefour de la forêt de***, le moins fréquenté, et que cependant je connaissais. J'aperçus un sentier qui me parut charmant; je me levai pour le suivre, persuadé qu'il me conduirait à un lieu plus délicieux encore. Je le suivis assez long-temps : le marcher était doux; et c'est ce qui me faisait poursuivre, malgré la variété des détours qui sans doute ont fait abandonner cette route. Le terme où elle conduit est très-désiré, et l'on cherche à y arriver le plutôt possible. J'arrivai enfin au bout de ce sentier, et je me trouvai dans une avenue superbe qui conduisait à un palais dont l'éclat m'éblouit. Je vis de loin une foule innombrable qui remplissait les cours. Je crus qu'il y avait une fête : ma conjecture était d'autant plus fondée, que, dans ce tumulte et cette confusion, je ne distinguai, ni n'entendis aucune marque de joie. Quelle que fût cette fête, je voulus en avoir ma part, et je cédai à cet instinct de curiosité qui maîtrise presque tous les hommes, et souvent les philosophes plus que les autres. J'eus beaucoup de peine à pénétrer, à me faire jour à travers la foule. Des gens plus pressés que moi me poussaient, me heurtaient, me frappaient même presqu'à dessein, et se précipitaient pour passer les premiers : il est vrai qu'ils se trouvaient ensuite renversés ou écartés par d'autres plus forts et plus adroits. Cet empressement général redoublait ma curiosité; mais je craignais bien de ne pouvoir la satisfaire, lorsque je me sentis enlevé et comme porté sur les marches du palais, par un flot impétueux, qui me fit courir de grands risques, mais qui m'abrégea la moitié du chemin. Je me dégageai de ce chaos et voulus entrer pour m'asseoir.

Le garde qui était dans l'intérieur m'aborda, et me demanda ce que je voulais. « Hélas ! rien, lui répondis-je du ton d'un homme fatigué.—Dans le lieu où vous êtes, me dit-il, on ne croit plus à cette réponse.—Eh bien ! monsieur, lui répliquai-je, ce que je demande, c'est un peu de repos. — Ce n'est pas non plus ce que l'on vient chercher ici, et je doute que vous puissiez le trouver. Cependant, asseyez-vous ; mais si vous ne désirez que la tranquillité, n'attendez pas le retour de ma maîtresse.—Eh puis-je, monsieur, vous demander qui elle est, lui dis-je très-poliment ? — Elle se nomme Faveur. — En quoi votre maîtresse pourrait-elle troubler mon repos ? — Monsieur paraît étranger ? — Je le suis à beaucoup de choses, à presque tout.—C'est de bien bonne heure, me répliqua-t-il : » et il me regarda bien fixement. Je ne sais si ma figure lui plut ; mais prenant un air plus ouvert et plus poli : «Faites-moi l'honneur de me suivre, me dit-il ; je veux vous faire voir les appartemens de ma maîtresse. » Je le suivis ; il ouvrit une porte, et je fus ébloui à la vue de toutes les merveilles qui s'offrirent à mes yeux. J'avançai ; et, après m'être livré à ma surprise, je regardai mon guide. «Tout ceci est magique, lui dis-je. — Point du tout, me répondit-il ; tous ces chefs-d'œuvres sont réels, mais faux. Sortons vite, si vous voulez que l'effet ne soit pas détruit dans quelques instans. » Je m'approchai tour à tour de la tapisserie, des meubles, des cristaux, des lustres ; tout était faux. L'or, l'argent n'en avaient que l'apparence ; les broderies n'étaient que de vaines découpures ; les cristaux, les diamans n'étaient que des verres à facettes ; et la perspective du fond de l'appartement, une perspective trompeuse, telle qu'on en voit sur nos théâtres ; les coussins, les lits, les sophas sont formés de roses amoncelées à la hâte, et dont on a oublié d'arracher les épines.

« Eh ! monsieur, dis-je à mon conducteur, que faites-vous ici ? — Je n'y suis, me répondit-il, que par hasard ; j'y remplis la fonction d'un ami absent que rien ne peut détromper, et qui a vieilli auprès de Faveur dans un service assez ingrat. Je vous parlerai d'elle avec une liberté qu'il ne me permet pas, et qui a pensé me brouiller avec lui. Tout ce que vous voyez ici de faux et de frivole, est l'emblême de son caractère et de son esprit. Coquette et inconstante, elle vous recherche et vous rebute l'instant d'après. Importune, c'est elle qui pourtant fuit la première. Dans son âme comme dans son palais, tout est joué, tout est trompeur, sa beauté, sa bonté même ; mais elle a des grâces dont l'attrait est presque invincible.

> On ne sait quel enchantement
> Vers elle en secret vous attire,
> Et remplit l'âme en un moment
> D'un crédule ravissement,

Qui devient ivresse ou délire.
Sans pouvoir se faire estimer,
Elle a su fonder son empire
Sur tous les moyens de séduire,
Hors toutefois celui d'aimer.
Aimer est pour elle impossible ;
Mais elle sait le feindre, hélas !
Et c'est le charme irrésistible
Qui nous enchaîne sur ses pas.
Oui, dans un profil trop rapide,
Soit naïf, soit étudié,
Souvent elle offre à l'œil timide
Une ressemblance perfide,
Faut-il dire ? avec l'amitié.
Ce faux air, cette vaine image
Commence la séduction ;
La vanité nous encourage,
Et complète l'illusion ;
On se croit heureux, presque sage,
En voyant que l'opinion
Complimente votre esclavage.
Mais l'erreur dure-t-elle ? Oh ! non.
Bientôt sur le pâle horizon
Vont se ternir, et c'est dommage,
La pourpre et l'or de ce nuage
Où votre imagination
Voyait briller un doux rayon ;
Votre bonheur et son ouvrage,
Tout disparaît ; et la raison
Ne voit plus qu'un froid paysage,
Ornement de votre prison. —

» De votre prison ! m'écriai-je. — Oh ! monsieur, je ne veux point être emprisonné. » Mon guide ne put s'empêcher de rire de ma terreur. « Fuyez donc, me dit-il, et craignez que ma maitresse ne vous voie. — Quelle étrange idée ! Craignez-vous qu'elle ne me prenne pour un des objets de son caprice ? — Pourquoi non ? — Mais, monsieur, d'où vient n'avez-vous pas cette crainte pour vous-même ? — Elle m'a vu, croit me connaître : et c'est assez pour elle. Mais vous êtes pour ses yeux un objet nouveau, il n'en faut pas davantage. — Soyez tranquille ; je veux la voir, et la verrai sans être aperçu. — Mais savez-vous qu'on se fait souvent une peine de ne pas l'être ? — Pour moi, je ne m'intéresse pas aux chagrins de cette espèce. — Vous êtes un philosophe, je le vois ; et ce que j'aime encore mieux, un philosophe gai ; mais, après tout, seriez-vous le premier sage qui eût été pris à ce piége ? — Non, mais je ne serais pas non plus le premier qui s'en fût garanti. — J'entends : vous voulez risquer l'aventure, pour avoir l'honneur attaché au triomphe d'un refus. — Peut-être ne suis-je pas insensible à cette gloire : je suis jeune encore ; il faut me pardonner ce petit amour propre. — Jeune sage, prenez garde, me répliqua mon guide :

> Affronter la tentation,
> C'est manquer de philosophie ;
> La sagesse veut que l'on fuie ;
> Mais de la cour, hélas ! fuit-on,
> Sinon quand le roi vous en prie ? »

J'allais répondre, lorsque j'entendis un grand mouvement dans la salle des gardes ; et je crus, je dis même à mon conducteur que sans doute c'était la princesse. Il ne fit que détourner la tête ; et à la sorte de tumulte qu'il entrevit : « Non, me dit-il, ce n'est que Lætitia, sa favorite. — Peut-on vous demander quel est son genre d'esprit, sa tournure?.. — Ne le devinez-vous pas, me dit-il? Au reste, peut-être que non. C'est un caractère assez singulier :

> Son air est vif et sémillant ;
> Son esprit ne plaît qu'en surface ;
> Son âme est un cristal mouvant
> Où tout brille, change et s'efface ;
> Son crédit, comme elle inconstant,
> Naît, meurt, et revit par instant.
> Jamais elle n'est en disgrâce,
> Jamais en faveur pleinement.
> Mais qu'elle amuse un seul moment,
> Il n'est honneur, titre, ni place,
> Qu'elle n'enlève lestement.
> Rien ne l'émeut, ne l'embarrasse ;
> On la traite légèrement,
> Au ton du jour elle se plie ;
> Dame ou soubrette, elle est ravie :..
> Nouvel emploi, nouveau talent,
> Soit calcul, routine ou folie,
> Son rôle, qui monte ou descend,
> Comme lui la diversifie.
> Son désir le plus permanent
> N'a l'air que d'une fantaisie

Dont elle-même rit souvent,
Dont l'insuccès serait plaisant :
Et le succès la justifie.
Égoïste avec enjoûment,
Despotique avec bonhomie,
On la voit, ou brusque ou polie,
Vous gouverner obligeamment,
Vous obliger étourdiment :
Elle est tout ou rien, par saillie,
Vous nuit, vous fête, vous oublie,
Mais toujours agréablement :
Oh ! c'est une femme accomplie,
Qui nous restera sûrement.

Enfin la princesse parut, suivie de son brillant cortége ; je reconnus aisément Lætitia, à l'air folâtre et familier dont elle aborda sa souveraine. Faveur, tout en regardant de côté et d'autre avec des yeux caressans qui semblaient prodiguer les promesses et ne donnaient que des espérances, lui fit un petit signe d'amitié, à peu près pareil à celui dont on accueille un joli épagneul. Lætitia en fut ravie ; le ministre en fut jaloux ; et, s'approchant de la princesse, il lui parla à l'oreille. « Oui, oui, lui dit-elle sans l'avoir entendu ; tout ce qu'il vous plaira. Retirez-vous ; votre temps est trop précieux. » Ce dernier mot le charma ; et il regarda tout autour de lui les nombreux témoins de sa gloire. Faveur traversa ensuite deux lignes composées de femmes du plus haut rang (autant que je pus en juger), et qu'elle ne regarda point, attendu qu'elles étaient pour la plupart assez vieilles. Ces dames n'en parurent pas surprises autant que je l'aurais cru, ce que j'attribuaï moins à leur philosophie qu'à l'habitude de se voir négligées. Tout en avançant, Faveur approchait du groupe dont je faisais partie ; ma figure n'a rien qui provoque l'attention, mais elle lui était inconnue : c'est sans doute ce qui m'attira ses regards. Elle fit quelques pas pour venir vers moi. Alors la foule de ses esclaves se sépara pour me faire place. Je m'avançai, mais sans cet empressement étourdi qui seul flatte la vanité de Faveur. Sa coquetterie en fut redoublée. Elle me dit que, dans un moment, elle m'inviterait à passer dans son cabinet ; et elle se remit à parcourir la salle d'assemblée.

Aussitôt la foule, qui, deux heures auparavant, avait pensé m'étouffer, fut à mes pieds ; on me demanda mes ordres, et chacun de ces inconnus s'efforçait d'être remarqué de moi. Un moment après, Faveur me fit appeler, me fit asseoir auprès d'elle. C'est alors que je sentis tout l'empire de sa séduction. Elle prétendit me connaître par la renommée, me dit qu'elle voulait me fixer à sa cour. Ce qu'il y a d'inconcevable, c'est que ses discours me flattaient ; mais comme j'hésitais dans mes réponses, elle me dit : «Ne jugez pas de moi sur les bruits qu'on s'efforce de répandre ; je vaux mieux que ma réputation. Obligée par état d'être la dispensatrice des grâces, je suis quelquefois condamnée à paraître oublier mes amis, à paraître inconstante et frivole : ce qui me fait une peine affreuse ; car, dans le fond, je suis très-solide. Et puis les peines attachées à ma place, l'ennui qui me tourmente...—L'ennui, m'écriai-je avec un air étonné ! — Eh ! sans doute. Voyez cette foule importune ! et les affaires ! et Tædiosus, mon ministre, qui m'assomme, à qui j'accorde tout pour m'en défaire ! Il est si ennuyeux, que je suis quelquefois tentée de lui céder l'empire ; mais on m'assure que cela aurait des inconvéniens.—Ne serait-il pas plus simple, lui dis-je, de le renvoyer ? — Le renvoyer, s'écria-t-elle ! cela est impossible !—Comment ! dis-je, il ne s'en irait pas ? » Un grand éclat de rire fut la réponse de Faveur. « Mon dieu, dit-elle, que cela est plaisant ! Vous êtes très-aimable ; je prévois que vous me deviendrez nécessaire ? Quand vous verrai-je ? Demain, je m'imagine, n'est-ce pas ?—Madame, on ne vous a jamais fait sa cour pour une fois seulement. —Adieu, dit-elle : ne me manquez point de parole, je compte sur vos soins. » Je la saluai respectueusement, et je me retirai par un escalier qui se trouva sur mon chemin, et qui rendait dans les cours. Je recueillis mes esprits au grand air. Je regrettai de n'avoir pas revu mon garde, pour jouir à ses yeux de ma victoire : tant il est vrai qu'après la vanité vaincue, il reste à vaincre l'amour propre, triomphe plus rare et bien plus difficile, s'il n'est même tout à fait impossible.

Ce fut avec un plaisir bien vif que je me vis

hors de ce pays, où, pour obtenir des grâces, il faut ennuyer ou amuser, être le digne rival de Tædiosus ou de Lætitia, sans caractère, sans dignité, ne sentir, ni n'inspirer soi-même nul véritable intérêt. Avec quel empressement je gagnai ma maison ! J'y étais attendu, ce qui n'arrive à personne dans le lieu d'où je sortais. Mon asile me parut plus riant, mon jardin plus délicieux, le sourire d'une femme aimable animé d'une grâce plus touchante. D'où naissait dans mon âme ce surcroît d'attendrissement et de bonheur ? Après en avoir goûté le charme, j'en cherchai malgré moi la cause, et je crus l'avoir trouvée.

> Peut-être la triste imposture
> Des biens qu'offre la vanité,
> Montre mieux la réalité
> De ceux que la raison procure.
> Peut-être, ouverte au sentiment,
> L'âme alors, plus simple et plus pure,
> S'abandonne plus aisément
> Au doux besoin d'épanchement
> Qui nous ramène à la nature.

Adieu, mon ami : le même intérêt qui nous ramène à la nature, nous rappelle aussi vers l'amitié.

LETTRES DIVERSES.

LETTRES DIVERSES.

LETTRE PREMIÈRE.

A MADAME DE ***.

Je me suis douté, madame, en recevant votre billet et avant de l'ouvrir, qu'il m'arrivait malheur ; et c'était pour moi une nouveauté d'ouvrir un billet de vous avec chagrin. Je comptais faire ce soir mon entrée dans mon nouvel établissement d'Auteuil ; mais ayant différé de deux jours, pour vous faire ma cour avant mon départ, il faut bien que je diffère de deux autres, pour que les deux premiers ne soient pas perdus. Je crois ce sentiment-là plus honnête que celui qui fait courir les joueurs après leur argent ; mais, dans le fond, il est à peu près du même genre.

Ce sont plusieurs de mes amis qui sont cause que je viens me cacher quelque temps à la campagne dans un mauvais temps. Croirez-vous que c'est pour travailler, pour finir ces épîtres de Ninon (*) sur lesquelles on ne cesse de m'impatien-

---

(*) Ces épîtres ont été égarées, ainsi que d'autres papiers, à la mort de l'auteur. Cette perte est probablement sans ressource ; car les recherches les plus exactes n'ont pu nous les procurer.

ter? N'est-il pas ridicule d'aller vivre sagement pour écrire des folies? Etre fou de sang froid ou par réminiscence, cela n'est-il pas bizarre? Voilà l'inconvénient de dire à ses amis les choses sur lesquelles on travaille. On ne m'y reprendra plus. Etre exposé à finir ce que je commence, à mettre de l'ordre dans mes caprices : cela me paraît un peu dur, et je n'en serai plus la dupe.

Je ne vous parle plus, madame, de mon respect ni de ma tendre amitié, qui dureront autant que moi.

LETTRE II.

A......

Voilà donc, mon cher ami, comme vous vous conduisez, vous que je croyais la raison, la prudence, la sagesse même! A qui se fier, après ce que je sais de vous? et sur qui compter désormais? On vous ordonne la plus grande modération dans l'usage de la pensée ; et madame M..... m'a dit qu'elle avait reçu de vous une lettre charmante et pleine d'esprit, ce sont ces termes ; je n'exagère rien, et je suis bien éloigné de vous chercher des torts. Vous ne pouvez pas la récuser non plus. Elle vous aime, elle a de la candeur, et est à mille lieues de toute espèce de médisance, à plus forte raison de calomnie.

Une lettre charmante et pleine d'esprit! est-il possible? Quoi! c'est vous qui vous permettez de pareils excès! On est tranquille sur votre compte; et tout d'un coup voilà une infraction de régime qui vient effrayer vos amis. Si madame M...... eût dit simplement une lettre charmante, je dirais: cela peut se passer, peut-être le mal n'est-il pas si grand qu'on le fait. Vingt fois j'ai entendu dire: c'est un ouvrage charmant; et, à la lecture, j'ai vu que rien n'était plus faux: mais plein d'esprit, c'est là ce qui est une faute absolument impardonnable. Je ne vous cache pas que je me crois obligé d'en faire avertir M. Tronchin, qui ne plaisante point dans ces cas-là, et qui saura vous en dire son avis. De l'esprit! vous n'ignorez pas combien la pensée est nuisible à l'homme; que, par cette raison, il n'y a presque pas d'homme qui pense la vingtième partie de sa vie; que vous même, pour avoir pensé seulement la moitié de la vôtre, vous vous en trouvez très-mal: et voilà que, non seulement vous pensez, mais même vous osez avoir de l'esprit. Vous savez qu'en pleine santé même, il ne fait pas sûr de se donner cette licence; que l'esprit entraîne de grands inconvéniens à la ville, à la cour; et c'est vous..... Je n'en reviens pas. Bon dieu! à quoi sert la philosophie? Je ne m'y connais point; mais je soupçonne qu'il y a, entre penser et avoir de l'esprit, la même différence qu'il y a entre marcher et courir; et, si cela est vrai, jugez combien vous êtes coupable.

Vous allez me répliquer que vous avez beaucoup d'amitié pour madame M......; qu'au moment où vous avez pris la plume pour répondre à sa lettre, le sentiment a éveillé l'esprit chez vous. Je sais qu'il y en a des exemples; que ce genre d'esprit est le meilleur, le plus rare et le plus aimable; et que vous pouvez être dans ce cas: mais, de bonne foi, pensez-vous que cette excuse me rassure et me satisfasse? D'abord, il s'agirait de savoir si M. Tronchin vous permet le sentiment. Cela m'étonnerait beaucoup dans un médecin aussi habile, et qui connaît si bien la nature. Je doute très-fort qu'il vous ait rien prononcé là-dessus; et vous êtes trop honnête pour le compromettre avec la faculté. On sait assez que le sentiment est presque aussi malsain que l'esprit; et quoiqu'on soit dans l'habitude de le contrefaire et de le jouer encore davantage, parce que la chose est beaucoup plus facile, vous voyez que, dans le vrai, on se le permet assez rarement. Il est donc clair, mon cher ami, que votre excuse ne serait qu'une défaite; et, au fond, je ne vois pas comment vous vous en tirerez.

La faute où vous venez de tomber d'une façon si humiliante, m'a fait revenir sur le passé, comme il arrive en pareil cas; et je me suis rappelé que les deux dernières fois que j'ai eu le plaisir de vous voir, il s'en fallait bien que vous ne fussiez net; et même je me souviens de quelques réflexions un peu vigoureuses ou piquantes qui doivent nécessairement prendre sur la machine. J'ai songé alors que vous étiez assez mal environné; que mademoiselle Thomas, outre son esprit, ayant encore celui qui naît du sentiment, peut très-fréquemment redoubler chez vous les crises de ces deux facultés : ce qui ne saurait manquer de vous faire beaucoup de tort. Il ne faut pas croire que je sois non plus sans inquiétude sur M. Ducis. Ceux qui ne connaissent que son talent tragique, ne savent à quel point il est dangereux pour vous, et de combien de façons il peut vous nuire, par sa conversation forte, animée et attachante. Vous ne connaissez point, je crois, madame Helvétius; je sais, du moins, que vous n'allez point chez elle : j'en suis enchanté pour vous.....

LETTRE III.

A....

20 Août 1765.

JE crois assez connaître votre âme, mon cher ami, pour pouvoir vous donner des conseils utiles à votre bonheur. Garantissez-vous de tout sentiment vif et profond. J'ai remarqué que toutes les fois que vous êtes vivement affecté de quelque chose, vous tombez dans un chagrin qui n'est point cette douce mélancolie si délicieuse pour ceux qui l'éprouvent. De plus, les travaux rendent la gaîté nécessaire à votre santé. Quand un sentiment profond vous rendrait heureux, du moins est-il certain qu'il ne vous délasserait pas, et vous avez besoin d'être délassé. Ne craignez pas de perdre par là cette sensibilité nécessaire à l'homme de lettres ; vous en avez reçu une trop grande dose : rien ne peut l'épuiser. La lecture des excellens livres l'entretiendra davantage, sans exposer votre âme à ces secousses violentes qui l'accablent, lorsque des nœuds qui nous étaient chers viennent à se briser.

Ne donnez jamais à personne aucun droit sur vous. La roideur de votre caractère pouvant par la suite vous forcer à cesser de les voir, vous aurez l'air de l'ingratitude. Tenez tout le monde poliment à une grande distance. Prosternez-vous pour refuser. Je crois à l'amitié, je crois à l'amour : cette idée est nécessaire à mon bonheur : mais je crois encore plus que la sagesse ordonne de renoncer à l'espérance de trouver une maitresse et un ami capables de remplir mon cœur. Je sais que ce que je vous dis fait frémir : mais telle est la dépravation humaine, telles sont les raisons que j'ai de mépriser les hommes, que je me crois tout à fait excusable.

Si quelqu'un était naturellement ce que je vous conseille d'être, je le fuirais de tout mon cœur. Est-on privé de sensibilité ? on inspire un sentiment qui ressemble à l'aversion ; est-on trop sensible ? on est malheureux. Quel parti prendre ? celui de réduire l'amour au plaisir de satisfaire un besoin spontané, en se permettant tout au plus quelque préférence pour tel ou tel objet. Réduire l'amitié à un sentiment de bienveillance proportionné au mérite de chacun, c'est le parti que prit Fontenelle, qui avait toujours les jetons à la main. Vous êtes né honnête; je suis sûr que vous ne pousserez pas cette défiance trop loin. Tout ceci se réduit à dire que votre âme ne doit jamais être inséparablement attachée à l'âme de personne, qu'il faut apprécier tout le monde, et remplir tous les devoirs de l'honnête homme, et même de l'homme vertueux, d'après des idées justes et déterminées, plutôt que d'après des sentimens, qui, quoique plus délicieux, ont toujours quelque chose d'arbitraire.

C'est par le travail seul que vous échapperez à l'activité de cette âme qui dévore tout. Le temps que vous emploîrez chez vous sera pris sur celui que vous perdriez dans le monde, où vous vous amusez si peu; où vous portez le sentiment toujours pénible de la supériorité de votre âme et de l'infériorité de votre fortune; où vous trouvez des raisons de haïr et de mépriser les hommes, c'est-à-dire, de renforcer cette mélancolie à laquelle vous êtes déjà trop sujet, qui vous met souvent de mauvaise humeur, et qui vous expose quelquefois à vous faire des ennemis. La retraite assurera en même temps votre repos, c'est-à-dire, votre bonheur, votre santé, votre gloire, votre fortune et votre considération.

Vous aurez moins d'occasions de vous permettre ces plaisirs qui, sans détruire la santé, affaiblissent au moins la vigueur du corps, donnent une sorte de malaise, et détruisent l'équilibre des passions.

La considération de l'homme le plus célèbre tient au soin qu'il a de ne pas se prodiguer. Ayez toujours cette coquetterie décente qui n'est indigne de personne. Votre gloire y gagnera aussi : l'emploi de votre temps l'augmentera nécessairement, et, par la même raison, votre fortune ; car, croyez-moi, ne comptez jamais que sur vous.

Il y a encore une chose que je ne saurais trop vous recommander, et qui vous est plus difficile qu'à un autre, c'est l'économie. Je ne vous dis pas de mettre du prix à l'argent, mais de regarder l'économie comme un moyen d'être toujours indépendant des hommes, condition plus nécessaire qu'on ne croit pour conserver son honnêteté.

LETTRE IV.

A MADAME DE S...

Quoi, madame, vous avez eu la bonté d'aller voir mon nouveau taudis! Je vous reconnais bien là. Vous êtes contente de mon logement ; mais moi, je ne le suis point : je m'y prends trop tard pour me loger près de la rue Louis-le-Grand.

Madame de Grammont est partie depuis le commencement du mois. Il me serait impossible de désirer autre chose que ce que j'ai trouvé en elle; et nous avons fini encore mieux que nous n'avions commencé. J'ai toutes sortes de raisons d'être enchanté de mon voyage de Barège. Il semble qu'il devait être la fin de toutes les contradictions que j'ai éprouvées, et que toutes les circonstances se sont réunies pour dissiper ce fond de mélancolie qui se reproduisait trop souvent. Le retour de ma santé, les bontés que j'ai éprouvées de tout le monde; ce bonheur, si indépendant de tout mérite, mais si commode et si doux, d'inspirer de l'intérêt à tous ceux dont je me suis occupé; quelques avantages réels et positifs, les espérances les mieux fondées et les plus avouées par la raison la plus sévère, le bonheur public et celui de quelques personnes à qui je ne suis ni inconnu ni indifférent, le souvenir tendre de mes anciens amis, le charme d'une amitié nouvelle mais solide avec un des hommes les plus vertueux du royaume, plein d'esprit, de talent et de simplicité, M. Dupaty, que vous connaissez de réputation; une autre liaison non moins précieuse avec une femme aimable que j'ai trouvée ici, et qui a pris pour moi tous les sentimens d'une sœur; des gens dont je devais le plus souhaiter la connaissance, et qui me montrent la crainte obligeante de perdre la mienne; enfin, la réunion des sentimens les plus chers et les plus désirables: voilà ce qui fait, depuis trois mois, mon bonheur ; il semble que mon mauvais génie ait lâché prise ; et je vis, depuis trois mois, sous la baguette de la fée Bienfaisante.

D'après ce détail, vous croiriez que je vis environné de tout ce que j'ai trouvé d'aimable ici, sous un beau ciel, et dans une société charmante. Non, je vis sous une douche brûlante, ou dans une bouilloire cachée au fond d'un cachot. Tout ce que je distinguais est parti de Barège. Il y fait un temps exécrable, et le brouillard ne laisse point soupçonner que les Pyrénées soient sur ma tête. Mais je n'en suis pas moins heureux : j'avais besoin de revenir sur les sentimens agréables dont j'ai joui avec trop de précipitation ; je les recueille avec une joie mêlée de surprise ; mes idées sont faciles et douces ; tous les mouvemens de mon cœur sont des plaisirs ; voilà le vrai beau temps, et le ciel est d'azur.

Le ton de cette lettre est un peu différent de celles que je vous écrivais, madame, de la rue de Richelieu, et même de quelques conversations que je me souviens d'avoir eues avec vous, il y a cinq ou six mois. Que voulez-vous? je vous montrais mon âme alors, comme je vous la montre aujourd'hui : « L'homme est ondoyant », dit Montaigne : j'étais de fer pour repousser le mal, je suis de cire pour recevoir le bien. Les différentes philosophies sont bonnes ; il ne s'agit que de les placer à propos. Zénon n'avait pas tort : Epicure avait raison. Le régime d'un malade n'est pas celui d'un convalescent ; celui d'un convalescent n'est pas celui d'un athlète. Je me trouve bien de ma manière d'être actuelle ; je reviendrais à l'autre, s'il le fallait : mais je tâcherai d'écarter ce ce qui pourrait la rendre nécessaire ; je n'y sais que cela.

Madame de Tessé et M. le duc d'Ayen ont passé ici quelques jours ; j'ai fort à me louer de leurs bontés ; je n'ai cependant point accepté l'offre de madame de Tessé pour Luchon ; je vous dirai pourquoi.

Je pars d'ici vers la fin de septembre ; je comptais m'en aller en droiture à Paris ; je pressentais le besoin que j'aurais de revoir mes anciens amis, car je ne veux rien perdre ; mais j'ai de nouvelles raisons de me priver encore de ce plaisir. M. de B...... a trouvé absurde que je négligeasse l'occasion de voir M. de Choiseul ; il prétend que ma connaissance avec M. de Gr...... pourrait finir par n'être qu'une connaissance des eaux. C'est ce qui ne peut jamais arriver. Il est actuellement à Chanteloup ; il peut s'en assurer par lui-même ; et, entre nous, je crois qu'il ne laissera pas d'être un peu surpris. Quoiqu'il en soit, je défère à son conseil et à celui de mes amis qui blâment mon peu d'empressement sur cela. Mais je ne serai à Chanteloup qu'à la fin d'octobre. J'y resterai le temps qui conviendra. J'étais fort tenté de m'en retourner par le Languedoc, pour voir la Provence qui est un fort beau pays.

Voulez-vous bien, madame, présenter mes respects à M. S....... Je vous adresserais aussi bien des complimens pour les personnes que vous savez, si je ne craignais que quelques-unes, s'imaginant que ma lettre contient quelques bonnes histoires des eaux, ne s'avisassent de vous la demander; et je vous prie de vouloir bien ne pas la leur lire.

Conservez, je vous prie, madame, votre santé, celle de M. S......, votre bonheur commun, vos bontés pour moi; et recevez les assurances de mon respect et de ma tendre amitié.

LETTRE V.

A.......

Vous me demandez, mon ami, si ce n'est pas une espèce de singularité qui me fait voir la littérature sous l'aspect où je la vois; s'il est vrai que je sois dans le cas de jouir d'une fortune un peu plus considérable que celle de la plupart des gens de lettres; et enfin vous voulez que je vous confie, sous le sceau de l'amitié, quels sont les moyens que j'ai employés pour arriver à ce terme que vous supposez avoir été le but de mon ambition. Voilà, ce me semble, les divers objets de votre curiosité, autant que je puis le résumer de votre longue lettre. Mes réponses seront simples.

Mais je commence par vous dire que je suis presque offensé de voir que vous me supposiez un plan de conduite à cet égard. Mon tour d'esprit, mon caractère, et les circonstances, ont tout fait, sans aucune combinaison de ma part. J'ai toujours été choqué de la ridicule et insolente opinion, répandue presque partout, qu'un homme de lettres qui a quatre ou cinq mille livres de rente est au périgée de la fortune. Arrivé à peu près à ce terme, j'ai senti que j'avais assez d'aisance pour vivre solitaire ; et mon goût m'y portait naturellement. Mais comme le hasard a fait que ma société est recherchée par plusieurs personnes d'une fortune beaucoup plus considérable, il est arrivé que mon aisance est devenue une véritable détresse, par une suite des devoirs que m'imposait la fréquentation d'un monde que je n'avais pas recherché. Je me suis trouvé dans la nécessité absolue, ou de faire de la littérature un métier pour suppléer à ce qui me manquait du côté de la fortune, ou de solliciter des grâces, ou enfin de m'enrichir tout d'un coup par une retraite subite. Les deux premiers partis ne me convenaient pas. J'ai pris intrépidement le dernier. On beaucoup crié ; on m'a trouvé bizarre, extraordinaire. Sottises que toutes ces clameurs. Vous savez que j'excelle à traduire la pensée de mon prochain. Tout ce qu'on a dit à ce sujet, voulait dire : Quoi! n'est-il pas suffisamment payé de ses peines et de ses courses par l'honneur de nous fréquenter, par le plaisir de nous amuser, par l'agrément d'être traité par nous comme ne l'est aucun homme de lettres?

A cela je réponds : J'ai quarante ans. De ces petits triomphes de vanité dont les gens de lettres sont si épris, j'en ai par-dessus la tête. Puisque, de votre aveu, je n'ai presque rien à prétendre, trouvez bon que je me retire. Si la société ne m'est bonne à rien, il faut que je commence à être bon pour moi-même. Il est ridicule de vieillir, en qualité d'acteur, dans une troupe où l'on ne peut pas même prétendre à la demi-part. Ou je vivrai seul, occupé de moi et de mon bonheur; ou, vivant parmi vous, j'y jouirai d'une partie de l'aisance que vous accordez à des gens que vous-mêmes vous ne vous aviserez pas de me comparer. Je m'inscris en faux contre votre manière d'envisager les hommes de ma classe. Qu'est-ce qu'un homme de lettres selon vous, et en vérité, selon le fait établi dans le monde? C'est un homme à qui on dit : Tu vivras pauvre, et trop heureux de voir ton nom cité quelquefois; on t'accordera, non quelque considération réelle, mais quelques égards flatteurs pour ta vanité sur laquelle je compte, et non pour l'amour propre qui convient à un homme de sens. Tu écriras, tu feras des vers et de la prose pour lesquels tu recevras quelques éloges, beaucoup d'injures et quelques écus, en attendant que tu puisses attraper quelques pensions de vingt-cinq louis ou de cinquante, qu'il faudra disputer à tes rivaux, en te roulant dans la fange, comme le fait la populace aux distributions de monnaie qu'on lui jette dans les fêtes publiques.

J'ai trouvé, mon ami, que cette existence ne me convenait pas ; et, méprisant à la fois la gloriole des grandeurs et la gloriole littéraire, j'ai immolé l'une et l'autre à l'honneur de mon caractère et à l'intérêt de mon bonheur. J'ai dit tout haut : J'ai fait mes preuves de désintéressement, et je ne solliciterai pas ; j'ai très-peu, mais j'ai autant ou plus que quantité de gens de mérite : ainsi je ne demande rien. Mais il faut que vous me laissiez à moi-même ; il n'est pas juste que je porte, en même temps, le poids de la pauvreté et le poids des devoirs attachés à la fortune ; j'ai une santé délicate et la vue basse ; je n'ai gagné jusqu'à présent dans le monde que des boues, des rhumes, des fluxions et des indigestions, sans compter le risque d'être écrasé vingt fois par hiver. Il est temps que cela finisse ; et, si cela n'est pas terminé à telle époque, je pars.

Voilà, mon ami, ce que j'ai dit ; et si vous vous étonnez que cela ait pu produire autant d'effet, il faut savoir qu'une première retraite de six mois, où j'avais trouvé le bonheur, a prouvé invinciblement que je n'agissais ni par humeur, ni par amour propre. Il reste à vous expliquer pourquoi on se faisait une peine de me voir prendre le parti de la retraite. C'est, mon ami, ce que je ne puis vous développer, au moins dans le même détail. Mais je puis vous dire sans que vous deviez me soupçonner de vanité, je puis vous dire que mes amis savent que je suis propre à plusieurs choses, hors de la sphère de la littérature. Plusieurs d'entre eux se sont unis pour me servir : les uns n'ont écouté que leur sentiment, d'autres ont fait entrer dans leur sentiment quelque calcul et quelque intérêt; et les circonstances étant favorables, il en est résulté la petite révolution que vous jugez si heureuse.

LETTRE VI.

A MADAME D'ANGIVILLIERS (1).

Je vous rends mille grâces du billet que vous avez eu la bonté de m'envoyer. Je n'ai pu en profiter. J'étais sorti, croyant que vous n'étiez point à Paris, et que l'heure de la poste de Versailles était passée. Je sais combien on vous sollicite pour ces billets, et je serais fâché que votre bonté pour moi vous engageât à des sacrifices en ce genre. D'ailleurs, n'ayant aucune liaison avec les quatre ou cinq

---

(1) Cette lettre, ainsi que la ɪxᵉ, nous a été communiquée par M. Sencier, membre de la Société des Bibliophiles, et dont l'obligeance égale le savoir.

personnes qui auront les quatre ou cinq premières places vacantes, je ne suis plus dans le cas d'être aussi empressé aux séances académiques ; et il est juste que vous puissiez faire des heureux pour leurs amis. Cependant, comme rien n'est sûr, et que quelqu'un des aspirans pourrait cesser de convenir à l'Académie, je vous prierais, madame, de permettre que je recourusse à vous, au cas que l'élection tombât sur quelqu'un de ma connaissance. En attendant, je me borne à vous solliciter pour madame la comtesse de Ronsée qui n'a jamais vu la réception, et qui serait curieuse d'en voir une.

J'ai cru pouvoir aussi, madame, me charger de vous rappeler l'intérêt que M. le comte de Rochefort prend à un honnête libraire dont il vous a parlé, et pour lequel il devait, avant son départ, vous remettre un mémoire adressé à M. le comte d'Angivilliers : je joins ce mémoire à ma lettre, ne voulant pas retarder, par ma faute, le bien que vous êtes toujours prête à faire aux malheureux.

J'irai quelquefois à Versailles cet été, et je tenterai d'avoir l'honneur de vous faire ma cour. J'irais dans ce dessein seul, si j'avais l'espérance d'y réussir. Mais en convenant, madame, que quatre lieues sont peu de chose quand on a l'honneur de vous voir, je trouve qu'elles sont longues quand on ne l'a pas eu.

LETTRE VII.

A M. L'ABBÉ ROMAN.

4 Mars 1784.

C'est un vœu que j'ai fait, mon cher ami, de vous répondre toujours à l'instant où j'aurai reçu votre lettre, et je n'ai pas besoin d'efforts pour le remplir : il m'en faudrait pour différer, et je ne veux pas lutter contre moi-même.

Ah! mon ami, que j'ai été étonné de voir que je diffère de vous dans la chose par laquelle je vous ressemble! Vous convenez que vous avez pris la meilleure part, et vous ne souhaitez pas que j'obtienne un lot pareil; vous me le dites, parce que vous le sentez. Cette raison est sans doute très-bonne ; mais pourquoi, ou plutôt comment le sentez-vous ? voilà ce qui m'étonne. Quoi! cette malheureuse manie de célébrité, qui ne fait que des malheureux, trouve encore un partisan, un protecteur! Avez-vous oublié qu'elle exige presqu'autant de misères, de sottises, de bassesses même que la fortune? et quel en est le fruit? beaucoup moindre, et surtout plus ridicule. Son effet le plus certain est de vous apprendre jusqu'où va la méchanceté humaine, en vous rendant l'objet de la haine la plus violente et des procédés les plus affreux, de la part de ceux qui ne peuvent partager cette fumée, et qui sont jaloux de quelques misérables distinctions, presque toujours ennuyeuses et fatigantes, surtout pour moi qui ai tout jugé.

J'ai aimé la gloire, je l'avoue : mais c'était dans un âge ou l'expérience ne m'avait point appris la vraie valeur des choses, où je croyais qu'elle pouvait exister pure et accompagnée de quelque repos, où je pensais qu'elle était une source de jouissances chères au cœur et non une lutte éternelle de vanité ; quand je croyais que, sans être un moyen de fortune, elle n'était pas du moins un titre d'exclusion à cet égard. Le temps et la réflexion m'ont éclairé. Je ne suis pas de ceux qui peuvent se proposer de la poussière et du bruit pour objet et pour fruit de leurs travaux. Apollon ne promet qu'un nom et des lauriers : voilà ce que disait Boileau avec quinze mille livres de rente des bienfaits du roi, qui en valaient plus de trente d'à présent ; voilà ce que disait Racine, en rapportant plus d'une fois de Versailles des bourses de mille louis. Cela ne laisse pas que de consoler de la rivalité et de la haine des Pradon et des Boyer. Encore ne put-il pas y tenir ; et laissa-t-il, à trente six ans, cette carrière de gloire et d'infamie, qui depuis lui est devenue cent fois plus turbulente et plus avilissante. Pour moi, qui, dès mon premier succès, me suis attiré, sans l'avoir mérité le moins du monde, la haine d'une foule de sots et de méchans, je regarde ce mal comme un très-grand bonheur ; il me rend à moi même ; il me donne le droit de m'appartenir exclusivement ; et, les amis les plus puissans ayant plus d'une fois fait d'inutiles efforts pour me servir, je me suis lassé d'être un superflu, une espèce de hors d'œuvre dans la société ; je me suis indigné d'avoir si souvent la preuve que le mérite dénué, né sans or et sans parchemins, n'a rien de commun avec les hommes ; et j'ai su tirer de moi plus que je ne pouvais espérer d'eux. J'ai pris pour la célébrité autant de haine que j'avais eu d'amour pour la gloire ; j'ai retiré ma vie toute entière dans moi-même ; penser et sentir, a été le dernier terme de mon existence et de mes projets. Mes amis se sont réunis inutilement pour ébranler ma fermeté : tout ce que j'écris comme à mon insu, et pour ainsi dire malgré moi, ne sera tout au plus que *titulus nomenque sepulcri.*

J'ai ri de bon cœur à l'endroit de votre lettre, où vous me dites que vous m'avez cherché dans les journaux ; vous m'avez paru ressembler à un étranger qui, ayant entendu parler de moi dans Paris, me chercherait dans les tabagies et dans les tripots de jeu. J'en étais là depuis long-temps, lorsque je fis la rencontre d'un être dont le pareil n'existe pas dans sa perfection relative à moi, qu'il m'a montrée dans le court espace de deux ans que nous avons passé ensemble. C'était une femme ; et il n'y avait pas d'amour, parce qu'il ne pouvait y en avoir, puisqu'elle avait plusieurs années de plus que moi ; mais il y avait plus et mieux que de l'amour, puisqu'il existait une réunion complète de tous les rapports d'idées, de sentimens et de positions. Je m'arrête ici, parce que je sens que je ne pourrais finir. Je l'ai perdue après six mois de séjour à la campagne, dans la plus profonde et la plus charmante solitude. Ces six mois, ou plutôt ces deux ans, ne m'ont paru qu'un instant dans ma vie. Mais le bonheur d'être loin de tout ce que j'ai vu sur cette scène d'opprobres qu'on appelle littérature, et sur cette scène de folies et d'iniquités qu'on appelle le monde, m'aurait suffi et me suffira toujours, au défaut du charme d'une société douce et d'une amitié délicieuse. L'indépendance, la santé, le libre emploi de mon temps, l'usage, même l'usage fantasque de mes livres : voilà ce qu'il me faut, si ce n'est point ce qui me suffit. C'est ce qui m'enlevera nécessairement le succès que vous avez la cruauté de souhaiter, et qui malheureusement est devenu, depuis ma dernière lettre, encore plus vraisemblable (*). L'âne qui ne veut point mordre son voisin, ni en être mordu devant un ratelier vide, sera forcé, s'il est changé en cheval bien pansé devant un ratelier plein, de faire quelques courses et de

---

(*) On proposait à Chamfort une place de secrétaire des commandemens à la cour.

manéger pour gagner son avoine ; et quand je songe qu'en se déplaçant, il aura plus d'avoine qu'il n'en pourra manger, je suis bien près de penser qu'il fait un marché de dupe.

Vous voyez par là, mon ami, combien je suis attaché aux sentimens qui m'appellent à la retraite ; et vous le verriez bien davantage, si vous pouviez savoir, fortune mise à part, combien ma position m'offre de côtés agréables, quels combats j'ai à soutenir contre les amis les plus tendres et les plus dévoués, quels efforts il me faut pour repousser ou prévenir les sacrifices qu'ils voudraient faire pour me retenir. Quelle est donc cette invincible fierté, et même cette dureté de cœur, qui me fait rejeter des bienfaits d'une certaine espèce, quand je conviens que je voudrais faire pour eux plus qu'ils ne peuvent faire pour moi ? Cette fierté les afflige et les offense ; je crois même qu'ils la trouvent petite et misérable, comme mettant un trop haut prix à ce qui devrait en avoir si peu. Mon ami, je n'ai point, je crois, les idées petites et vulgaires répandues à cet égard; je ne suis pas non plus un monstre d'orgueil ; mais j'ai été une fois empoisonné avec de l'arsenic sucré, je ne le serai plus : *manet altâ mente répostum.* Vous me dites que vous tenez mon âme dans ma première lettre ; il en est resté quelque chose, je crois, pour la seconde.

J'accepte, mon ami, avec un sentiment bien vif, l'offre que vous me faites de parcourir avec moi la Provence, pour chercher l'asile qui me convient ; et je me fais d'autant plus de plaisir de l'accepter, que je ne vous ferai pas faire un grand voyage ; il faudra que votre pays ait de grands inconvéniens, si la retraite la plus proche de vous n'est pas celle qui me convient le mieux.

Je vous avais promis des nouvelles littéraires ; mais, par mon mouvement personnel, je suis bien froid sur cet article ; et j'ai besoin, pour vous en envoyer, de songer que vous y mettez quelqu'intérêt. On joue à présent, avec un grand succès, malgré de grandes huées sur la scène, et de grandes réclamations et indignations à Paris et à Versailles, *le Mariage de Figaro*, de Beaumarchais. C'est un ouvrage plein d'esprit, même de comique et de talent, mais qui n'en est pas moins monstrueux par le mélange des choses du plus mauvais ton et de trivialités. Les loges sont retenues jusqu'à la dixième, d'autres disent jusqu'à la vingtième représentation. Le spectacle, sans petite pièce, ne dure plus que trois heures un quart, depuis les retranchemens qu'on y a faits. Je ne vous parle point du *Jaloux*, du mauvais *Coriolan* de La Harpe : les journaux se sont chargés de cela. Un mot sur les *Danaïdes*, opéra nouveau, où Gluk a mis la main ; c'est un ouvrage de topinambous, à jouer devant des cannibales. On dit pourtant que cela n'aura qu'une douzaine de représentations.

Parlons de notre académie. M. de Montesquiou

a eu toutes les voix; c'est qu'on a vu que tout partage serait inutile, et il faisait plaisir en se présentant à l'académie; il écartait l'abbé Maury, dont plusieurs ne veulent pas entendre parler. Mon amusement actuel est de voir comment ils feront pour l'évincer à la première vacance qui est très-prochaine, si elle n'est ouverte par la mort de M. de Pompignan. L'abbé a huit ou dix voix, tout au plus; mais les autres gens de lettres, ses rivaux, n'en ont pas à beaucoup près autant. Personne n'y est appelé d'une manière positive; prendre encore un homme de qualité, serait le comble du mauvais goût et le chef-d'œuvre du ridicule. Comment s'en tireront-ils ? Je me divertirai des intrigues; ce sont mes seuls jetons, je n'en ai point d'autres; j'y vais si peu, que je n'ai pas fait la moitié d'une bourse à jetons qu'on m'avait demandée.

Adieu, mon ami; je n'ai plus que le temps de vous dire encore un petit mot de moi. Ma mère se porte à merveille, et n'a d'autre incommodité que de ne pouvoir faire usage de ses jambes; mais j'ai bien peur que cette seule incommodité n'abrège les jours d'une personne aussi vive, et plus impatiente, à quatre-vingt-quatre ans, que je ne l'ai jamais été. Il me semble que, si je restais en place une année, je ne pourrais plus vivre; et cette idée m'afflige sensiblement sur son état, quoiqu'on me mande d'ailleurs tout ce qui peut me rassurer. Adieu, encore une fois; je vous aime et vous embrasse de tout mon cœur. Il me semble que nous n'avons pas cessé de nous entendre.

LETTRE VIII.

AU MÊME.

Paris, 5 octobre.

Que devez-vous penser de moi, mon cher ami, et d'un si long silence? Vous devez croire que tous les maux réunis ont fondu sur ma tête. Hélas! vous ne vous tromperiez pas beaucoup : il y a deux mois et demi que j'ai eu le malheur de perdre ma mère; et ce n'est pas vous qui vous étonnerez de l'effet qu'a pu faire pour moi cette affligeante nouvelle; ce n'est pas vous qui me direz que quatre-vingt-cinq ans étaient un âge qui devait me préparer à ce malheur, et que quinze ans d'absence devaient me le faire trouver moins terrible. La raison dit tout cela, et le sentiment paie son tribut. Je n'en dirai pas davantage, craignant d'avoir surtout déjà trop réveillé chez vous le sentiment d'une perte qui vous a rendu si long-temps malheureux et qui ne sera de long-temps oubliée. Mon second malheur est d'avoir eu, pendant deux mois, une fièvre double-tierce, suivie d'une convalescence très-pénible et qui n'est pas terminée. Je ne sais comment toute ma personne était devenue un amas de bile, ce qui m'a empêché d'avoir recours au quinquina. C'est la nature qui m'a guéri, comme elle eût fait avant la découverte du spécifique. C'est un mois de plus qu'il m'en a coûté, et un mois de peines et de souffrances, pendant lequel il m'a été impossible d'écrire. Vous mander de mes nouvelles par une main étrangère, c'est ce que je n'ai pas voulu, dans la crainte que vous ne me crussiez mort : et d'ailleurs, je suis d'une stupidité rare pour dicter.

Je passe, mon ami, à un autre article dont je vous ai déjà touché quelque chose. C'est le projet d'aller vous trouver en Provence.

Quand il n'y aurait eu d'obstacle que ma maladie, il ne pouvait s'effectuer, et ne le pourrait même encore qu'au mois de décembre : encore cela ne serait-il possible que dans le cas où j'aurais un compagnon pour aller en chaise de poste : car d'aller par les voitures publiques dans cette saison, c'est ce qui me serait aussi difficile qu'un pèlerinage dans le Sirius. Mais, mon ami, il y a d'autres obstacles encore plus grands : ce sont ceux qui naissent de ma nouvelle position.

Vous avez peut-être lu, dans les papiers publics, qu'on a obtenu pour moi la place de secrétaire du cabinet de madame Elisabeth, sœur du roi : cette place vaut deux mille francs; et quoiqu'elle ne m'enrichisse pas pour ce moment-ci, puisque, dans la maison du roi, les premières échéances ne se payent qu'à un terme fort reculé, il n'en est pas moins vrai que je suis lié par la reconnaissance et par l'attachement aux personnes qui ont sollicité et obtenu cette place pour moi, tandis que j'étais cloué dans mon lit depuis six semaines; je passerais pour un être sauvage et indomptable, un misantrope désespéré, et je serais condamné universellement.

Il faut vous dire, de plus, qu'indépendamment de ma nouvelle place, ma liaison avec M. le comte de Vaudreuil est devenue telle qu'il n'y a plus moyen de penser à quitter ce pays-ci. C'est l'amitié la plus parfaite et la plus tendre qui se puisse imaginer. Je ne saurais vous en écrire les détails; mais je pose en fait que, hors l'Angleterre où ces choses-là sont simples, il n'y a presque personne en Europe digne d'entendre ce qui a pu rapprocher, par des liens si forts, un homme de lettres isolé, cherchant à l'être encore plus, et un homme de la cour, jouissant de la plus grande fortune et même de la plus grande faveur. Quand je dis des liens si forts, je devrais dire si tendres et si purs; car on voit souvent des intérêts combinés produire entre des gens de lettres et des gens de la cour des liaisons très-constantes et très-durables; mais il s'agit ici d'amitié, et ce mot dit tout dans votre langue et dans la mienne.

Voilà, mon ami, quelles sont les raisons qui m'empêchent d'aller vous chercher, et qui vraisemblablement me priveront toujours du plaisir de vous voir dans votre retraite de Provence. Il n'en fallait pas moins, je vous assure ; car, quoique, dans votre dernière lettre, vous eussiez eu la barbarie de vouloir me retenir dans la capitale, toujours par votre manie de me voir une plus grande fortune, il est pourtant certain que j'aurais juré, au mois de mai dernier, de ne pas passer l'hiver à Paris. Les obstacles étaient de nature à pouvoir être vaincus, et ma fortune n'en était pas un. Vous m'avez mandé qu'il fallait, pour vivre agréablement en Provence, avoir trois mille livres de rente : au temps où vous me parliez, j'en avais quatre mille. Je posais la barre à ce terme, et je n'étais pas mécontent ; c'est vous qui avez voulu que j'allasse plus loin : vous voilà satisfait, et il y a à parier que d'ici à six mois, vous le serez infiniment davantage. Il restera ensuite à satisfaire votre autre manie, que j'aie de la célébrité. Je ne promets pas que j'y réussisse également ; mais, soit que cette fantaisie me prenne, soit que je garde ma répugnance pour cette célébrité dont vous paraissez faire trop de cas, il est sûr que, tranquille sur mon avenir, je travaillerai beaucoup davantage et même mieux, et que j'aurai plus de titres à cette célébrité, si je les manifeste, ce que j'ignore, car je suis bien endurci dans le péché. Je crois que vous seriez de mon bord, si, comme moi, vous veniez voir, de suite et long-temps, notre public parisien. Au surplus, alors comme alors : je ne suis pas d'une pièce ; je suis immuable quand les choses ne changent pas, mais je suis mobile quand elles changent, et surtout quand elles changent à mon avantage.

J'apprends que l'on a été très-content de notre ambassadeur à Marseille, et c'est pour moi une joie très-vive. J'espère qu'on le sera partout, et on le serait bien davantage si on connaissait l'habitude de ses sentimens intérieurs. C'est un de ces êtres qui ont contribué, par leurs vertus et leur commerce, à me réconcilier avec l'espèce humaine. Il faut qu'il ait prévu de grandes tribulations dans son ambassade, puisque la dernière lettre qu'il m'écrit finit par ces mots : *Ah! mon ami, quand dînerons-nous ensemble au restaurateur?* J'oublie de vous dire qu'il est cause que je n'ai pu répondre à votre avant-dernière lettre, parce que j'ai passé avec lui exactement les quatre derniers jours de son séjour à Paris : et c'est l'époque où votre lettre m'arriva.

Adieu, mon ami; je vous aime et vous embrasse très-tendrement. J'espère que notre correspondance ne sera plus interrompue, et que la suite de contre-temps qui m'ont mis en arrière, n'arrivera qu'une fois en la vie. Donnez-moi de vos nouvelles en détail, et ne me parlez que de vous; je vous donne un bel exemple à cet égard. Je vous avertis que je me sais par cœur, et à la fin on se lasse de soi. Adieu encore. *Vale et ama.*

LETTRE IX.

A MADAME D'ANGIVILLIERS.

Je ne vois pas une seule raison, madame, d'avoir moins de confiance en vos bontés cette année que la précédente ; mais j'ai bien peur d'y avoir recours un peu tard, et je crains que vous n'ayez disposé de tous vos billets pour la séance publique du 25 de ce mois. Je suis fort curieux d'entendre la lecture de l'Éloge du chancelier de L'hospital ; et vous êtes, madame, ma seule espérance : mais ce n'est pas une raison de désespérer. Je vous supplie de vouloir bien me mander s'il est possible que j'aie un billet de vous, afin que j'aie le temps de faire encore d'un autre côté quelques tentatives qui après tout seront probablement inutiles.

Je sais que votre santé est meilleure, et que vous êtes même venue à la comédie ; si vous aviez eu la bonté de me le faire dire, j'aurais profité de cette occasion pour vous faire ma cour ; et cet intérêt aurait fait ce que n'a pu faire celui de voir une nouveauté qu'on joue par une si cruelle chaleur. Je ne sais si je dois me flatter d'en être dédommagé le jour de la saint Louis.

Je vous prie, madame, de vouloir faire remettre à M. d'Angivilliers la lettre ci-jointe ; elle contient quelques détails sur une affaire à laquelle vos bontés pour moi vous ont intéressée, et qui est terminée aussi bien qu'elle pouvait l'être.

Je suis avec respect, madame, et avec tous les sentimens que vous me connaissez, etc.

Secrétaire des commandemens du prince de Condé,
en dépit de ce qu'on en veut dire.

Paris, 31 juillet.

LETTRE X.

A L'ABBÉ MORELLET.

20 juin 1785.

Mais vraiment, monsieur, je ne sais pas pourquoi votre billet finit par la plaisante prière de dire du bien de votre discours. Est-ce que vous avez cru que je ne le lirais pas? Amitié à part, je me serais, pardieu! bien passé la fantaisie d'en dire le bien que j'en pense. Il y a de si bonnes choses qu'on voudrait les ôter d'un discours académique, vu le malheur dont ces sortes d'ouvrages sont menacés. J'ai bien peur que, dans le naufrage de l'armée de Xerxès, la collection de nos harangues en huit volumes ne soit ce qui coule d'abord à fond; il ne serait pas mal d'avoir quelques allèges ou barques suivant la flotte, pour sauver quelques débris.

Quel parti vous avez tiré de ce pauvre abbé Millot!
Je n'en ai jamais su tant tirer de son vivant, et je
vous aurais demandé votre secret. Au surplus, vivent les morts pour être quelque chose!

Je sais que nombre de gens à Versailles ont trouvé
mauvais que, dans la réponse du marquis de Chastellux, on citât les propres termes de la lettre où
le marquis de Lansdown vous rend un si honorable témoignage. Après avoir écouté ce qu'on m'a
dit de noble et d'imposant sur ce beau texte, j'ai
cru, je me trompe peut-être, mais j'ai cru que la
vanité des places ou de l'importance locale s'affligeait de voir un simple homme de lettres, comme
on dit, honoré d'une telle preuve d'estime par un
grand ministre. En secret, dans une lettre bien
cachetée, dans l'arrière-cabinet, cela peut se passer;
à la bonne heure : mais en public! ah, monsieur
l'abbé, c'est une terrible affaire! O vanité! ô sottise! De l'importance! Je jure Dieu que je vous
causerai tôt ou tard de grands chagrins! Il ne tenait qu'à moi d'en jurer sur le poème de la Fronde;
mais cela serait trop sublime : et puis d'ailleurs,
on dirait que cela est pillé de Démosthènes. Je vous
rends mille actions de grâces de votre traduction
de Smith, et du plaisir que l'ouvrage m'a fait. C'est
un maître livre pour vous apprendre à savoir votre compte ; et si on me l'eût mis dans les mains
à l'âge de quinze ans, je m'imagine que je serais
dans le cas de prêter quelques centaines de guinées à l'auteur ; et ce serait de tout mon cœur,

assurément. Je ne vous le renvoie point encore, parce que je l'ai laissé à la campagne, et qu'il y a quelques chapitres bons à relire et à méditer.

Adieu, monsieur l'abbé ; je vous salue et vous embrasse de tout mon cœur.

P. S. J'ai remis à M. de Vaudreuil un exemplaire de votre Discours, le seul que j'eusse alors ; il l'a lu avant moi, et m'en a parlé de façon à prévenir mon jugement, si j'étais sujet à me laisser prévenir. Il m'a prié de vous faire tous ses remercîmens ; il n'est pas de ceux que la publicité de la lettre de milord Lansdown scandalise. Il trouve très-bon, très-simple, qu'on ait des talens, du mérite, même de l'élévation, et qu'on soit honoré à ces titres, fût-ce publiquement, quand même on ne serait par hasard ni ministre, ni ambassadeur, ni premier commis. Il devance, de quelques années, le moment où l'orviétan de ces messieurs sera tout à fait éventé.

LETTRE XI.

A M. L'ABBÉ ROMAN.

Je reçois dans l'instant, mon ami, votre lettre écrite il y a près de quatre mois, sans que je puisse savoir la cause de ce délai. Quoi qu'il en soit, elle me fait un si grand plaisir, que, prêt à sortir, je reste pour vous répondre sur le champ, et mettre moi-même la mienne à la poste, afin de ne laisser, s'il est possible, aucun hasard contre moi. Je ne perdrai point de temps à me plaindre de ce que vous ne m'avez point répondu aux deux lettres que je vous ai écrites, l'une, il y a près de deux ans, et l'autre l'année dernière, au mois d'avril, juste au moment où j'ai quitté Paris, dans l'idée de n'y revenir jamais qu'en qualité de simple voyageur tout au plus. Je suppose que vous n'avez reçu aucune de ces deux lettres, et le ton de la vôtre me le persuade aisément. Le hasard qui fait que je ne reçois celle-ci que quatre mois après, doit me faire admettre très-facilement une supposition dont mon amitié s'accommode beaucoup mieux que de votre silence. En voilà assez là-dessus ; les momens sont précieux depuis que je vous ai retrouvé. Oui, mon ami, je vous remercie de votre égoïsme, et je ne lui reproche que de ne s'être pas donné encore plus de carrière. Vous me ferez sans doute le même reproche ; mais ayant tant de choses à vous dire, comment ne pas le mériter en partie ? Jamais la vie d'un homme n'a été moins féconde en événemens, et jamais elle n'a été plus remplie, tant bien que mal. J'ai fait mille lieues sur une feuille de papier ; voilà mon histoire depuis près de quatre ans. Je vous ai déjà étonné en vous parlant d'un éternel adieu dit à la ville de Paris, l'année dernière. Oui, mon ami, c'en était fait, et j'ai vécu six mois en province, à la campagne, partagé entre l'amitié, un jardin et une bibliothèque. C'est presque le seul temps de ma vie, que je compte pour quelque chose.

La mort seule de la compagne de ma solitude pouvait me rappeler dans le désert bruyant de la capitale. Je ne finirais pas si je vous parlais de ce que j'ai perdu. C'est une source éternelle de souvenirs tendres et douloureux. Ce n'est qu'après six mois que ce qu'ils ont d'aimable a pris le dessus sur ce qu'ils ont de pénible et d'amer. Il n'y a pas deux mois que mon âme est parvenue à se soulever un peu, et à soulever mon corps avec elle. C'est au mois de septembre dernier que j'ai fait cette cruelle perte; un ami est venu m'arracher en chaise de poste de ce séjour charmant, devenu désormais horrible pour moi. De là, j'ai été replongé dans le genre de vie auquel j'étais enfin parvenu à me soustraire, après deux ans de soins et de prétendus sacrifices qui n'en étaient pas pour moi. L'amitié de M. le comte de Vaudreuil, qui s'était fort accrue depuis deux ans, est devenue une véritable tendresse, et a beaucoup contribué à soulager une partie de mes peines. Il m'a forcé d'accepter un logement chez lui, et a su me le rendre aimable. Il s'occupe essentiellement de ma fortune qui, depuis votre départ et avant ma retraite, a échoué trois fois: deux fois par des événemens imprévus, et la troisième par mon fait, c'est à dire, en refusant ce qui ne me convient pas, c'est à dire par ma faute, pour parler la langue commune, et non pas la vôtre ni la mienne. La fortune fera ce qu'elle voudra, jamais je ne lui accorderai, dans l'ordre des biens de l'humanité, que la quatrième ou cinquième place. Si elle exige la première, qu'elle aille d'un autre côté, elle ne manquera pas d'asile.

Mon état actuel est donc celui d'un homme qui, froidement et sans humeur, attend un événement qu'on lui annonce comme prochain ; qui n'y croit pas pour avoir été trop souvent trompé, et à qui des souvenirs pénibles ont ôté toute espèce de désirs, même ceux qui accompagnent l'espérance. Cette indifférence tient à la force avec laquelle je suis déterminé à ne plus attendre un seul jour, passé le terme convenu avec moi-même ; à l'idée où je suis que le succès de ce qu'on désire pour moi n'est pas un véritable bien ; qu'il y en a de plus grands, tels que la santé, l'indépendance absolue des hommes et de l'opinion, sous un beau ciel, dans un beau climat; c'est le vôtre ou le Languedoc. Le terme arrêté dans ma conscience, résolution que je n'ai dite encore à personne, et que j'exécuterai sans dire que c'est pour toujours, ce terme est le 10 octobre de cette année 1784.

Il est certain, et croyez, mon ami, que je ne me fais pas illusion à moi-même; il est certain que je désire le non succès d'un événement prétendu heureux, dont les suites, comme nécessaires, sont de me rengager dans une carrière pleine de misères et de dégoûts, de me faire exister pour le public que je méprise presqu'autant que les gens de lettres, leurs cabales, leurs noirceurs, leurs vanités absurdes, etc.; de me faire ou manquer ou attendre une célébrité, qui, grâce au ton régnant dans la littérature actuelle, n'est qu'une infamie illustre faite pour révolter un caractère décent. Tels sont mes sentimens et mes idées, qui me font passer pour un être bizarre : tant la vanité et la sottise ont perverti toutes les âmes et tous les esprits. On s'étonne qu'un homme, qu'on s'obstine à regarder malgré lui comme n'étant pas dénué de tout talent, ne veuille pas subir la loi commune imposée aux gens de lettres, de ressembler à des ânes ruant et se mordant devant un râtelier vide, pour amuser les gens de l'écurie. Rien ne m'a mieux montré la misère de cette classe d'hommes, et en général de presque tous les hommes, que l'étonnement avec lequel on me voit garder, dans mon porte-feuille, les productions qui m'échappent involontairement, et par un besoin naturel de mon âme. D'un autre côté, je sens bien que, si l'on fait pour moi quelque chose d'essentiel, qui me mette dans le cas de vivre à Paris avec les commodités de la vie et de la société, il sera bien difficile de me soustraire à la nécessité de payer un tribut qu'alors on exigera comme une dette. C'est pour me dérober à cette nécessité, que je souhaite la non réussite des tentatives de mes amis. Alors, je suis libre ; alors, je m'appartiens ; alors, le reste de ma vie est à moi, sans que l'hydre à mille têtes puisse m'en ravir la moindre portion. De là l'incurie, la santé et l'aisance, dans un pays où les écus de trois livres valent six francs, et où l'on n'a que les besoins de la nature au lieu de ceux de la vanité et de l'opinion. Jugez, mon ami, si, avec de pareilles idées, je n'ai pas dû trouver plaisante la phrase de votre lettre, où vous me dites de vous donner quelques pages au lieu de livrer à l'impression. L'impression ! si vous saviez des gens de lettres le quart de ce que j'en sais et que j'en ai vu, vous ne me soupçonneriez pas de songer à elle. J'en ai une si grande aversion, que je n'ai de repos que depuis le moment où j'ai imaginé un moyen sûr de lui échapper, et de faire en sorte que ce que j'écris existe, sans qu'il soit possible d'en faire usage, même en me dérobant tous mes papiers. Le moyen que j'ai inventé, m'en rend maître absolu jusqu'au monument et même par-delà ; car je n'ai qu'à me taire : et ce que j'aurai écrit sera mort avec moi. Vous voyez, par ce fait, la profonde impression de haine et de mépris que j'ai pour les lettres, considérées comme métier et comme état dans le monde. Eh bien ! je les aime plus que jamais comme culture de l'âme ; et elles me prennent presque tous mes momens, depuis que j'ai retrouvé mes facultés, après la perte irréparable que j'ai faite l'été dernier : tant il est vrai que la nature et l'habitude sont également indomptables. Les lettres seront un de mes plus grands plaisirs dans ma retraite ; et d'avance elles lui prêtent déjà des charmes. Assurément, c'est bien sans amour de gloire, sans manie de postérité. Accordez cela, si vous pouvez ; mais soyez sûr que rien n'est plus vrai.

Adieu, mon ami, etc.

Paris, 4' avril 1784.

LETTRE XI.

A M. DE VAUDREUIL.

13 décembre 1788.

Je vois que vous vous souvenez de la *Requête des filles sur le renvoi des évêques*, et que vous voudriez donner un frère ou une sœur à cette bagatelle dont vous êtes le parrain ; mais je vous assure qu'il me serait impossible de faire un ouvrage plaisant sur un sujet aussi sérieux que celui dont il s'agit. Ce n'est pas le moment de prendre les crayons de Swift ou de Rabelais, lorsque nous touchons peut-être à des désastres ; et je pense qu'un écrivain qui jeterait du ridicule sur tous les partis, serait lapidé à frais communs. Je ne pourrais donc faire qu'un ouvrage sérieux ; et de quoi servirait-il? S'il n'y en a pas encore qui présente, sous tous les points de vue, cette intéressante question, il en existe un grand nombre qui, par leur réunion, l'éclaircissent suffisamment. En effet, de quoi s'agit-il? d'un procès entre vingt-quatre millions d'hommes et sept cent mille privilégiés (*). J'entends dire que la haute noblesse forme des ligues, pousse des cris, etc : c'est ici, je crois, qu'on peut accuser la maladresse de la plupart des écrivains qui ont manié cette question. Que n'ont-ils dit aux grands privilégiés : »Vous croyez qu'on vous attaque personnellement, qu'on veut vous attaquer; point du tout. Une grande nation peut élever et voir au-dessus d'elle quelques familles distinguées, trois cents, quatre cents, plus ou moins ; elle peut rendre cet hommage à d'antiques services, à d'anciens noms, à des souvenirs ; mais, en conscience, peut-elle porter sept cent mille anoblis, qui, quant à l'impôt, quant à l'argent, sont aux mêmes droits que les Montmorency et les plus anciens chevaliers français? Plaignez-vous de la fatalité qui fait marcher à votre suite cette épouvantable cohue ; mais ne brûlez pas la maison qui ne peut la loger. Ne sommes-nous pas accablés, anéantis, sous cette même fatalité qui enfin a mis en péril ce que vous appelez vos droits et vos privilèges? Ne voyez-vous pas qu'il faut nécessairement

---

(*) Il n'y en avait pas 100,000 ; mais on en croyait 700,000. *(Note de l'auteur.)*

qu'un ordre de choses aussi monstrueux soit changé, ou que nous périssions tous également, clergé, noblesse, tiers-état ?» Je suis vraiment affligé qu'on n'ait point dit et répété partout cette observation. Elle eût ramené les esprits prévenus, elle eût désarmé l'amour propre, elle eût intéressé l'orgueil aux succès de la raison, et peut-être eût-elle sauvé aux notables l'opprobre ineffaçable dont ils viennent de se couvrir à pure perte. Un autre avantage de cette réflexion, c'est qu'elle eût sur-le-champ fait apprécier le moyen terme que quelques-uns proposent ridiculement, celui d'appeler, pour le seul consentement à l'impôt, le tiers-état à l'égalité numérique, en ne l'admettant que pour un tiers seulement à délibérer sur les objets de législation générale. Qui est-ce qui me fait cette proposition ? est-ce un membre de l'ancienne chevalerie ? est-ce un secrétaire du roi, du grand collège, du petit collège, car tous ont le droit de parler ainsi ? Je réponds à ce dernier.... Mais non, je ne réponds pas : vous sentez que j'aurais trop d'avantage. Permettre à un peuple de défendre son argent, et lui ravir le droit d'influer sur les lois qui doivent décider de son honneur et de sa vie, c'est une insulte, c'est une dérision. Non, cela ne sera point, cela ne saurait être, la nation ne le souffrira pas ; et, si elle le souffre, elle mérite tous les maux dont elle est menacée.

Mais on parle des dangers attachés à la trop grande influence du tiers-état ; on va même jusqu'à prononcer le mot de *démocratie*. La démocratie ! dans un pays où le peuple ne possède pas la plus petite portion du pouvoir exécutif ! dans un pays où le plus mince suppôt de l'autorité ne trouve partout qu'obéissance, et même trop souvent abjection ! où la puissance royale ne vient que de rencontrer des obstacles de la part des corps dont presque tous les membres sont nobles ou anoblis ! où le luxe le plus effréné et la plus monstrueuse inégalité des richesses laisseront toujours d'homme à homme un trop grand intervalle ! Quel pays plus libre que l'Angleterre ? Et en est-il un où la supériorité du rang soit plus marquée, plus respectée, quoique l'inférieur n'y soit pas écrasé impunément ? Que de faux prétextes ! que d'ignorance ! ou plutôt que de mauvaise foi ! Pourquoi ne pas dire nettement, comme quelques-uns : » Je ne veux pas payer ! » Je vous conjure de ne pas juger des autres par vous-même. Je sais que, si vous aviez cinq ou six cent mille livres de rente en fonds de terre, vous seriez le premier à vous taxer fidèlement et rigoureusement ; mais vous vous rappelez l'offre généreuse faite par le clergé, pendant la première assemblée des Notables, et l'indigne réclamation qu'il a faite ensuite en faveur de ses immunités. Vous voyez le parlement feindre d'abandonner les siennes, et l'instant d'après se ménager les moyens de les conserver et même d'accroître son existence. Enfin, vous savez ce qui vient de se passer, et ce qui a si bien mis en évidence le projet formel de maintenir les priviléges pécuniaires. M. de Chabot et M. de Castries, ayant consigné, dans un Mémoire, leur abandon de ces priviléges, pour ne conserver que leurs droits honorifiques, n'ont pu trouver ni nobles, ni anoblis, qui voulussent signer après eux. Les gentils-hommes bretons ne nous disent-ils pas qu'il n'est pas en leur pouvoir de se dessaisir de leurs priviléges utiles, que c'est l'héritage de leurs enfans, que ces droits seraient réclamés par eux tôt ou tard? Et c'est ainsi qu'ils intéressent leur conscience à faire de l'oppression du faible le patrimoine du fort, de l'injustice la plus révoltante un droit sacré, enfin de la tyrannie un devoir. Je l'ai entendu.... Et vous voulez que j'écrive! Ha! je n'écrirais que pour consacrer mon mépris et mon horreur pour de pareilles maximes ; je craindrais que le sentiment de l'humanité ne remplît mon âme trop profondément, et ne m'inspirât une éloquence qui enflammât les esprits déjà trop échauffés ; je craindrais de faire du mal par l'excès de l'amour du bien. Je m'effraie de l'avenir ; je vois mettre aux plus petits détails une suite et un intérêt qui m'étonnent moi-même ; on fait des listes de ceux qui ont été pour et de ceux qui ont été contre le peuple ; on prête, on ôte tour à tour tel ou tel propos, bon ou mauvais, à tel ou tel homme. Pour mon compte, j'ai nié hardiment un mot attribué à M. le comte d'Artois. Ce mouvement machinal chez moi, a été l'effet de ma reconnaissance pour les marques de bonté que vous m'avez attirées de sa part. On suppose que ce prince a dit à un notable, dont l'avis avait été favorable au peuple : *Est-ce que vous voulez nous enroturer?* Je ne crois point ce mot ; mais, s'il a été dit, le notable pouvait répondre : « Non, monseigneur; mais je veux anoblir les Français, en leur donnant une patrie. On ne peut anoblir les Bourbons ; mais on peut encore les illustrer, en leur donnant pour sujets des citoyens ; et c'est ce qui leur a toujours manqué. » C'est bien M. le comte d'Artois qui y est le plus intéressé : c'est bien lui qui peut dire, à la vue de ses enfans : *posteri, posteri, vestra res agitur.* C'est de cette époque que tout va dépendre. J'ose affirmer que, si les privilégiés pouvaient avoir le malheur de gagner leur procès, la nation, écrasée au dedans, serait, pour des siècles, aussi méprisable au dehors qu'elle est maintenant méprisée. Elle serait, à l'égard de ses voisins réunis, ce que le Portugal est à l'Angleterre, une grande ferme, où ils récolteraient, en lui faisant la loi, ses vins, ses moissons, ses denrées, etc. Si, au contraire, il arrive ce qui doit arriver, et ce qui est presque infaillible, je ne vois que prospérité pour la nation entière et pour ces privilégiés si aveugles, si ennemis d'eux-mêmes, qui n'aperçoivent pas que l'aisance du pauvre fait partie de l'opulence du riche; pour les premiers hommes de l'état, qui ne voient pas qu'il n'y a de liberté et de dignité particulière que sous la sauve garde de la liberté publique et de l'honneur national. Eh, grand Dieu! que peuvent-ils craindre pour leurs dignités? Est-ce le tiers-état qui les leur enlèvera? Est-ce le tiers-état qui arrivera aux places de la cour, aux grands emplois? Craignent-ils pour leurs fortunes? N'est-ce pas un fait avéré qu'en Angleterre, les grandes fortunes territoriales des familles illustres ne datent que de la révolution de 1688? C'est le fruit du rehaussement dans la valeur des terres, effet de la liberté publique et d'un accroissement marqué dans l'industrie nationale, qui l'un et l'autre tournent toujours en dernière analyse au profit des propriétaires terriens. Je suis si convaincu de cette double influence, que, si on me demandait, dans la sincérité de mon cœur, à quelle classe d'hommes je crois plus profitable la révolution qui se prépare, je répondrais que cette révolution, profitable à tous, l'est à chacun dans la proportion de supériorité déjà existante où son rang et sa fortune actuels le mettent sur la grande échelle sociale. J'en excepte le clergé dont nous ne sommes pas en peine, ni vous, ni moi, et les ministres (pour le temps, quelquefois très-court, pendant lequel ils sont ministres); mais on ne se dégoûtera pas du métier : et puis on ne saurait parer à tout.

Telle est ma manière de voir cette unique et inconcevable crise. J'ai voulu vous faire ma profession de foi, afin que, si, par hasard, nos opinions se trouvaient trop différentes, nous ne revinssions plus sur cette conversation. Nos opinions ont plus d'une fois été opposées, sans que d'ailleurs nos âmes aient cessé de s'entendre et de s'aimer : c'est le principal, ou plutôt c'est tout. Je me souviens, entr'autres, qu'il y a juste deux ans dans ce moment-ci, nous eûmes une discussion très-animée sur le parti que prenait M. de Calonne, sur son projet de subvention territoriale, infaillible, disiez-vous, s'il était appuyé, comme il l'était, de toute la puissance du roi. Je vous dis que le roi y échouerait ; je vous dis, en propres termes, que le roi pouvait faire abattre la forêt la plus immense ; mais qu'on ne faisait pas quatre cents lieues, à pied, sur des lianes, des ronces et des épines. Ce que l'on entreprend aujourd'hui est bien autrement difficile. Supposez (ce qui paraît impossible) que la nation soit vaincue aux prochains états-généraux ; je demande ce qui arrivera en 1791, à l'époque où le troisième vingtième cessera d'être dû, où les impôts (depuis l'incompétence reconnue des parlemens) exigeront le consentement national. Croyez-vous que ces cinquante-cinq millions seront perçus ? Croyez-vous même que les autres le soient exactement ? Non, non ; croyez plutôt qu'on ne réduit pas vingt-trois ou vingt-quatre millions d'hommes, dont le mécontentement ne se montre point sous la forme de révolte, mais sous celle de mauvaise volonté. Alors, que restera t-il à ceux qui auront favorisé de si mauvaises mesures? Je vous supplie, au nom de ma tendre amitié, de ne pas prendre à cet égard une couleur trop marquante. Je connais le fond de votre âme; mais je sais comme on s'y prendra pour vous faire pencher du côté anti-populaire. Souffrez que j'en appelle à la noble portion de cette âme que j'aime, à votre sensibilité, à votre humanité généreuse. Est-il plus noble d'appartenir à une association d'hommes, quelque respectable qu'elle puisse être, qu'à une nation entière, si long-temps avilie, et qui, en s'élevant à la liberté, consacrera les noms de ceux qui auront fait des vœux pour elle, mais peut se montrer sévère, même injuste, envers les noms de ceux qui lui auront été défavorables? Je vous parle du fond de ma cellule, comme je le ferais du tombeau, comme l'ami le plus tendrement dévoué, qui n'a jamais aimé en vous que vous-même, étranger à la crainte et à l'espérance, indifférent à toutes les distinctions qui séparent les hommes, parce que leur coup d'œil n'est plus rien pour lui. J'ai cru remplir le plus noble devoir de l'amitié, en vous parlant avec cette franchise; puissiez-vous la prendre pour ce qu'elle est, c'est-à-dire, pour l'expression et la preuve du sentiment qui m'attache à tout ce que vous avez d'aimable et d'honnête, et à des vertus que je voudrais voir apprécier par d'autres, autant qu'elles le sont par moi-même.

LETTRE XII.

A M. PANCKOUKE.

Je n'ai reçu, monsieur, votre billet qu'hier au matin, au moment où je sortais pour une affaire intéressante qui m'a empêché d'avoir l'honneur d'y répondre sur-le-champ.

Je vous dois, d'abord, des remercîmens de la préférence que vous me donnez, en voulant m'associer à des gens de lettres que j'estime et que j'honore; mais, après mes remercîmens, je vous prie d'agréer le véritable regret que j'ai de ne pouvoir être leur coopérateur. La partie dont je serais chargé, entraîne avec soi des inconvéniens auxquels ils ne sont pas exposés. Je vous avoue franchement que je ne sais pas le moyen de traiter trois fois par mois avec l'amour propre des auteurs, acteurs et actrices des trois théâtres de Paris, et surtout de la comédie française. Serais-je un critique juste et sévère? me voilà l'ennemi de tous les mauvais auteurs; et, malgré leur petit nombre, ils ne laissent pas d'être très-dangereux. Prendrai-je le parti de la grande indulgence? je déshonore, je décrédite mon jugement; et, ce qui n'est pas indifférent pour vous, le nombre des souscripteurs diminuera, car le public veut de la malignité. Il faut que l'article des spectacles soit attendu, qu'il inspire de la curiosité, de la crainte, de l'espérance, en un mot, qu'il remue les passions, comme les ouvrages de théâtre dont il rend compte. Faut-il tout vous dire, monsieur ? gardez-moi le secret : un journal sans malice est un vaisseau de guerre démâté, à qui les corsaires même refusent le salut.

On peut insister et prétendre qu'il est possible d'accorder la plus exacte politesse avec une critique sévère. Outre que je crois cet accord très-difficile, l'amour propre des auteurs sait-il, dans ses chagrins, vous tenir compte de vos ménagemens ? On injurie, on insulte, on calomnie le critique ; et, en pareil cas, qui peut répondre de soi ? Le sentiment de l'injustice irrite ; le caractère s'aigrit ; on devient injuste, absurde soi-même ; et on finit par tomber dans un décri, dans un avilissement, qui équivaut à une flétrissure publique et à une véritable diffamation. Nous en avons des exemples déplorables dans la personne de M. Fréron et de M. de Laharpe qui n'étaient point sans talens, l'un et l'autre, à beaucoup près. Qui sait même s'ils n'étaient pas nés honnêtes ? En vérité, cette destinée fait frémir. Il n'en faut pas courir les risques : il ne faut pas tenter Dieu.

Telles sont mes raisons, monsieur ; et en supposant, ce qui serait peut-être en moi trop d'amour propre, qu'elles ne vous satisfissent point comme propriétaire du privilège du *Mercure*, je suis bien sûr que vous les approuverez comme homme, et comme honnête homme.

LETTRE XIII.

A MADAME AGASSE.

Voici le moment où je commence à soulever mon âme, après le coup qui vient de l'accabler. C'est ce qui m'a empêché, mon aimable amie, de répondre à votre lettre. Un autre sentiment m'a empêché de courir à vous. J'ai craint, je l'avoûrai, j'ai craint votre présence autant que je la désire; j'ai craint d'être suffoqué en voyant, dans ces premiers jours, la personne que mon amie aimait le plus, et dont nous parlions le plus souvent. Le cœur sait ce qu'il lui faut. C'est de vous que j'ai besoin maintenant : j'irai vous voir au premier jour, mais le matin, vers les dix heures. Je ne réponds pas du premier moment ; mais je ne suffoquerai point, parce que mon cœur peut s'épancher auprès de vous. Mais quand je songe que ce même jour, et sans doute à cette même heure où je serai chez vous, elle vous verrait aussi.... Je m'arrête, et ne puis plus écrire ; les larmes coulent ; et c'est, depuis qu'elle n'est plus, le moment le moins malheureux.

LETTRE XIV.

A LA MÊME.

Paris, juillet 1789.

La veille du jour où j'ai reçu votre lettre, madame, j'avais vu M. Marmontel, et lui avais parlé de celle qu'il avait reçue de vous, avec les pièces justificatives attestant l'acte de vertu auquel vous vous intéressez. J'ai pris la liberté d'y joindre un petit mot de reproche sur son défaut de galanterie. Sa réponse m'a prouvé que si, en devenant vieux, on est exposé à devenir paresseux, ou moins galant, on peut du moins continuer à se tenir en règle, et à mettre ses papiers en ordre. Il m'a montré votre paquet, bien étiqueté, entre ceux de vos rivales ; et il m'a dit que sa coutume était de répondre après la décision de l'académie. Je m'imagine, madame, qu'il ne manquera pas à ce devoir ; mais, en tous cas, je me ferai, à cet égard, le suppléant de M. Marmontel, et je deviendrai, pour vous, le secrétaire de notre secrétaire.

Vous ne me paraissez pas bien appitoyée sur le décès de notre ami, feu le despotisme ; et vous savez que cette mort m'a très-peu surpris. C'est avec bien du plaisir que je reçois de votre main mon brevet de prophète. Il vaut mieux que celui de sorcier, qui m'a été expédié par plusieurs de mes amis. Mais les femmes sont toujours plus polies, plus aimables que les hommes. Au reste, comme on ne scie plus les prophètes, et qu'on ne brûle plus les sorciers, je jouis, en toute sûreté, des honneurs de ma prévoyance. Mais, en vérité, il ne fallait qu'approcher du colosse pour s'apercevoir qu'il était creux et pourri, vernissé en dehors et vermoulu en dedans. Sa chute, pour avoir été trop soudaine, nous mettra dans l'embarras quelque temps : mais nous nous en tirerons.

Je voulais, ces derniers jours, aller causer avec vous, et récapituler les trente ans que nous venons de vivre, en trois semaines. Mais la chaleur accablante d'hier et d'aujourd'hui m'a retenu chez moi. J'irai me dédommager quand le thermomètre sera descendu de quelques degrés. Il y en a un qui ne descendra pas, c'est celui de l'amitié que je vous ai vouée, l'an cinquantième du règne de Claude-Louis xv. C'est une fort bonne raison de ne pas douter de mon tendre et respectueux attachement sous son successeur.

P. S. Voulez-vous bien vous charger de tous complimens pour M...., et le prier de rendre le *Mercure* un peu plus républicain : il n'y a plus que cela qui prenne. *Item*, que la *Gazette de France* soit aussi haussée de plusieurs crans, dans la proportion respectueuse où elle doit être à l'égard du *Mercure*. Ajoutez, je vous demande en grâce, qu'à ce prix je lui pardonne la pudeur qui a voulu me faire des bayonnettes, auxquelles il avait une foi trop peu philosophique.

Mercr.... Paris, P. R. n° 18.

LETTRE XV.

A LA MÊME.

Paris, 1789.

Je suis mal avec moi-même, mon aimable amie; et j'ai besoin d'espérer que je ne suis pas aussi mal avec vous. Pour commencer par ce qui me peine le plus, c'est que je ne puis dîner avec vous, ni même vous voir aujourd'hui. Je suis forcé d'assister au dîner de notre société des trente-six, où je veux présenter deux de mes amis, pour notre grand club, avant qu'il soit formé et que le scrutin soit établi. Je les désobligerais grossièrement et les exposerais à n'être pas reçus; et de plus je déplais beaucoup à la société déjà établie, pour n'y avoir pas dîné depuis plusieurs vendredis, jour qui, n'étant pas académique, a été demandé en ma faveur par quelques amis particuliers : mais ce n'est pas cette dernière raison qui me prive de vous voir aujourd'hui, voilà pourquoi je n'ai pas tant d'humeur contre elle. Au surplus, je ferais mieux de garder tout à fait ma chambre; car, sans être malade, je suis excédé, anéanti, et j'ai grand besoin de repos. Voilà près de huit jours qu'il m'a été impossible de me délivrer d'une fantaisie de poète, vraiment poétique, au moins par son acharnement. Le jour, la nuit, le repas même, tout s'en est ressenti : je ne croyais pas être si jeune. Rien, absolument rien, n'a pu faire lâcher prise à cette lubie. C'est être mordu d'un chien enragé. Le chien n'était pas gros, mais c'est un chien-loup, ou plutôt un chien-lion, un mélange d'horrible et de ridicule, de raison et de folie; mais où la raison ordonnait à la folie de paraître dominante. J'irai vous faire ma cour un de ces matins, et vous présenter à votre lever mon redoutable petit bichon. J'espère que, malgré ses dents, et non pas malgré lui, il pourra vous amuser. Je ne me servirais pas de lui pour faire ma paix avec vous ; car je ne la ferais jamais avec moi-même, si je n'avais pas, à vingt reprises, écarté, repoussé, cette persévérante folie, souveraine maîtresse de mon imagination. Si je vous en demandais pardon, ce serait vous demander pardon d'avoir eu quelques accès de fièvre. Fièvre, soit : la comparaison est juste; et il ne me fallait rien moins qu'une maladie pour m'empêcher de vous envoyer bien vite ce que je vous ai promis.

Il est vrai de dire que je me suis bien mis quatre à cinq fois au livre de M. de Saint-Pierre, dont j'avais mille choses à dire, toutes préparées dans ma tête; et il n'est pas moins vrai que je n'ai pu les retrouver, que rien ne venait; mais à la place accouraient les idées dont j'étais rempli : la folie était reine dans la maison. Qu'y faire? Céder pour redevenir le maître. La voilà chassée, tout à fait chassée; et dès demain je me remets à la sagesse, c'est-à-dire, à ce qui peut vous faire plaisir. Je vous l'enverrai tout de suite, ce qui est bien généreux; car je ne prétends pas différer le plaisir de prendre une tasse de chocolat auprès de votre chevet.

Adieu, mon aimable amie; vous connaissez mon respect et mon tendre attachement. Vous chargez-vous de tous mes complimens et de tous mes regrets auprès de M......?

LETTRE XVI.

A LA MÊME.

Paris, 15 juillet 1790.

Bon Dieu! que j'admire votre courage, et que j'aime votre bonté! Que je vous ai désirée à la place où j'étais, en face de l'autel; et tout auprès, un asile contre les averses! Je sais où vous étiez, et vous étiez bien mal. Dans ce moment, je vous aurais presque grondée; mais je vous aurais aimée davantage, s'il est possible. Comme il n'y aura plus de fédération, j'espère que vous vous ménagerez, que vous soignerez ce mieux qui (dieu merci) est arrivé bien vite, dont j'irai voir les progrès au plutôt, peut-être aujourd'hui même, et dont je vous remercie.

J'aime bien encore votre nouvelle profession de foi : nous sommes inébranlables dans notre religion. J'entends crier à mes oreilles, tandis que je vous écris : *Suppression de toutes les pensions de France ;* et je dis : « Supprime tout ce que tu voudras, je ne changerai ni de maximes, ni de sentimens. Les hommes marchaient sur leur tête, et ils marchent sur les pieds ; je suis content : ils auront toujours des défauts, des vices même ; mais ils n'auront que ceux de leur nature, et non les difformités monstrueuses qui composaient un gouvernement monstrueux. »

Adieu, mon aimable amie ; conservez-vous pour vos amis. Faisons durer tout ce qui est bon de l'ancien temps qui était si mauvais.

LETTRE XVII.

RÉPONSE A UN ANONYME.

Paris, 1er décembre 1791.

Il est aussi rare, monsieur, de répondre à une lettre anonyme, que difficile de mettre l'adresse sur la réponse. Je réponds néanmoins à votre lettre, parce qu'elle exprime quelques sentimens d'un ordre que j'ai toujours respecté, et que je respecterai toujours. Je me croirais dur envers vous, si je ne vous pardonnais, dans votre malheur, d'être injuste envers moi.

Il n'y a pas tant de contradiction que vous le pensez, entre le passage (cité dans le Mercure) d'une lettre de M. Chabanon, et *la douleur profonde, même accablante*, dont on l'a vu pénétré, à l'affreuse nouvelle des désastres de Saint-Domingue. Eh! pouvait-il ne pas l'être, dans le malheur de sa famille qu'il chérit, de plusieurs de ses amis dignes de son attachement, d'un grand nombre de ses concitoyens, colons, connus par leur humanité envers leurs esclaves, enfin de sa patrie commune, la métropole sur laquelle définitivement retombera une partie de ces calamités? Le lien qui accorde des sentimens qui vous paraissent opposés, est le secret des âmes telles que la sienne. Par malheur, le nombre n'en est pas grand; et pour le rendre, ce lien, visible à tous les yeux, il eût fallut transcrire, non quelques lignes d'un passage isolé, mais la lettre même qui méritait d'être imprimée tout entière. Répétez-moi qu'il a pleuré, abondamment pleuré, qu'il est encore plongé dans la plus amère affliction, ce n'est pas moi que vous étonnerez. M. Chabanon n'est pas de ceux dont on accuse la dureté envers autrui, par celle dont ils sont pour eux-mêmes; et je n'ai jamais connu d'homme qui, en se séparant de soi, conservât pour les autres une sensibilité si vive, si prompte et pourtant si durable. Je pense donc comme vous, monsieur, qu'il n'y a personne, sans exception, qui soit plus touché que lui des malheurs récens, dont gémissent tous les amis de l'humanité. Mais je crois sa douleur d'un caractère très-différent que celui que vous supposez. J'en dis peut-être trop pour vous, monsieur, si vous ne le connaissez pas; mais pour ceux qui le connaissent comme moi, je n'en dis pas assez.

Je serai court sur l'article de votre lettre qui m'est personnel. Je me crois dispensé de vous prendre pour juge de mes principes sur la révolution, fussiez-vous ou eussiez-vous été législateur; ils tiennent à un genre de sentimens qui paraissent vous être peu connus, et à des idées qui probablement ne vous sont pas assez familières pour ne pas vous sembler un peu chimériques. Mais, en me renfermant dans le matériel des faits, trouvez bon que je vous demande si, dans l'énoncé le plus libre de mes opinions, je n'ai pas constamment respecté les personnes, déféré à tous les souvenirs; et si, dans le cas où nul ne s'offenserait d'une générosité honnête, il existe un seul individu qui pût légitimement se plaindre de moi. Voilà sur quoi vous pourriez prononcer, en supposant qu'il vous fût possible d'être juste. Si cette condition vous paraît dure, supposez ce qui vous sera plus facile, que je ne vous aie rien demandé du tout.

LETTRE XVIII.

Paris, 17 janvier 1792.

Je n'ai pas répondu, mon ami, à votre dernière lettre, 1° parce que je l'ai pas pu ; 2° parce que je savais que, sous trois jours, les journaux se chargeraient de répondre à l'un de ses articles principaux, celui qui nous occupait alors, les rassemblemens des réfugiés brabançons à Lille, Douay, etc. Il y a des siècles depuis ce moment, et tout est bien changé. Je vis avec des personnes (et ce ne sont pas celles que vous connaissez), qui se trouvent, par une position bizarrement favorable, très au fait des affaires des Pays-Bas. Toujours est-il vrai que, depuis un mois, ils m'annoncent, quatre jours à l'avance, ce qui se trouve vérifié par l'événement. Ces gens-là soutiennent que Léopold craint une guerre avec nous, plus que les badauds de Paris ne la craignaient il y a deux ans. Ils prédisent que sa réponse du 10 février prochain sera telle que nous la pourrions désirer, dans le système le plus pacifique ; et je conçois que les mouvemens déjà sensibles dans plusieurs de ses états, et entr'autres dans la Styrie, sont bien capables de l'inquiéter. Mais supposons qu'il veuille agir hostilement dans deux mois, que ferons-nous si, d'ici à ce temps, il parle en allié et en bon voisin? Lui déclarerons-nous la guerre? Entrerons-nous dans le Brabant, comme un certain parti nous en sollicite? C'est ce qui paraît impossble; et, dans la supposition même où il lieroit sa partie avec les princes allemands, pour nous faire au printemps prochain une guerre qu'il rendra sûrement une guerre d'empire, comment forcerons-nous notre pouvoir exécutif, maître des combinaisons militaires, à marcher en Brabant, plutôt qu'à Liége, à Trèves, etc.? On rit de pitié, lorsqu'on voit, après deux ans et demi de révolution, le parti patriote n'ayant pas eu le crédit de chasser un commis de la guerre, M. Bessière, par exemple, et des commis des affaires étrangères, tels que Henin et Renneval. Contraindra-t-il le roi à agir sérieusement contre son beau-frère, avec qui se sont concertés des arrangemens déjoués par le hasard plus que par la politique? C'est ce qui ne pourrait arriver qu'après une crise qui compliquerait encore notre position, et la rendrait peut-être encore plus embarrassante. Mon idée est toujours que tout ceci est un problème sans solution, un drame brouillé et confus, dont le dénoûment tombera d'en haut comme celui des pièces d'Euripide. Ce que je sais seulement, c'est que le mouvement général entravera tous les mouvemens partiels et contradictoires dont on cherche à le retarder.

N'avez-vous pas bien ri du patriotisme qui, dans la séance du 15 de ce mois, a saisi nos ministres et les huissiers? J'ai surtout été ravi de l'enthousiasme de M. de Lessart, quoique celui de M. du Port ait bien son mérite, M. du Port qui, disait la surveille : « Tout ceci ne peut pas aller ; » et la constitution ne marchera jamais sans une » chambre haute. »

La plupart de nos députés, quelques meneurs et quelques intrigans, voient que M. de Lessart tire à sa fin : et c'est même l'opinion générale. Ce n'est pas la mienne ; et j'ai de fortes raisons de croire qu'il sera très-difficile de le déraciner. Peut-être en savez-vous autant que moi, si vous n'en savez pas plus. Quoi qu'il en soit, je dis, à qui veut l'entendre, que je ne compterai sur la sincérité des Tuileries, que lorsque vous aurez ce ministère-là. Je m'aperçois que je ne réussis pas également auprès de tout le monde, en parlant ainsi ; cet arrangement n'est pas celui qui convient à certaines gens que vous savez, mais c'est ce qui m'importe peu. Croirez-vous qu'il y a eu une plate intrigue pour y placer S. L........ ? L'ancien régime n'était pas plus impudent. S. L........ aux affaires étrangères ! lui qui ne sait pas plus la géographie que M. de Lessart ! Vous jugez bien qu'on croyait le gouverner, jusqu'au moment où l'année 1793 ouvrirait la porte aux nobles de la minorité, les seuls hommes vraiment faits pour les places. Il est bien heureux, pour les auteurs de cette plate intrigue, d'avoir été sifflés avant le levé de la toile; ils en auraient été les dupes. Il les eût joués tous et probablement foulés aux pieds. Qu'eût fait S. L...? Il ne manque pas d'esprit. Il a cette activité que donne à un ambitieux l'habitude du travail dans les emplois subalternes. Il eût pris la géographie de Busching, de bonnes cartes, eût parcouru les cartons et les porte-feuilles des affaires étrangères, se serait bourré la cervelle de tout ce qui pouvait y entrer en quinze jours, leur eût dit qu'il en savait plus qu'eux en politique, et leur eût du moins prouvé qu'en intrigue et en audace il était leur maître à tous. Voilà l'homme; et tel est le caractère qu'il a montré depuis qu'il est en place. Vous savez qu'ils veulent M. Dietrich. Je sais que c'est un bon citoyen, et un homme de mérite; mais j'ignore s'il a d'ailleurs toutes les connaissances requises.

Adieu, mon cher ami; je vous aime et vous embrasse de tout mon cœur. Vos fanatiques vous donnent bien du tracas dans votre département. Mais le dégoût que m'inspirent ici les intrigans et les fripons ci-devant honnêtes, remplit l'âme d'un sentiment plus mélancolique.

L'hommage de l'amitié à votre peureuse amie.

LETTRE XIX.

Paris, 12 août 1792.

Je continue, mon ami, de me bien porter ; mais je ne néglige point mon régime. J'ai fait, ce matin, le tour de la statue renversée de Louis xv, de Louis xiv, à la place Vendôme, à la place des Victoires. C'était mon jour de visite aux rois détrônés ; et les médecins philosophes disent que c'est un exercice très-salutaire. Vous serez sûrement de leur avis. En tous cas, j'ai pris ça sur moi.

De la place Louis xv, j'ai poussé jusqu'au château des Tuileries. C'est un spectacle dont on ne se fait pas l'idée. Le peuple remplissait le jardin, comme il eût fait celui du Prato à Vienne, ou ceux de Postdam. La foule inondait les appartemens teints du sang de ses frères et de ses amis, et percés de coups de canon renvoyés en réponse à ceux qui les avaient massacrés la surveille. Les conversations étaient analogues à ces tristes objets. A la vérité, je n'ai pas entendu prononcer le nom du roi ni celui de la reine ; mais, en revanche, on y parla beaucoup de Charles ix et de Catherine de Médicis. Une vieille femme y racontait plusieurs traits de l'histoire de France. Un homme en haillons citait l'anecdote de la jatte et des gants de la duchesse de Marlborough, comme ayant été la cause d'une guerre : il se trompait ; elle fit faire une campagne de moins. Mais je me suis bien gardé de rétablir le texte ; j'aurais été pris pour un aristocrate : d'ailleurs, la méprise était si légère, et l'intention du conteur était si bonne.

Voulez-vous savoir de combien de siècles l'opinion a cheminé depuis deux mois ? Rappelez-vous le symptôme que je vous citais de la passion française pour la royauté, ce que je vous prouvais par la facilité avec laquelle les danseurs jacobins, sous mes fenêtres, passaient de l'air *ça ira* à l'air *vive Henri* IV ! Eh bien ! cet air est proscrit ; et, au moment où je vous parle, la statue de ce roi est par terre : rien ne m'a plus étonné dans ma vie. Je ne vous dirai plus que ceux qui voudraient la république, trouveraient sur leur chemin la *Henriade* et le *Lodoïx* de l'université. Non, cela n'est plus à craindre ; et je suis sûr même que le *Versalicas arces* de nos poèmes latins modernes ne protégera pas Versailles. Il ne fallait rien moins que la cour actuelle pour opérer ce miracle ; mais enfin, elle l'a fait : gloire lui soit rendue ! Je n'ai plus le moindre doute à cet égard, depuis que j'ai entendu les discours très-peu badauds des Parisiens autour des statues royales qui ont eu ce matin ma visite. Pour moi, le peu de badauderie qui me reste, m'a engagé à lire quelques mots écrits sous un pied du cheval de Louis XV. Que croiriez-vous que j'y ai trouvé? le nom de Girardon, qui avait caché là son immortalité. Cela ne vous paraît-il pas l'emblême de la protection intéressée, accordée aux beaux-arts par un despote orgueilleux, et en même temps de la modeste bêtise d'un artiste, homme de génie, qui se croit honoré de travailler à la gloire d'un tyran? Plus j'étudie l'homme, plus je vois que je n'y vois rien. Au reste, il serait plaisant que Girardon se fût dit en lui-même: « La gloire de ce roi ne durera pas, sa statue sera renversée par la postérité indignée de son despotisme; et son cheval, en levant le pied, parlera de ma gloire aux regardans. » Cet artiste-là aurait eu une philosophie qu'on pourrait souhaiter aux Racine et aux Boileau.

A propos de roi, ou m'a dit qu'on parlait de vous pour l'éducation du prince royal. J'y trouve une difficulté. Comment saurez-vous quel métier il faut faire apprendre à votre élève, en cas que les Français ressemblent aux Parisiens? Prenez-y garde: *cette difficulté vaut bien qu'on la propose.*

Vous êtes sûrement bien aise que Grouvelle soit secrétaire du conseil, et par conséquent qu'un mauvais génie ne l'ait pas placé, il y a sept ou huit jours, comme le bruit en avait couru. Il trouvera ce métier bien doux, auprès de celui de président de section, qu'il a fait pendant la terrible nuit d'avant-hier. Un président de section était, en ce moment, un composé de commissaire de quartier, arbitre, juge de paix, lieutenant-criminel, et un peu fossoyeur, vu que les cadavres étaient là qui attendaient ses ordres, comme il arrive quand le pouvoir exécutif force la souveraineté à recourir au pouvoir révolutionnaire. Je suis bien aise aussi que Lebrun soit aux affaires étrangères, quoique je n'aie jamais pu, pendant deux mois, obtenir de lui une épreuve de la *Gazette de France*, tandis qu'il la faisait sous mon nom. Je n'ai pas de rancune.

Adieu, mon cher ami ; je vous aime et vous embrasse très-tendrement : vous voyez que, sans être gai, je ne suis pas précisément triste. Ce n'est pas que le calme soit rétabli, et que le peuple n'ait, encore cette nuit, pourchassé les aristocrates, entr'autres les journalistes de leur bord. Mais il faut savoir prendre son parti sur les contre-temps de cette espèce. C'est ce qui doit arriver chez un peuple neuf, qui, pendant trois années, a parlé sans cesse de sa sublime constitution, mais qui va la détruire, et dans le vrai, n'a su organiser encore que l'insurrection. C'est peu de chose, il est vrai ; mais cela vaut mieux que rien.

Adieu, encore une fois ; je vous espère sous huitaine, ainsi que notre cher malade. Je ne vous ai point parlé de lui, parce que je vais lui écrire.

LETTRE XX.

A LA CITOYENNE ......

15 Frimaire an 11 de la République.

C'est un besoin pour moi, mon aimable amie, de vous écrire ; et je suppose qu'en ce moment-ci vous êtes disposée à faire grâce aux défauts de mon écriture. Je ne croyais pas, lorsque vous déchiriez votre linge pour mes blessures et pour m'envoyer de la charpie, que je pourrais sitôt tracer de ma main les remercîmens que je vous ai adressés du fond de mon cœur. Ils seront courts cette fois-ci, mais ils n'en seront pas moins vifs : appliquez-leur ce qu'on dit des prières, ce qui n'empêche pas d'en faire quelquefois de longues qui valent bien leur prix.

On me flatte d'obtenir bientôt ma liberté. Je suis difficile en espérance ; mais je ne veux pas avoir pour moi-même la cruauté de repousser celle-ci. Je serais pourtant plus voisin de vous au Luxembourg : mais vous ne me souhaitez pas d'être votre voisin à ce prix.

Adieu, mon aimable amie. Respect et tendresse; et sensibilité à vos peines que je sais.

LETTRE XXI.

AU CITOYEN LAVEAU,

RÉDACTEUR DU JOURNAL DE LA MONTAGNE.

Paris, le 8 septembre 1793, l'an 11 de la République une et indivisible.

L'IMPARTIALITÉ que vous avez montrée, citoyen, en rendant compte de la dénonciation de Tobiezen-Duby, contre plusieurs citoyens attachés à la bibliothèque nationale, et en insérant le lendemain dans votre journal la note du dénonciateur, me laisse lieu d'espérer aussi que vous voudrez bien y donner une place à ma lettre.

Un journaliste plus dur que vous a trouvé qu'une lettre flagorneuse de Tobiezen-Duby à la citoyenne Roland n'était pas pour moi une justification suffisante : et cela est vrai ; mais avant que je connusse les chefs d'accusation, de quoi voulait-on que je me justifiasse? et n'était-il pas naturel de faire connaître d'abord l'accusateur et ses motifs? C'est à quoi paraissait propre la lettre de Tobiezen-Duby à la citoyenne Roland; et je vous prie d'en rendre juges, par l'impression, les républicains auxquels il croit pouvoir en appeler. Le créateur de la formule : *au ministre Roland, respect*, qui se trouve à la tête des lettres du désintéressé M. Tobiezen-Duby, déposées au ministère de l'intérieur, ne devrait pas se donner pour un républicain de la première force ; et je doute que le comité épuratoire des jacobins s'accommode de cette formule.

Je devais donc d'abord me borner à faire connaître mon dénonciateur, quand je me suis vu accusé d'aristocratie. Chamfort aristocrate ! Tous ceux qui me connaissent en ont ri, et beaucoup trop ri, selon moi ; car j'étais aux Madelonettes. Aristocrate ! celui chez qui l'amour de l'égalité a été constamment une passion dominante, un instinct inné, indomptable et machinal ! celui qui a mis au théâtre, il y a plus de vingt ans, la pièce du *Marchand de Smyrne*, qu'on joue encore fréquemment ; et dans laquelle les nobles et aristocrates de toute robe sont mis en vente au rabais, et finalement donnés pour rien ! celui qui a publié contre les académies un discours, lequel a devancé de deux ans leur destruction depuis peu prononcée ; enfin, plusieurs autres écrits où respire cet amour de l'égalité, sans laquelle la liberté politique n'est qu'une illusion, une chimère. Voilà l'aristocrate de la façon de M. Tobiezen-Duby.

Il a mis enfin au jour ses chefs d'accusation, ce M. Duby. C'est un tissu de calomnies atroces, de mensonges dénués même de vraisemblance. Croirat-on qu'il pousse l'aveuglement de la haine jusqu'à se permettre d'articuler un fait, dont la fausseté peut se démontrer sur-le-champ par une preuve sans réplique, une preuve matérielle ?

Après avoir dit que je vais rarement aux assemblées de section (ce qui est malheureusement vrai, par l'effet de mon état maladif, suffocations, étouffemens, dans les assemblées nombreuses), M. Duby ajoute que je n'ai pourtant pas manqué de m'y trouver à la nomination d'un commandant général, *pour donner ma voix à Raffet*.

J'affirme que le fait est faux. J'ignore si l'on conserve ou non les listes des votans : mais si on les conserve, je défie qu'on y trouve mon nom ; si on ne les conserve pas, je défie quelqu'homme que ce soit de dire qu'il m'a vu ce jour là à la section.

Ce n'est point ici le lieu, citoyen, de confondre M. Duby sur d'autres inculpations plus graves, et si odieuses que je me réserve contre lui tous les moyens de droit.

Finissons, et disons le vrai mot. Il faut une place à M. Duby, quoiqu'il vous dise le contraire dans sa note. Je résigne la mienne dès ce moment, dût-elle lui être donnée; mais elle ne le sera pas, et il aura calomnié pour le compte d'autrui : c'est un malheur.

Salut et fraternité.

LETTRE XII.

A SES CONCITOYENS,

EN RÉPONSE AUX CALOMNIES DE TOBIEZEN-DUBY.

Je suis l'objet des calomnies atroces de Tobiezen-Duby.

Quel est le citoyen qu'il ose accuser d'aristocratie? c'est un homme chez qui l'amour de la liberté et de l'égalité a été la passion de sa vie entière; connu dès long-temps par sa haine pour la noblesse, haine qu'on représentait alors comme une manie blâmable par son excès; qui, dans une comédie (*le Marchand de Smyrne*) faite il y a plus de vingt ans, et encore fréquemment jouée sans aucun changement, a mis les nobles sur la scène, les a fait vendre *au rabais*, et finalement *donner pour rien*.

C'est un homme à qui cette prétendue manie contre la noblesse a dicté les morceaux les plus vigoureux, insérés dans le livre sur l'*ordre* américain de *Cincinnatus*, ouvrage publié en 1786, et qui porta les plus rudes coups à l'aristocratie française, dans l'opinion publique.

Ce même Chamfort n'a cessé depuis d'envoyer à divers journaux patriotes, sans se nommer, sans chercher d'éclat, tout ce qu'il a cru utile à la chose publique : aussi, la cour et l'aristocratie, qui ne l'ignoraient pas, n'ont-elles cessé de le faire déchirer dans leurs journaux ; et son nom s'est trouvé, comme de raison, sur toutes les listes de proscription de la cour et de l'aristocratie.

Certes, ni la cour, ni l'aristocratie n'avaient tort ; et si quelque hazard particulier faisait ouvrir certains porte-feuilles où se trouvent plusieurs de mes lettres, écrites *dans toutes les époques de la révolution*, on y verrait que mes principes républicains étaient bien antérieurs à la république.

Voilà ce qui est connu de tous ceux qui me connaissent.

Veut-on savoir maintenant quel est Tobiezen-Duby ? son patriotisme ?..... mais ce serait une dérision que d'en parler. Lui-même, dans sa lettre à la citoyenne Roland, où il demande une place, lui-même date ce patriotisme du 7 juillet 1792 : et cette date est un peu trop récente. Il faut bien qu'il reconnaisse que ce titre est assez faible, puisqu'il s'appuie des droits que lui donne à cette place un ouvrage de son père *sur les monnaies des barons et des prélats de France* ; puissante recommandation, en effet, pour un patriote de sa trempe ; aussi s'est-il porté pour continuateur de cette sottise aristocratique, publiée par lui en 1790, appelée par lui, en 1792, ouvrage *national*. Remarquez bien les dates.

Laissons donc là le patriotisme de Tobiezen-Duby ; et ne parlons plus que de Tobiezen-Duby lui-même : c'est bien assez.

Mais ne l'imitons pas dans ses divagations. Je ne me permettrai de citer contre lui que des faits appuyés de pièces justificatives.

Vous tous, vrais jacobins, qui, faute de le connaître, l'avez admis parmi vous, l'avez placé dans votre comité de correspondance, l'avez chargé d'en faire les extraits et de les lire à votre tribune; vous tous, hommes droits et purs, qui voulez que les dénonciations soient un moyen de châtiment ou de répression contre les aristocrates et les traîtres, mais qui ne voulez pas qu'elles soient, dans les mains des intrigans, une arme contre les républicains, venez à la bibliothèque nationale, vous y verrez les preuves de ce que j'avance.

Vous verrez ce prétendu républicain qui donne le nom servile de *patron* à l'un de ses collègues, lequel lui avait rendu quelques services, par une surprise dont bientôt s'est repenti le *patron* trop facile.

Vous verrez le créateur de la formule : *au ministre Roland, respect*, vous le verrez protégé par Le Noir, dont il vante la *sensibilité d'âme*, auquel il voue *une reconnaissance éternelle*.

Placé auprès de Joly, garde des estampes, Tobiezen-Duby écrit à Le Noir : *M. Joly est l'homme de la bibliothèque pour lequel j'ai le plus de respect, d'égards et d'estime*; hommage rendu en 1788, qui n'a pas empêché le même Tobiezen-Duby de solliciter, en 1792, la place de ce même Joly, *qui est*, dit-il, *au moment de la perdre par un juste châtiment de son aristocratie.*

Voilà ce qu'il écrit avec *vénération* à la *vertueuse* Roland de septembre 1792, *femme Roland* en septembre 1793.

Que dites-vous, citoyens! n'est ce pas là le vil caractère et la marche tortueuse d'un intrigant de l'ancien régime, d'un intrigant du nouveau, tartufe de probité, tartufe de patriotisme? Je supprime ici nombre de traits consignés dans les dépôts de la bibliothèque, et qui montreront à nu son caractère: jalousie, ambition, orgueil, haine pour ses confrères bien avant la révolution, lorsque le patriotisme hypocrite d'un méchant ne pouvait servir de voile à ses manœuvres et à ses perfidies.

En attendant que vous voyez de vos yeux, que vous touchiez de vos mains, les preuves écrites de la perversité de Tobiezen-Duby, parcourez seulement ses trois dénonciations contre la bibliothèque; car il en a fait trois.

C'est une chose curieuse de le voir allonger, raccourcir, la liste des dénoncés, alléger le poids sur celui-ci, l'aggraver sur celui-là, selon ce qu'il juge convenable à son intérêt personnel, d'après le moment et les circonstances.

Voyant sa première délation tombée dans le mépris, Tobiezen-Duby, le flatteur des anciens ministres, gronde le ministre *trompé*. Pour accréditer son absurde dénonciation, pour la faire croire pure et désintéressée, il proteste aujourd'hui qu'il ne veut point de place. Venez, citoyens, à la bibliothèque, vous assurer que, depuis cinq ans, la vie de Tobiezen-Duby n'est qu'un tissu d'intrigues, d'abord pour avoir une place, puis pour en avoir une meilleure, puis pour se faire donner un logement.

Remarquez sur-tout son impudente audace, dès que, sortant du cercle des accusations vagues, il articule un fait précis; par exemple, lorsqu'il ose m'accuser d'avoir donné ma voix à *Raffet*. J'ai affirmé et j'affirme encore que ce fait est faux. Je demande qu'on consulte la liste des votans; et si cette liste n'existe pas, je défie tout homme, quel qu'il soit, et fut-ce Tobiezen-Duby lui-même, d'oser dire qu'il m'a vu ce jour-là à la section.

A cela, que répond Tobiezen-Duby? Rien. Il redouble de fureur et de calomnies, sans revenir sur le seul fait positif qu'il ait allégué contre moi. Ne reconnaissez-vous pas là, citoyens, un homme qui n'écoute que sa haine, sa haine aveugle, et foule aux pieds sa conscience?

Comment cherche-t-il à couvrir cette honte? il fait de nouveaux efforts pour exciter contre moi les jacobins, contre moi qui, même avant que les sociétés populaires fussent mises sous l'égide de la constitution, n'ai cessé (mille témoins existent) de dire et de répéter: « Sans » les jacobins, point de liberté, point de répu- » blique. »

Il me prétend lié avec le ministre Roland, moi qui, de notoriété publique, n'ai eu avec lui que les relations nécessitées par ma place. Et cette place l'avais-je sollicitée? l'avais-je desirée? y avais-je seulement songé? connaissais-je, même de vue, le ministre Roland?

Il me prétend lié avec la Gironde, dont je n'ai jamais vu un seul membre. que dans des rencontres rares, imprévues et fortuites.

Ici, je porte un défi public à quelqu'homme que ce puisse être, de dire qu'il m'ait jamais vu chez un seul député de la Gironde, et qu'il ait jamais vu un seul d'entre eux chez moi. De plus, grand nombre de personnes savent et peuvent se rappeler que mes idées ont été en opposition absolue avec les leurs sur presque toutes les questions importantes, comme la garde départementale, le jugement de Louis Capet, l'appel au peuple et plusieurs autres.

Observez que ces mensonges de Tobiezen-Duby, et quelques autres non moins odieux, se produisent, comme par supplément, par surabondance, dans sa troisième dénonciation; c'est-à-dire, dans le troisième accès de sa fièvre calomnieuse.

Que penser, citoyens, de celui qui, convaincu de faux sur un fait grave, le fait relatif à Raffet, répète hardiment ses autres impostures, en ajoute de nouvelles non moins faciles à repousser; et dans son emportement essaye de provoquer contre moi des passions personnelles dans les magistrats du peuple les plus estimables, les plus estimés;

appelle au secours de sa haine les plus fidèles mandataires du peuple, les sociétés les plus patriotiques, toutes les autorités constituées, c'est-à-dire, veut mettre ce qu'il y a de plus vil et de plus odieux sous la protection de ce qu'il y a de plus respectable?

Mais non; les sociétés populaires, les autorités constituées, sont et resteront justes, en dépit des intrigans, des calomniateurs, de Tobiezen-Duby. Elles peuvent, il est vrai, dans la crise d'un orage révolutionnaire, être surprises et trompées pour un moment ; mais bientôt éclairées, parce qu'elles veulent l'être, elles brisent avec indignation le piége qu'on leur a tendu, et repoussent avec dédain le fabricateur du piége : leur justice appelle à soi la justice publique, dont la leur est elle-même une grande portion. Dans le court intervalle où la calomnie voudrait séparer ces deux justices qui doivent n'en être qu'une, j'appelle sur moi l'une et l'autre, j'attends leurs regards, je les désire; et à cet instant même, tandis que vous me lisez, républicains, je jouis de la certitude de les voir se réunir pour moi et confondre Tobiezen-Duby.

Tobiezen-Duby aura donc beau faire ; il restera ce qu'il est, et moi je resterai ce que je suis : lui, vrai ou faux patriote du 7 juillet 1792, faux républicain de 1793, car les intrigans et les calomniateurs sont de faux républicains; moi, révolutionnaire de fait et de notoriété publique avant la révolution; républicain de principes et de cœur, même avant la république.

Telle est la force, tel est l'empire de ce sentiment consolateur, de se dire à soi-même, *je vivrai, je mourrai républicain*, qu'une détention de vingt années n'eût pu l'affaiblir dans mon âme; et, je le proteste de nouveau, rien de ce qui tient, rien de ce qui tiendra à la révolution, ne m'empêchera d'appartenir du fonds du cœur, et jusqu'au dernier soupir, à la révolution, et au complément de la révolution, à la république, à la république une et indivisible.

P. S. Encore un mot, citoyens; convaincu dès long-temps qu'il importait au salut public que tous les salariés du peuple, sans exception, fussent au-dessus du soupçon même, doctrine que je professe depuis trois ans, j'allai, l'un des premiers jours d'août, au comité de surveillance de notre section (celle de 1792), sur les premiers bruits vagues qu'on cherchait à répandre contre la bibliothèque.

Là, j'ai déposé sur le bureau un écrit dans lequel je demande que tous et chacun de ses membres soient examinés sur leurs actions, sur leurs principes et leurs sentimens. Observez que cette démarche si nette et si franche de ma part, antérieure d'un mois à notre détention, a probablement frappé les autorités constituées; et leur conduite à notre égard choque beaucoup Tobiezen : car il n'est pas aisé Tobiezen-Duby ! il veut qu'on croye à ses calomnies bien vite et pour toujours, et que tout soit fini.

Il en a pourtant tiré un fruit ; c'est de m'avoir mis dans le cas de confirmer, par ma démission que j'ai donnée, mes principes sur *les salariés du peuple.* On peut m'objecter sans doute que c'est avoir beaucoup trop de respect pour les calomniateurs : soit, mais le premier devoir d'un républicain est de rester fidèle à ses anciens principes.

Je laisse là ses impostures qui lui appartiennent, et je cherche d'où lui vient son audace avec de si faibles moyens personnels. Ne trahirait-il pas lui-même son secret, par le début de sa première denonciation imprimée? *Je suis jacobin et ardent républicain*, dit-il. Et aussitôt, enhardi par ces deux noms qu'il usurpe, il lance, comme d'un poste sûr, tous les traits de la calomnie. Citoyens, vous vous avez vu quel républicain c'était ; jugez quel jacobin ce peut être.

Il a cru, le lâche ! que, sous l'abri de ces deux titres, il pouvait tout se permettre ; il a cru que nul n'oserait aller, derrière ces retranchemens, lui arracher son masque et ses méprisables armes; il s'est trompé. Lui jacobin ! non, il ne l'est pas. C'est moi, qui, sans en porter le titre, le suis en effet et de principes et d'âme ; moi qui, en juillet 1791, après le massacre du Champ-de-Mars, entraîné, malgré mon état de maladie et de souffrance, par une force irrésistible, courus aux jacobins, moi vingtième ou trentième.... j'ignore le nombre, mais la salle était alors déserte. Où était alors Tobiezen-Duby? Etait-ce chez vous, jacobins, qu'il cherchait un refuge? Je ne crois pas qu'il fût là. Quoi qu'il en soit, je m'y présentai; je fus admis parmi vous, et même dans votre comité de correspondance, où cet homme vient de se glisser. Il est vrai qu'aux approches de l'hiver, ma déplorable santé, qui suspend trop souvent mes travaux, et qui surtout m'interdit les grandes assemblées, me força, par degrés, à me priver des vôtres, toujours plus brillantes et plus nombreuses. La patrie, il est vrai, n'était pas encore sauvée; mais l'affluence, toujours croissante parmi vous, semblait le garant de son triomphe et du vôtre; et dans le redoublement des incommodités que la foule me cause, je n'étais plus soutenu par ce sentiment si impérieux sur certaines âmes, ce je ne sais quel attrait attaché aux périls très-instans (*).

Ce malheur, je veux dire les infirmités physiques qui m'interdisent les grandes assemblées, malheur réel pour tout vrai citoyen, Tobiezen Duby en profite pour me calomnier auprès des assemblées de section. Il me prête, à ce sujet, un

---

(1) Il est de fait que, de tous les lieux où l'affluence est grande, et d'où l'on ne peut sortir sans se rendre importun, il n'y a que les jacobins où j'aie jamais été, et toujours dans les crises violentes de l'année 1791. Le moment que j'avais choisi pour me présenter, en est une preuve suffisante.

propos aussi absurde qu'infâme, digne d'un vieil et stupide aristocrate de château, et que, par cette raison, je voue au mépris public, ainsi que l'homme qui a la bêtise de me l'attribuer.

J'apprends que Tobiezen-Duby, après avoir rempli le rôle de *persécuteur* de la bibliothèque nationale, a osé, en cherchant à se justifier à la tribune des jacobins, usurper le rôle de *persécuté* pour ses opinions par les citoyens qu'il a dénoncés, et tâche d'appeler sur lui l'intérêt attaché à ce second rôle.

Bien loin de l'avoir persécuté, je réponds affirmativement que son patriotisme auquel on eût applaudi, était parfaitement ignoré de ceux qu'il a *persécutés* véritablement.

J'affirme de plus, qu'avant sa dénonciation, nul de ses confrères qu'il accuse ne lui parlait et ne parlait de lui, que lui-même ne parlait à aucun d'eux, depuis son entrée à la bibliothèque sous Le Noir: ce qui était fort simple, vu la différence des fonctions respectives qui ne les mettait point en rapports.

On défie donc Tobiezen-Duby d'articuler un seul acte de *persécution* de la part de ses confrères; et, quant à moi, la seule persécution qu'il puisse citer, c'est d'avoir, à mon entrée en place, accru ses appointemens de 400 livres. Il est vrai que, dans sa lettre à la *vertueuse citoyenne* Roland, il demanda la place de garde des estampes, ou au moins une augmentation de 1200 livres avec un logement. Son patriotisme d'aujourd'hui, si désintéressé, si pur, m'imputerait-il, par hasard, cette différence de 1200 à 400 livres? Dans cette supposition, il aurait lui-même tout expliqué.

Tobiezen-Duby est donc convaincu de faux dans ce qu'il a dit aux jacobins, comme il l'a été dans ce qu'il a dit aux autorités constituées et ensuite au public; mais son nouveau mensonge est marqué d'une plus rare impudence. Car enfin, le public, témoin des faits, témoin de l'acharnement de ses trois dénonciations, voit clairement que Tobiezen-Duby est le persécuteur et non le persécuté. Je ne dis donc plus, comme je l'ai fait sur quelques-unes de ses impostures : *citoyens, venez et voyez ;* je dis seulement : *ouvrez les yeux et voyez.*

18e jour du 1er mois de la république française.

FIN DES LETTRES DIVERSES.

DEUX ARTICLES

EXTRAITS

DU JOURNAL DE PARIS.

DEUX ARTICLES

EXTRAITS

DU JOURNAL DE PARIS.

18 mars 1795.

ENTRETIEN

ENTRE UN DES AUTEURS DU JOURNAL DE PARIS ET UN AMI DE

CHAMFORT.

Est-ce que vous ne défendrez pas Chamfort contre Delacroix (*)?
— Ma foi, je n'en sais rien.
— N'étiez-vous pas de ses amis?
— J'en étais, certainement.

(*) M. Delacroix avait fait insérer, dans le Journal de Paris, une lettre dans laquelle il parlait peu avantageusement de Chamfort, auquel il reprochait d'avoir pris une part trop active à la révolution.

— Et vous l'abandonneriez !

— N'a-t-il pas été *terroriste ?*

— Oui, jusqu'à la menace ; non, jusqu'aux actions. Il croyait nécessaire de paraître terrible, pour éviter d'être cruel. Il s'est arrêté, quand il a vu la férocité frapper avec les armes que le patriotisme alarmé ne voulait que montrer. Le confondriez-vous avec les hommes de sang ?

— Non ; mais je ne le mettrai pas non plus au nombre des esprits sages qui ont prévu les conséquences des déclamations incendiaires, ni des âmes courageuses qui ont travaillé à empêcher les fureurs populaires, ni même des âmes sensibles qui en ont constamment gémi. N'est-ce pas lorsque la terreur l'a atteint lui-même, qu'il a cessé d'applaudir au terrorisme ?

— C'est bien avant : et il ne s'est pas borné au silence ; il a frappé sur le terrorisme, dès qu'il l'a vu cruel, comme il l'avait fait sur le despotisme dans tous les temps, et sur le modérantisme quand il l'a cru dangereux. Ignorez-vous qu'il fut mis en arrestation pour avoir refusé à Hérault-Séchelles d'écrire contre la liberté de la presse ? N'avez-vous pas entendu citer ce mot qui lui échappa au sujet de *la fraternité,* que les tyrans proclamaient sans cesse : « Ils parlent, dit-il, de la *fraternité* d'Étéocle » et de Polynice. » Ce fut lui qui, entendant déplorer l'indifférence du public pour les chefs-d'œuvres de la scène tragique, l'expliqua en ces mots : « La » tragédie ne fait plus d'effet depuis qu'elle court

» les rues. » Ce fut lui qui dit de Barrère, à la naissance de son pouvoir : « C'est un brave homme que » ce Barrère ; il vient toujours au secours du plus » fort. » — « C'est un ange que votre Pache, dit-il » un jour à un ami de celui-ci ; mais à sa place, je « rendrais mes comptes. » Ce furent ces discours, et cent autres que ceux-là supposent, qui indisposèrent les décemvirs contre lui. On sait qu'au moment de son arrestation, il fit ce qu'il put pour se tuer ; remis en liberté, ses amis lui reprochèrent d'avoir tenté de se donner la mort : « Mes amis, » répondit-il, du moins je ne risquais pas d'être » jeté à la voirie du Panthéon. » C'est ainsi qu'il appelait cette sépulture depuis l'apothéose de Marat. Quelque temps après sa délivrance, un des amis qui lui ont fermé les yeux, Colchen le félicitait d'être échappé à ses propres coups ; Chamfort lui répondit : « Ah ! mon ami, les horreurs que je » vois, me donnent à tout moment l'envie de me » recommencer. » Ne voyez-vous pas, dans ces paroles, les sentimens d'une âme sensible et courareuse ?

— Je me plais à les reconnaître en lui ; mais pourquoi donc cet emportement de paroles, ce débordement d'invectives et de menaces contre les mêmes castes, contre la plupart des mêmes individus que Marat et Robespierre proscrivirent depuis ?

— Vous l'avez dit : parce que Chamfort n'était pas un esprit sage ; j'ajouterai même qu'en politique il n'était pas un esprit éclairé. Il avait vu les abus et les vices attachés à l'ancien régime ; il leur avait juré la guerre ; et il croyait nécessaire de la faire à outrance, sans précaution, comme sans mesure : voilà son erreur.

— Mais n'y a-t-il pas eu du mauvais cœur dans sa conduite, et au moins de cette méchanceté qui se plaît à nuire, pour peu que la justice y autorise ; de cette méchanceté qui n'est pas celle du scélérat, mais celle de l'homme dur et violent ?

— Nullement ; et ce qui le prouve, c'est qu'il a cessé ses emportemens dès qu'il a vu qu'on prenait à la lettre les discours des Marat et des Robespierre ; il voulait faire peur et non faire du mal, puisqu'il s'est arrêté dès qu'il a vu qu'on faisait mal pour faire mal, et encore pour faire peur.

— Mais n'a-t-il pas voulu satisfaire des vues personnelles ? n'est-ce pas son interêt qui lui a conseillé de flatter les partis dominans ?

— Son intérêt n'a été pour rien dans sa conduite. Toujours Chamfort s'y montra supérieur ; disons plus : il en fut toujours l'ennemi. Non seulement il s'attacha à la révolution, mais même il poursuivit avec passion jusques sur lui-même tous les abus, ou ce qu'il croyait être les abus de l'ancien régime. Il se déchaîna contre les pensions, jusqu'à ce qu'il n'eût plus de pension ; contre l'académie dont les jetons étaient devenus sa seule ressource, jusqu'à ce qu'il n'y eût plus d'académie ; contre toutes les idolâtries, toutes les servilités, toutes les courtoisies, jusqu'à ce qu'il n'existât plus un homme qui osât se montrer empressé à lui plaire ; contre l'opulence extrême, jusqu'à ce qu'il ne lui restât plus un ami assez riche pour le mener en voiture ou lui donner à dîner. Enfin il se déchaîna contre la frivolité, le bel esprit, la littérature même, jusqu'à ce que toutes ses liaisons, occupées uniquement des intérêts publics, fussent devenues indifférentes à ses écrits, à ses comédies, à sa conversation. Il s'impatientait d'entendre louer son *Marchand de Smyrne* comme une comédie révolutionnaire; il s'indignait même qu'on se crût réduit à tenir compte de si faibles ressources pour servir une si grande cause. « Je ne croirai pas à la » révolution, disait-il souvent en 1791 et 1792, » tant que je verrai ces carrosses et ces cabriolets » écraser les passans. » Voici une anecdote qui le caractérise. Le lendemain du jour où l'assemblée constituante supprima les pensions, nous fûmes lui et moi voir Marmontel à la campagne. Nous le trouvâmes, et sa femme surtout, gémissant de la perte que le décret leur faisait éprouver; et c'était pour leurs enfans qu'ils gémissaient. Chamfort en prit un sur ses genoux : « Viens, dit- » il, mon petit ami, tu vaudras mieux que nous; » quelque jour tu pleureras, en apprenant qu'il » eut la faiblesse de pleurer sur toi, dans l'idée que » tu serais moins riche que lui. » Chamfort perdait lui-même sa fortune par le décret de la veille. — Si Chamfort, comme on voit, ne passait rien aux autres, il ne se passait rien non plus à lui-même. Il fut misantrope peut-être, mais non pas inhumain ; il haïssait les hommes, mais parce qu'ils ne s'aimaient point ; et le secret de son caractère est tout entier dans ce mot qu'il répétait souvent : « Tout homme qui, à 40 ans, n'est pas misantrope, » n'a jamais aimé les hommes. » On lui a reproché d'avoir été ingrat envers des amis qui l'avaient obligé pendant leur puissance ; et l'on s'est fondé sur son ardeur à poursuivre les abus dont ils vivaient. La belle raison ! la preuve que Chamfort ne fut point ingrat, c'est qu'il resta attaché à ses amis dépouillés d'abus, comme il l'avait été quand ils en étaient revêtus.

— A ce compte, il n'y aurait qu'à admirer dans Chamfort ; et ce que vous appelez le défaut de sagesse de son esprit, ne serait que la faculté de s'émouvoir trop vivement pour le bien et contre le mal !

— Vous allez maintenant trop loin. La morosité de Chamfort, sa misantropie furent des défauts sérieux ; il irrita souvent des gens qu'il aurait pu ramener ; il affligea des hommes honnêtes par des jugemens inconsidérés. Il provoqua sans le vouloir, il autorisa des passions perverses, et arma des hommes atroces de maximes violentes et de raisonnemens spécieux ; et quand il avait lancé un mot piquant ou accablant sur quelqu'homme que ce fût, il ne revenait plus sur l'opinion qu'il en avait donnée, non qu'il fût arrêté par la crainte méprisable de déprécier un mot saillant, mais plutôt parce qu'il voulait se faire craindre d'un ennemi qu'il croyait trop blessé pour ne pas être irréconciliable ; c'est ainsi qu'il resta toute sa vie le détracteur de Laharpe, parce qu'il l'avait été un jour ; il s'obstina à soutenir que cet excellent littérateur dont il honorait d'ailleurs le patriotisme, ne savait pas le latin, parce qu'il l'avait surpris autrefois, je ne sais dans quelle erreur sur le sens d'un mot de Tite-Live. Ces travers sont inexcusables ; mais je ne puis pour cela passer condamnation sur des reproches qui attaquent le fond de son cœur.

— Je vous entends ; mais, après tout, à quoi bon célébrer Chamfort ? Qu'a-t-il fait pour la révolution ? Il n'a pas imprimé une seule ligne, pour en hâter ou en arrêter la marche suivant les circonstances, non plus que pour l'éclairer.

— Comptez-vous pour rien une foule de mots saillans, qui ont passé mille fois dans toutes les bouches ? Sa réponse à des aristocrates qui, après le 14 juillet 1789, se demandaient douloureusement ce que devenait la Bastille : « Messieurs, elle ne fait que décroître et embellir. » Ces autres paroles, sur la manière de faire la guerre à la Belgique : « *Guerre aux châteaux! Paix aux chaumières!* » paroles qui, pour être devenus l'adage du vandalisme et de la tyrannie en France, n'en étaient pas moins justes et politiques relativement à des ennemis étrangers et des agresseurs cruels ; cette prédiction, malheureusement démentie par M. Pitt, mais qui devait lui servir de leçon, et fournira à l'Angleterre un éternel reproche contre lui : « L'Angleterre ne fera pas la » guerre à la France, elle aimera mieux sucer notre » sang que de le répandre »; enfin cette réflexion décisive sur des projets de loi proposés à l'assemblée constituante pour réprimer la licence des écrits calomnieux : « Toute loi sera inutile contre » la calomnie, parce qu'elle se vend bien. » Chamfort imprimait sans cesse; mais c'était dans l'esprit de ses amis. Il n'a rien laissé d'écrit; mais il n'aura rien dit qui ne le soit un jour. On le citera long-temps; on répétera dans plus d'un bon livre des paroles de lui, qui sont l'abrégé ou le germe d'un bon livre.... Ne craignons pas de le dire : on n'estime pas à sa valeur le service qu'une phrase énergique peut rendre aux plus grands intérêts. Il est des vérités importantes, qui ne servent à rien, parce qu'elles sont noyées dans de volumineux écrits, ou errantes et confuses dans l'entendement; elles sont comme un métal précieux en dissolution : en cet état il n'est d'aucun usage, on ne peut même apprécier sa valeur. Pour le rendre utile, il faut que l'artiste le mette en lingot, l'affine, l'essaie, et lui imprime sous le balancier des caractères auxquels tous les yeux puissent le reconnaître. Il en est de même de la pensée. Il faut, pour entrer dans la circulation, qu'elle passe sous le balancier de l'homme éloquent, qu'elle y soit marquée d'une empreinte ineffaçable, frappante pour tous les yeux, et garante de son aloi. Chamfort n'a cessé de frapper de ce genre de monnaie, et souvent il a frappé de la monnaie d'or; il ne la distribuait pas lui-même au public, mais ses amis se chargeaient volontiers de ce soin; et certes il est resté plus de choses de lui qui n'a rien écrit, que de tant d'écrits publiés depuis cinq ans et chargés de tant de mots.

— Je me rends, citoyen; mais que puis-je faire de mieux pour la mémoire de Chamfort que d'écrire notre entretien et de le publier? y consentez-vous?

— Volontiers.

M. Rœderer.

VARIÉTÉS.

12 germinal an III.

A la bonne heure, citoyens, quelques mots fins ou énergiques, quelques anecdotes rapidement contées, réduites dans un cadre ingénieux, voilà ce qui compose votre morceau sur Chamfort, voilà ce qui plaît à tous les lecteurs, et non des discussions à la fois pesantes et étranglées, des disputeurs, des dissertateurs, des docteurs de quelque genre que ce soit, de Salamanque ou de la comédie; vos deux pages valent mieux qu'une vie en deux volumes. Quand on les a lues, vingt souvenirs reviennent encore. Je l'ai connu, dès la jeunesse, ce Chamfort; et je doute beaucoup qu'il fût digne d'être *misantrope à quarante ans*, si, pour en avoir le droit, *il faut avoir aimé les hommes*. Il n'aima jamais que Chamfort: c'était un homme habile à lancer un trait d'esprit *acéré*, comme une arbalète chasse une flèche. Je vais en dire quelques mots, non par le besoin de médire (il n'y eut pas plus entre nous de haine que d'amitié), mais par le désir d'être vrai, et de bien juger ceux qui ont été désireux de paraître, et qui ont eu la triste ambition d'être craints.

Chamfort le fut toujours; sa figure était charmante dans la jeunesse; le plaisir l'altéra étrangement, et l'humeur finit par la rendre hideuse. Il ne montra d'abord que de la gaîté, et seulement un petit germe de méchanceté; mais ce germe ressemblait au plus petit des grains qui devient un arbre: il ombragea toute sa vie. Après un succès académique, il essaya la carrière des négociations; il eut une correspondance qui ne fut remarquée que par des lettres outrageuses contre l'ambassadeur qu'il avait suivi. On peut croire qu'il revint à Paris; et il dit que la politique *n'était que du haut allemand*. Soit qu'on eût dégoûté M. de Choiseul de ce caractère trop âcre, soit qu'on lui eût laissé ignorer ses talens, Chamfort désespéra ou dédaigna d'être replacé, et il se dévoua aux lettres.

Parmi ceux qui se firent connaître dans le même temps, je me rappelle l'abbé Delille, non moins fécond en saillies, et qui l'a bien surpassé en gloire littéraire. Leur caractère modifia bien diversement leur esprit. Delille a toujours plu comme un enfant. Chamfort sollicitait le rire et se faisait redouter. Il reprocha un jour à l'abbé la richesse de ses rimes, qu'il appelait *des sonnettes*; celui-ci le plaignait de ne faire entendre que des grelots.

Les bons mots de Chamfort se heurtèrent bientôt contre ceux de Duclos. Le vieux maître d'escrime montra un peu d'humeur du ton libéré du jeune homme, et dit en gromelant :

Ce n'était pas jadis sur ce ton ridicule....

Chamfort acheva :

Qu'Amour dictait les vers que soupirait *Racine*.

Cependant il s'aperçut qu'il y avait à profiter avec cet homme. Il remarqua, il imita, il surpassa peut-être ce ton de flatteur brusque, cet art de caresser les grands avec une apparence de rudesse qui avait valu à Duclos, de la part d'un autre malin, l'épithète de *faux sincère*. Mademoiselle Quinault, qui me l'a dit, lui donnait un autre nom assez plaisant *don Brusquin d'Algarade*. Chamfort eût mérité cette grandesse. J'ai vu de ses fureurs. J'ai ri de l'humilité où il tenait l'élégant Vaudreuil, son patron. Celui-ci s'occupait sans cesse à lui procurer des accès à la cour; et Chamfort se résignait à accepter de petits titres en faveur des pensions ; c'est ainsi qu'il fut secrétaire de madame Elisabeth. On l'embarrassa beaucoup, en le voulant faire secrétaire de l'ordre du Saint-Esprit ; il y avait encore là 2000 fr. de pension à gagner. Mais une espèce de demi-cordon bleu à porter *en sautoir* gâtait l'affaire. Cela avait l'air subalterne ; et c'était alors que Chamfort invoquait la religion de l'égalité, qu'il n'eût jamais connue, s'il avait pu porter ce même cordon *de l'épaule dextre à la hanche gauche.*

D'ailleurs, on lui rappela qu'il avait dit à notre excellent Ducis, à qui on proposait le cordon de Saint-Michel : « Que feras-tu de ce ruban ? tu ne » l'auras pas plutôt qu'il faudra le porter. » La révolution vint ; vous avez conté le reste. Il finit par s'enivrer de démocratie et de mauvais vin, et puis se tuer, se manquer, se recommencer. Je vois en lui beaucoup de rage, et cherche *son humanité*. Il dédaignait à la fin qu'on vantât son *Marchand de Smyrne* ; il regrettait sûrement que son *Zéangir* eut peu duré : la *Jeune Indienne* est une parfaite et élégante bagatelle, dont on doit, ce me semble, l'idée à Métastase. Son éloge de Molière a été lu ; mais on relit surtout celui de La Fontaine. Je voudrais qu'on publiât ses notes pleines d'esprit sur ce poète. Mais qu'a-t-il fait de son poème commencé sur la Fronde ? Quand il l'entreprit, il était loin des sublimités du *sans-culotisme...* Bon soir.

LETTRES DE MIRABEAU

A CHAMFORT.

LETTRES DE MIRABEAU

A CHAMFORT.

LETTRE I.

4 décembre 1783.

Expliquez-moi, mon très-aimable ami, si les traductions grecques et latines de M. de Pompignan que vous désirez consulter, sont dans les deux derniers volumes de sa nouvelle collection. Je ne les ai point encore; mais je puis les avoir sur-le-champ. Si c'est au contraire dans les *Mélanges de littérature* qu'il a donnés il y a deux ou trois ans, que vous cherchez M. Saint-Grégoire, je n'ai point mes livres ici ; et ces *mediocres miscellanea* ne sont pas sur ma très-petite tablette; mais je puis les avoir dans la matinée. Expliquez-vous donc; car je n'ai reçu qu'hier soir en rentrant votre lettre qui pourtant est datée du 2.

Pendant qu'on relie votre exemplaire du livre que vous voulez bien désirer (*), je vous annonce

---

(*) *Des Lettres de cachet et des Prisons d'état.*

celui que j'avais fait entre-mêler de feuilles d'attente pour moi, et qui est en bel état, comme vous voyez, parce qu'il a fait sept ou huit cents lieues, et passé par bien des mains. Ce me sera un véritable service, et dont je vous aurai une reconnaissance éternelle et bien douce, si vous avez le courage d'en entreprendre une censure très-sévère, soit pour le fond, soit pour la forme.

Quant au fond, je sais que j'ai médité profondément le plan, et que cependant on lui a reproché quelques défauts d'ordre. A-t-on raison ? c'est ce que je ne veux ni ne puis décider; mais ce que je sais surtout, c'est que, riche en résultats moraux comme vous l'êtes en vues profondes, en aperçus nouveaux et d'un coloris qui n'est qu'à vous, vous pouvez m'enrichir infiniment, et que vous êtes capable du noble sentiment de le vouloir, 1º parce que vous m'aimez, 2º parce que cet ouvrage n'a pas été sans quelque utilité, et qu'ainsi c'est une bonne œuvre que de le rendre le moins mauvais possible, 3º parce que Marmontel n'avait pas peur qu'un modeste client le ruinât.

Quant à la forme, je sais qu'il y a beaucoup d'incorrections, et peut-être aussi de cette obscurité, dont les écrits d'un reclus ne paraissent le plus souvent aux gens du monde, que parce qu'ils ne lisent pas avec autant d'attention qu'il a écrit. Pour vous qui savez méditer et dilucider, composer et colorier, vous qui avez l'âme et le génie de Tacite, avec l'esprit de Lucien et la muse de Voltaire quand il rit et ne grimace pas; si vous voulez laisser quelques jours sur votre pupître mon ouvrage, médiocre à la vérité, mais non pas méprisable, il méritera bientôt d'être placé au nombre des bons livres.

Je crois dès long-temps que de bons apologues seraient plus utiles que de bons traités de morale ; jugez du cas que je fais des vôtres, et de l'incroyable talent que vous a donné la nature en ce genre. Mais parbleu, mon beau monsieur, je ne me charge la conscience d'aucun péché dont je n'ai eu le plaisir. Ainsi, aujourd'hui, ou au plus tard demain sans faute, j'irai entendre l'apologue qui, en bonne règle, est à moi, puisqu'il a été fait pour moi. Bonjour, mon cher et aimable ami. *Vale et me ama.*

Dupont vous portera lui-même son Roland. Il a vu M. de C..... (*). Il a à lui faire d'ici à mercredi prochain, le rapport d'une très-grande affaire ; et je crois qu'ils sont contens l'un de l'autre.

(*) De Calonne.

LETTRE II.

Paris, 22 juin 1784.

Je ne m'accoutume pas aisément à l'idée d'être réduit à causer par écrit avec vous, mon ami; votre société est si douce, votre conversation si séduisante, et votre amitié si confiante, qu'il est impossible qu'une correspondance en remplace le moindre charme. L'union des âmes ne veut point de réserve; les lettres en exigent. Eh! qui pourrait exprimer ce qu'un seul regard fait entendre? Quoiqu'il en soit, je ne suis pas l'enfant gâté du sort, et je dois être habitué aux contrariétés. Ainsi, je n'ai presque pas le droit de me plaindre de celle-ci, dont vous ne pouvez d'ailleurs ressentir que la moitié, puisque, dans votre belle solitude, vous avez un ami très-aimable et très-cher. Or, je vous aime pour vous, quoique je jouisse de notre amitié pour moi; ainsi je ne me permettrai pas même de presser votre retour.

J'ai vu hier la difficulté, et je n'en ai pas été content. D'abord, le temps était orageux jusqu'à la tempête; et il a été impossible de se promener au jardin. De là, témoins, espions, humeur et réserve; ensuite, sa conversation a eu du haut et du bas; elle n'a pas dit un mot direct de l'homme à qui nous nous intéressons; mais elle a tenu tant de propos étranges sur les gens de lettres et sur leurs défauts de société, sur l'impossibilité d'en rencontrer un d'aimable, sur le danger d'être leur intime, que j'ai vu clairement de l'affectation dans ce sujet de conversation, et dans la manière dont il était traité. L'Auvergnat (*), après cette longue dissertation, est venu comme exemple, et seulement par occasion. On a dit que Voltaire lui-même n'avait pas eu plus d'esprit que celui-là, que la nature lui avait donné beaucoup de grâces et de sensibilité, et que l'exercice des lettres l'avait rendu égoïste et caustique. J'ai débattu l'égoïsme avec un très-grand succès; et j'ai expliqué la causticité avec assez d'adresse, en faisant remarquer d'ailleurs (ce qui est très-vrai) que cette causticité, que provoquent les ridicules, les vices et les méchans, devient toute tolérance et bonté en amitié. On est convenu de cela; mais il m'a paru qu'il y avait un parti pris d'avoir de l'humeur, et on l'a poussé jusqu'à dire qu'on n'avait vu que le petit abbé de Constantinople (**) aimable en société, quoiqu'on le dédaignât comme ami, ou plutôt qu'on le crût incapable de l'être. Vous connaissez cette manière de tomber d'accord dans la discussion des détails, et de revenir avec opiniâtreté à l'assertion à laquelle l'interlo-

---

(*) C'est Chamfort lui-même qui est désigné par ce sobriquet. On sait qu'il était né près de Clermont, en Auvergne.

(**) L'abbé de Lille.

cuteur oppose les détails non disputés. Tel a été le système de défense de la jolie disputeuse. Il est clair qu'elle avait de l'humeur ; la cause n'est pas si aisée à démêler. Avant-hier, j'aurais cru sans difficulté que c'était le départ, qui, très-certainement, en a beaucoup donné. Hier, cela m'a paru incertain ; et comme nous n'avons pu être seuls un instant, il n'a pas été possible d'aller directement à la découverte. Les entours aussi paraissaient incommoder ; ma sortie, beaucoup plus prompte que je ne l'avais annoncé, parce que j'ai vu que la conversation ne cesserait certainement pas d'être amphibologique, a fâché aussi. En un mot, *non liquet*; et avec ce sexe, sans être un sot, on saute quelquefois pour reculer.

Il faut que vous sachiez qu'elle avait eu par écrit une scène épouvantable. L'honorable Hibernois ne se console pas que son précieux rejeton ne porte pas le nom de Jean ; et il voulait absolument que les puissances ecclésiastiques et civiles intervinssent, pour lui ajouter ce nom de mauvaise compagnie. Lady s'est permis des objections qui ont été très-mal reçues ; enfin je me suis chargé de démontrer, par un billet, l'absurdité de cette prétention ; je l'ai fait, et il a paru que j'ôtais un grand poids à la pauvre brutalisée. Est-ce là cette frayeur de la soumission d'amour, cette tendre inquiétude tenant à l'abnégation de soi ? je ne le crois pas. C'est donc de la lâcheté ? je ne le crois pas non plus ; les caractères doux et les cœurs superstitieux en amour se laissent tyranniser long-temps ; mais un moment vient où ils brisent le joug : et c'est alors l'affaire d'un moment et d'un mot. Au reste, ce qu'on doit en amitié, c'est surtout la vérité ; et voilà pourquoi je vous répète que j'ai été hier, beaucoup plus qu'un autre jour, réduit à conjecturer. Je ne crois pas qu'on puisse m'échapper long-temps ; et j'attends avec impatience la lettre de notre ami, comme une épreuve sérieuse. Alors, comme aujourd'hui, il peut compter sur la vérité sans réticence. Je l'estime trop pour lui tâter le pouls. Qu'il compte sur mon zèle à vous suppléer, et qu'il n'ait pas d'inquiétude sur la foule de détails que je ne puis pas écrire. Je n'en ai pas négligé un seul ; et l'on sait, par exemple, très-bien que l'Auvergnat se croit guéri et qu'il ne l'est pas ; qu'il s'est félicité de son voyage, et qu'il en souffre ; qu'un signe prolongera ou abrégera ce voyage ; qu'en un mot, il est vaincu, mais non pas subjugué.

Ne vous attendez pas que je vous donne de grandes nouvelles de ce pays, où vous avez à coup sûr de meilleurs correspondans que moi. Voici cependant un lazzi que je vous fais passer, parce que je le tiens de la première main. Un grand abbé que vous connaissez peut-être, frère de Sabathier de Castres, que vous connaissez sûrement, était avant-hier aux Variétés amusantes, devant un très-petit homme, qui lui a fait la prière usitée en pareil cas. «Monsieur, a répondu l'abbé, chacun est ici pour son argent, et je garde ma place. — Mais, monsieur, je ne puis pas vous nuire, et vous me privez du spectacle. — Monsieur, j'en suis fâché, et je garde ma place. — Je vous assure, monsieur, qu'il est de votre intérêt d'être plus complaisant. — Comment, monsieur! que voulez-vous dire? — Que je suis persuadé qu'il vous arrivera quelque chose de désagréable, si vous ne déférez pas à ma prière. — Comment, monsieur! vous me menacez! — Dieu m'en garde, monsieur! mais si vous ne me cédez pas votre place, vous vous en repentirez. — Parbleu! voilà une manière nouvelle de prier les gens! et certes elle ne réussira pas. — Monsieur, faites bien vos réflexions; car il vous arrivera mal, si vous ne passez derrière moi. — Monsieur, laissez moi en repos...» Alors, le petit homme dit à son voisin : « Voyez-vous ce grand abbé? c'est l'abbé Miolan. — L'abbé Miolan! — Oui, l'abbé Miolan, le grand constructeur de ballons brûlés. — Messieurs, voyez-vous l'abbé Miolan? (*) — L'abbé Miolan! » Toute la salle

---

(*) En temps-là, on s'occupait beaucoup des ballons nouvellement découverts par Montgolfier. Un physicien, nommé l'abbé Miolan, en annonça un qui devait s'élever du Luxembourg. On s'y rendit en foule; les billets d'entrée coûtaient six francs : l'expérience manqua, et l'on ne rendit pas l'argent. L'auteur s'enfuit et fit bien, car le peuple n'entendait pas raillerie et voulait le mettre en pièces. C'était donc, peu de jours après, jouer un tour sanglant à un autre abbé, que de l'appeler de ce nom dans un lieu public.

répète en écho : » l'abbé Miolan ! » et les battemens de mains et les huées ; et les miau, miau, miau. Le grand abbé s'enfuit, trop heureux de n'être pas écrasé... Certainement le petit homme n'était pas bête ; et le grand abbé n'est pas poli.

J'attends avec une impatience proportionnée à l'objet, à la situation et à l'opinion que j'ai de l'homme et du sujet traité par un tel homme, la traduction que vous savez. Ne la négligez pas, je vous en prie ; vos futures moissons y sont fortement intéressées. Il y a bien loin entre savoir que des principes sont utiles, et posséder l'art de les faire adopter aux autres hommes. Cet art demande de grandes préparations et des circonstances auxiliaires. Une impatience qui a même quelque chose de louable, entraîne les gens de bien à promulguer les vérités qui les frappent, dès l'instant où elles s'offrent à leurs yeux, et sans avoir réfléchi si elles s'y sont présentées dans l'enchaînement le plus propre à forcer le consentement de tous les esprits. Rien ne diffère plus de l'ordre de génération des idées, que celui de leur perquisition. Il faut que les sciences soient déjà complètes, avant qu'on puisse faire des méthodes ; il faut que les vérités morales soient familières avant d'être usuelles. Les langues existaient depuis une longue suite de siècles, quand on est parvenu à rédiger les grammaires qui nous en rendent aujourd'hui l'étude plus facile. Il faut que des livres de morale ou de politique *ex professo* aient cerné et déchaussé tel préjugé, avant que la comédie puisse l'extirper en le vouant au ridicule.

Pour votre propre intérêt, dépêchez-vous donc, mon ami; mais que diable vous parlé-je de votre intérêt, tandis que vous savez que le ménage meurt de faim et spécule sur la brochure! *Vale et me ama.*

LETTRE III.

Paris, 23 juin 1784.

Je ne vous écrirai pas long-temps aujourd'hui, mon ami, 1° parce que j'ai la fièvre et j'ai passé une nuit très-agitée et très-douloureuse; 2° parce qu'ayant déménagé hier, au milieu des angoisses de la plus cruelle pénurie, je n'ai pas été dans la maison qui nécessiterait les relations; 3° parce que, dans le houryaris d'un déplacement, je ne sais où appuyer ma main, ni presque où poser ma tête. Vous voyez que j'ai, comme M. Pincé, mes trois raisons, et qu'elles ne sont pas si gaies. Je ne vous aurais point du tout écrit, si je n'eusse pris l'engagement de griffonner chaque jour; ce qui ne laisse pas de me donner du remords; car ce que je vous envoie ne vaut pas sûrement le port; mais ma lettre d'hier, qui était plus substancielle, vous sera parvenue contresignée et paraphée. Ainsi voilà compensation.

Ecrivez-moi désormais rue de la Roquette, maison de M. d'Héricourt, près celle du jardinier de la reine. A calculer les seules distances de mes gens d'affaires, il est impossible que je reste ici. Jugez ce que paraît ce quartier aux yeux de mon amitié pour vous ! J'aimerais autant être en Sibérie. Mais je ne prendrai aucun arrangement que je ne sache où vous passerez l'hiver ; car les méprises, en fait de déménagemens, sont très-chères.

S'il est possible, dans ce beau Rosny, que le plus désintéressé des surintendans qu'ait eu la France n'a pas dédaigné de porter à une valeur de plusieurs millions ; de penser à l'indigence, et de former des plans utiles pour elle, rêvez à quelque grande entreprise de librairie, que vous puissiez proposer à Panckouke, pour moi, et qui m'assure la liberté d'envoyer chercher dix à douze fois par an douze à quinze louis; certainement, je ne serai ni aussi indiscret, ni aussi paresseux, ni probablement aussi stupide que La Harpe. Si Panckouke n'avait pas fait cette bête d'édition *in-*12, des Mémoires de l'Académie des Inscriptions (format ridicule pour tout ouvrage d'érudition, collection fastidieuse et presque d'aucun usage, tant qu'il n'y aura ni ordre ni choix), je proposerais un excellent travail sur cet amas indigeste, et tel à peu près, pour parler modestement, que Dieu a dû le faire sur le chaos. Rêvez, mon ami, à cela ou à toute autre chose. Les châteaux en Espagne de l'amitié valent bien ceux de l'ambition. *Vale et me ama.*

LETTRE IV.

Samedi.

J'AI reçu votre terrible paquet, mon ami; et au milieu de tout le plaisir qu'il m'a fait, j'ai ressenti deux peines : l'une de voir que certain attachement vous tenait plus profondément au cœur que je ne l'avais encore cru, l'autre que vous travailliez trop et que vos yeux et votre poitrine doivent en souffrir. Quant au premier point, ce n'est pas que je m'en étonne, ni que j'aie de tristes pressentimens. Je ne m'en étonne point; tout homme fier et sensible s'opiniâtre, surtout quand sa raison lui dit que réussir c'est travailler plus encore pour ce qu'il aime que pour lui; et cela seul peut-être le rend capable de supporter la ridicule concurrence d'un compétiteur indigne. Je n'ai point de sinistres présages; car aussi long-temps qu'il me sera démontré qu'Aspasie n'est pas dépourvue de toute noblesse, de toute délicatesse, de toute raison (et je lui crois une assez forte dose de tout cela), je ne pourrai pas croire à la victoire de Thersite sur Achille. Vous savez l'épreuve que je crois décisive et mortelle pour le pauvre saint (je ne le nomme pas autrement à elle-même). Vous avez bien marqué la nuance dans votre joli conte ; mais vous n'en avez pas assez tiré de parti ; en ce genre, comme en beaucoup d'autres, prophétiser, c'est amener l'événement. Avec tout cela, mon ami, je vous aime trop pour ne pas craindre de voir la moindre parcelle de votre bonheur abandonnée au hasard et à l'inconstance de ce sexe. Vous avez trop de raison pour être très-romanesque ; vous avez l'imagination trop ardente et le cœur trop essentiellement bon pour ne l'être pas un peu. Aussi douté-je que votre philosophie vous serve aussi bien pour les femmes que sur tout autre sujet. Quant à mes observations personnelles, je réunis le témoignage unanime de toute l'antiquité, qui, je crois, a poussé infiniment plus loin que nous la science de l'observation et la connaissance du cœur humain. Je me sens bien fort. Or, vous savez ce qu'ils pensaient des femmes, de ce sexe qui pourtant a eu de leur temps des prodiges, parce que la propriété d'un miroir est de tout rendre en surface. Je ne vous parlerai pas des invectives que, très-sérieusement et dans toute la pompe tragique, dans la morale des chœurs, et non dans la coupe du dialogue dramatique, Euripide, qu'on a si plaisamment appelé le Racine de la Grèce, leur lançait en plein théâtre ; ce qui prouve tout au moins qu'il ne heurtait pas l'opinion universelle du temps ; car vous savez comment ce même poète fut reçu, lorsque, avec tous les palliatifs de son art, il osa faire dire à Hyppolite : « Ma langue a fait serment, mon cœur ne l'a point fait. » Mais je vous prierai de lire ce que tous les moralistes de l'antiquité en ont dit, lorsqu'ils ont daigné en parler (ce qui est assez rare) et (ce qui est bien plus fort) de vous rappeler ce que les institutions des législateurs prouvent qu'ils en ont pensé : je vous prîrai de vous rappeler ces propres mots d'un censeur romain (Metellus Numidicus), qui commence ainsi une harangue solennelle en plein sénat :

Si sine uxore possemus, Quirites, esse omnes, eâ molestiâ caremus ; sed quoniam itâ natura tradidit, ut nec cum illis satis commodè, nec sine illis ullo modo vivi possit, saluti perpetuæ potius quàm voluptati consulendum (*).

O mon ami ! ces gens-là étaient plus profonds que nous ; et cependant ils ne croyaient pas du tout, comme nous feignons de le croire, que l'éducation des femmes bien dirigée pût influer sur le bonheur social, ni qu'elle pût assurer la stabi-

---

(*) Si nous pouvions tous exister sans femmes, nous serions délivrés de ce sujet de chagrin ; mais puisque la nature nous a faits tels que nous ne pouvons ni vivre contens avec elles, ni nous passer d'elles de quelque façon que ce soit, il vaut mieux pourvoir à ce qui nous est perpétuellement nécessaire qu'à nos plaisirs.

lité des législations, comme nous l'avons tant dit. « Ils regardaient ces êtres-là comme des machines » à enfans et à plaisir ; et ce n'est assurément pas » qu'ils n'eussent du feu dans l'imagination et de » la grâce dans l'esprit. » Qu'est-ce donc, si ce n'est la conviction ferme et absolue que ces êtres sans caractère échappaient à tout ordre, à toute combinaison ?

Ce pourrait bien être de la nourriture trop forte pour vous en cet instant, mon ami, que cette philosophie sévère ; ou plutôt vous rirez de ce que le plus faible des hommes avec les femmes, celui qui les a tant idolâtrées, et dont le moral, moins que le physique, s'il est possible, ne peut se passer d'une compagne, ose vous écrire avec cette austérité. Mais ce n'est pas sur votre sentiment que j'écris : vous savez bien que je l'ai défendu contre vous, et que je n'aime pas que vous l'appeliez une faiblesse ; c'est une thèse philosophique que je me crois en état de soutenir dans toute la persuasion de mon esprit et la sincérité de mon cœur, et que que j'abandonne à vos méditations.

Votre historiette est charmante ; et je m'en servirai au moment convenu entre nous, sans vouloir décider pourtant si cette ruse épisodique n'est pas plus ingénieuse et subtile que décidément utile, et probablement efficace. Il y a du pour et du contre: ce que je vous promets, c'est de rendre très-vraisemblable la confabulation. Il sera nécessaire pourtant, et pour agir avec quelque circonspection, que je voie la lettre de dix pages; car à un être aussi fin, il ne faudrait que la plus légère discordance pour dévoiler notre complicité; et une collusion si honnête, que le succès rendra si précieuse à celle de qui j'ai entrepris de lever les cataractes, connue avant le dénoûment, me perdrait dans son esprit, et la piéterait contre nos efforts. Au reste, j'ai cru, comme vous, que c'était un progrès très-marqué que la tolérance avec laquelle votre lettre avait été lue.

Je sens toute la vérité de votre observation sur M. P....., mon très cher ami; mais j'ai l'âme haute et susceptible; et comme le mot difficile est à peine connu dans la langue de mon amitié, je n'aime pas qu'on cède à autre chose qu'à l'impossibilité. Or, elle était à mille lieues de lui: d'ailleurs, je vous avoue, à vous tout seul, que j'étais en fort mauvaise disposition à son égard. Madame de N.... avait lieu d'en être fort mécontente, et cela, sous mes yeux; elle devait croire, ou qu'il la regardait comme une fille sans conséquence (ce qu'assurément il croit moins qu'un autre, lui qui sait son histoire), ou qu'il ne se ferait pas le plus léger scrupule de séduire la maîtresse de son ami; théorie que je sais être la sienne, et qui, de quelque manière qu'il la défende ou l'excuse, me fait une véritable horreur; et je le lui ai déclaré. Nous avons eu une longue explication sur cela, dans laquelle il a fini par me dire qu'il ne savait pas parler, et qu'ainsi je le battrais toujours dans la conversation. Ce mot-là même est-il honnête ? N'opposer que les sophismes de l'amour propre aux plaintes de l'amitié et à l'éloquence de la morale et du cœur, est-ce le rôle d'un ami, ou même d'un honnête homme? Ce n'est pas, je vous le répète, qu'en toute autre chose il ne le soit infiniment; mais il n'est pas en moi de croire que qui ne l'est pas en ceci puisse jamais être un ami sûr. Pour moi, j'avoue que ceci l'a mis à distance; et malheureusement, je sais que c'est m'appauvrir plus que lui. Au reste, ne craignez rien pour notre honneur à tous deux; une amitié de plus de vingt ans ne saurait finir; et je serai toujours plus en mesure qu'il ne faudra pour négocier entre vous et D. P., qui d'ailleurs est trop juste et trop adroit pour ne pas s'employer, même avec ferveur, dans tout ce qui pourra vous être utile.

Vous avez très-bien fait de ne me demander que vingt-cinq louis; et je trouve même que c'est beaucoup, d'après le bilan de votre aimable ami. Il ne me paraît pas sage que je ne donne point de reçu; car sans rêver empoisonneurs et assassins, comme mon larve d'hier, je me sens très-mortel; mais quant au porteur de la somme, je me conformerai aux instructions que vous me donnez, en vous priant de recevoir une note de ma main qui me tranquillise sur les événemens. Veuillez me mander aussi si je dois le savoir vis-à-vis du prêteur, et si l'hommage de ma reconnaissance lui déplairait. Il me semble qu'il vous connaît trop pour douter que vous ne m'ayez nommé celui dont j'étais l'obligé; car je le suis enfin, quoique tout soit accordé à votre médiation. Dites-moi donc ce que je dois faire et dire; car il n'est pas en moi d'être ingrat; mais je ne voudrais pas déplaire ni dépasser la mesure par reconnaissance.

Bon soir, mon très cher ami; travaillez, mais ménagez votre santé; marchez, digérez, espérez et aimez-moi.

P. S. Au reste, mon ami, j'ai pensé comme vous que nous pourrions un jour, et à chaque belle saison, faire de fort jolis romans ensemble: ainsi je garde l'historiette; je garde vos lettres aussi; gardez les miennes si vous voulez, nous les ferons copier quelque jour ensemble et en alternant. Il se trouve dans les lettres une foule de choses d'autant mieux dites, qu'elles le sont avec liberté, qu'on ne retrouve plus, et qu'on est fâché d'avoir perdues. Eh! puis, comme monument d'amitié, n'est-ce pas une assez douce chose?

LETTRE V.

J'AI reçu votre lettre du vendredi, mon cher ami, et j'ai béni votre griffonnage même qui m'a valu quatre pages de l'ami le plus cher, le plus profondément estimable et le plus sympatique à moi que j'aie rencontré de ma vie. L'intérêt que vous m'y montrez, et que vous avez su rendre contagieux pour un des hommes de mérite que vous aimez et que vous prisez le plus, a versé la consolation dans un cœur navré par tant de côtés, qu'il ne peut être que bien souffrant, puisqu'il ne se paralyse pas. Véritablement la persuasion intime dont je suis pénétré, que je vaux mieux que mes persécuteurs et mes ennemis, et que dans les êtres créés, rien ne vaut mieux que mon ami le plus cher, me rendent du sommeil, du bien-être et même des jouissances.

N'ayez pas peur, mon ami, que ce que vous ferez soit mal fait; il n'est pas en vous de ne pas finir; et d'ailleurs, pour une âme aussi neuve et aussi forte que la vôtre, un tel sujet est d'inspiration, surtout lorsque l'écrivain expose une théorie qui n'est presque qu'à lui seul et dont la pratique a composé et dirigé sa vie. C'est cependant une chose curieuse et remarquable que la philosophie et la liberté s'élevant du sein de Paris, pour avertir le nouveau monde des dangers de la servitude, et lui montrer de loin les fers qui menacent sa postérité (*). Jamais l'éloquence ne défendit une plus belle cause; peut-être ce sont les peuples corrompus qui seuls peuvent donner des lumières

---

(*) Ceci a rapport à l'écrit sur l'ordre de Cincinnatus, l'un de ceux qui contribuèrent le plus à la réputation de Mirabeau, et dont les morceaux les plus brillans sont de Chamfort.

aux peuples naissans : instruits par leurs maux, ils peuvent enseigner du moins à les éviter; et la servitude même peut être utile en devenant l'école de la liberté.

Le hasard me met à même de vous donner un avis qui changera peut-être votre marche. Duruflé arrive ce soir à Paris avec Dameri; et j'en suis sûr, car c'est chez Vitry qu'il arrive et qu'on a demandé un lit pour lui; je saurai dès aujourd'hui sa marche par Vitry, et s'il compte rester à Paris assez long-temps pour que vous ne puissiez pas le retrouver à Rouen. Au reste, vous savez où lui adresser une lettre, si vous voulez vous entendre avec lui.

Je ne puis pas vous dire que je ne trouve pas très-sensé ce que vous m'écrivez sur Aspasie. Ma lettre d'hier (car voici ma 4e, et il serait bon de numéroter) vous montrera qu'il m'a paru plus indéfinissable que jamais à ma dernière visite. Je n'y ai pas retourné hier, parce que j'ai senti, avant que vous me le disiez, que, pour m'éclaircir si elle s'occupait franchement de ce qui nous occupe, il fallait me rendre plus rare et la voir venir. Mais je commence à craindre qu'il n'y ait de la légéreté dans son fait; on n'est pas de cette sécurité sur les dangers de l'homme avec qui l'on vit. J'en ai été choqué; et certes, ce n'est pas partialité pour le gentilhomme hibernois. Si la légéreté est le principal ingrédient de ce caractère, le prix en baisse beaucoup à mes yeux. Il s'agit de savoir si M. Démocrite, puisqu'il ne faut absolument plus l'appeler l'Auvergnat (sobriquet qui me paraissait plaisant (*) pourtant, au moins par anti-phrase); si M. Démocrite, dis-je, qui connaît si bien le cœur humain des femmes, ne sera pas aussi sévère que moi à cet égard, attendu qu'il sait encore mieux que le vœu bon ou mauvais de la nature est de placer l'épine auprès de la rose, et qu'à bon titre il compte davantage sur son adresse à souffler sur la rose, de manière à l'épanouir, jusqu'à ce qu'elle couvre l'épine. Quant à pousser notre ami du côté de sa force, plutôt que de le conduire vers la pente de sa sensibilité, vous conviendrez qu'il ne faut pousser son ami que quand on est bien sûr qu'il est en péril. Or, comme je ne suis pas du tout décidé sur le véritable état des choses, comme je persiste à croire qu'Aspasie pourrait beaucoup pour le bonheur de notre ami, parce qu'elle est réellement très-aimable, et que, si elle l'est sous un tel maître, je vous donne à penser ce qu'elle serait dirigée par le plus aimable des philosophes et celui qui connaît le mieux les femmes, sans compter les hommes, les choses et le pays. Comme surtout j'ai très-bien éprouvé et j'éprouve encore que M. Démocrite peut se croire guéri et ne l'être pas, mais que sa blessure ne peut pas être incurable,

---

(*) On sait que les Auvergnats n'ont pas une grande réputation d'esprit.

ni même difficile à cicatriser, attendu qu'il sait rire, et ne sait ni s'aveugler, ni être aveuglé, je me donne avec patience et sécurité quelques jours de plus, pour une épreuve sur laquelle je ne veux pas me tromper; puisque mon erreur pourrait nuire au bien-être de mon ami, soit par la privation, soit par l'illusion. Eh donc, mon très-cher, que l'on écrive, dût-on faire cette lettre comme la scène d'un drame dont la situation n'existe que dans l'imagination de l'inventeur; que l'on écrive, d'un style très-tempéré, mais très-doux, qui tienne dans une très-grande incertitude du sentiment qui aura dicté une lettre, laquelle surtout doit pouvoir être expliquée et avouée à tout événement. Si M. Démocrite trouve cela difficile, tant pis; mais il peut bien croire que ce n'est pas à lui qu'on s'adresserait pour chose aisée.

Quelque chose qui vous paraîtra plaisant, c'est que j'ai écrit, il y a quatre jours, au gentilhomme hibernois, au sujet de sa progéniture mal baptisée, précisément les mêmes choses, et presque dans les mêmes termes, que vous me les écrivez; et cela a très-bien réussi, non pas seulement chez Aspasie qui en a ri comme une folle, mais à la grille de Chaillot, tant on a l'esprit aigu et bien fait.

Somme toute, mon ami, attendez, si vous y mettez encore quelque prix. Je vous promets que vous ne laisserez pas long-temps notre ami dans l'incertitude : et puis, il n'est pas de ces raisonneurs profonds qui, se trouvant en même-temps casuistes scrupuleux, se décident avec une lenteur qui fait que leur résolution ne produit aucun effet. Il creuse fort avant; mais il est très-leste à la détermination. Ainsi, ne vous en déplaise, il n'y a point de péril dans la demeure. Adieu, mon ami, je dînerai demain chez Aspasie; la mienne vous fait des coquetteries charmantes (quoiqu'elle ne soit pas coquette), et forme des vœux (j'ai presque dit soupirs) pour votre retour.

LETTRE VI.

Paris, ce jeudi.

J'AI lu avec un grand intérêt, et je garderai précieusement, mon bon et cher ami, la lettre que j'ai reçue de vous hier. Un resumé si énergique de la conduite sans exemple à laquelle vous a poussé la nature, et des principes que vous vous êtes faits à l'appui de cet heureux et noble instinct, est, pour une tête et une âme élevée, le germe de la plus importante théorie de liberté et même d'indépendance à laquelle l'homme puisse atteindre; et pour les hommes forts, la pratique en ce genre doit suivre de bien près la théorie. Je ne connais rien de plus imposant que les caractères que vous avez esquissés en peu de mots, et rien de plus respectable qu'une vie dont on peut se rendre un tel compte ; mais j'y vois aussi la consolation des honnêtes gens et la condamnation des hommes faibles. Vous êtes la preuve vivante qu'il n'est pas vrai qu'il faille plier ou briser ; qu'on peut atteindre à la plus haute considération, sans un respect superstitieux pour le monde et ses lois ; qu'on peut arriver à l'indépendance philosophique et pratique, sans avoir jamais abaissé ou comprimé la fierté d'un grand sentiment ou d'une pensée heureuse ; qu'on peut prendre sa place, en dépit des hommes et des choses, sans autres ménagemens que ceux dus par l'espèce humaine à l'espèce humaine, par la tolérance de la vertu aux préjugés des faibles ; et que, si le sentier qu'il faut prendre pour arriver au but est plus escarpé, il est aussi de beaucoup le plus court. Grâces vous soient rendues, mon ami, pour avoir pensé que j'étais digne de vous entendre ! Il est certain que la rapidité des progrès de notre amitié, qui n'a jamais été même stationnaire, n'a pas dû vous donner mauvaise idée de mon âme, et qu'elle m'a mis bien avec moi-même. Ce n'est pas sans doute que je me sois élevé à une philosophie pratique aussi haute. J'ai quitté trop tard mes langes et mon berceau. Les conventions humaines m'ont trop long-temps garotté ; et lorsque les liens ont été un peu déserrés (car pour brisés, ils ne le furent jamais), je me suis trouvé encore tellement chamarré des livrées de l'opinion, que les êtres environnans se sont également opposés à ce que je fusse l'homme de la nature, au moment où j'aurais conçu qu'on peut rester tel au milieu même de la société. D'ailleurs, j'avais été trop passionné; j'avais donné trop de gages à la fortune; et ce n'est pas au milieu des orages qu'on peut suivre une route déterminée. Mais si j'eusse eu le bonheur de vous connaître il y a dix ans, combien ma marche eût été plus ferme! combien de précipices et de ravines j'aurais évités! combien le peu que je valais se fût développé! et que de défauts acquis j'aurais contractés de moins!... Tel que je suis, mon ami, je ne suis point indigne de quelque estime, puisque je sais, non pas vous aimer (car c'est chose trop facile pour être méritoire), mais vous apprécier, et qu'à votre avis, je suis un des hommes qui vous ait le mieux deviné. J'ai beaucoup gagné dans votre commerce, j'y gagnerai davantage : il est peu de jours, et surtout il n'est point de circonstance un peu sérieuse, où je ne me surprenne à dire : « Chamfort froncerait le sourcil. Ne faisons pas, n'écrivons pas cela, ou Chamfort sera content; » et alors la jouissance est doublée et centuplée. Ce n'est pas à vous qu'il faut dire combien est douce, consolante, encourageante, une amitié qui, devenue pensée habituelle à ce point, fait voir dans la censure une loi irréfragable, et dans l'approbation un trésor sans prix. Tel vous êtes pour moi. Je ne vous offrirai jamais un échange digne de vous (si vous ne vouliez commercer qu'avec vos semblables vous seriez bien solitaire); mais tout ce que l'abandon d'une confiance profonde, d'un dévoûment complet, d'une âme ardente, sensible et qui n'est pas sans noblesse, peut avoir d'attachement pour un homme qui sait bien le prix des talens et des pensées, mais qui sait leur préférer un sentiment, la seule chose incalculable à la raison même lorsqu'elle est échauffée d'un bon cœur : vous le trouverez en moi ; et si j'ai eu le malheur de vous connaître si tard, ce sera du moins pour toujours que nous nous serons aimés.

J'espère, mon ami, que vous serez consolé de ce que votre lettre a été remise ; car je n'en ai point été fâché, quand elle me l'a lue ; et peut-être si je l'eusse ouverte d'avance, comme vous m'en avez donné la permission ensuite, ne l'aurai-je pas remise. L'aberration des comètes n'est pas plus difficile à calculer que le mouvement du cœur, de l'esprit, surtout de l'amour propre des femmes. Vous remarquez que je n'ai peut-être fait là qu'un pléonasme, au lieu d'un *crescendo* ; car plus je les vois, et plus je me persuade que l'amour propre est à peu près l'unique clef de ce qu'on appelle leur caractère: or, le caractère ne se compose que des habitudes de l'âme et de l'esprit, mélangés, il est vrai, à des doses inégales ; et j'ai beaucoup de peine à croire que le sexe, duquel les hommes tels que vous et M. Thomas dites *il est impossible de le connaître*, ne doive toute son impénétrabilité au défaut presque absolu de caractère. N'allez pas me citer d'exceptions; car les exceptions, qu'encore faudrait-il débattre, prouvent la règle, bien loin de la détruire. Je dis qu'encore faudrait-il débattre les exceptions ; et en effet, dans notre sexe, on n'a généralement pas une certaine force de tête, sans quelque force de caractère; dans celui-là, voyez comme l'analogie est fautive ! Je lisais hier, dans votre recueil philosophique, un morceau sur le bonheur de madame du Châtelet, que je ne connaissais pas, et qui vaut d'être connu. Il y a, dans ce morceau, des choses charmantes sur l'amour, et notamment deux pages sur l'immutabilité de son âme en amour, qui séduiraient à coup sûr quiconque ne connaîtrait pas son histoire. Vous la savez mieux que moi; vous savez qu'elle n'était pas même tendre, et qu'elle fut très-galante. Qu'était-ce donc que cette femme, qui avait infiniment plus de force de tête, et même de véritable esprit, que tout le reste de son sexe ensemble ; et qui traçait une théorie où l'âme seule semble avoir dessiné cette phrase délicieuse: « Il faut employer toutes les facultés de » son âme à jouir de ce bonheur.... Il faut quitter » la vie quand on le perd, et être bien sûr que les » années de Nestor ne sont rien au prix d'un » quart d'heure d'une telle jouissance... Il est juste » qu'un tel bonheur soit rare ; s'il était commun, » il vaudrait mieux être homme qu'être Dieu,

» du moins tel que nous pouvons nous le repré-
» senter. »..... Qu'était-ce que la femme qui, trouvant et exprimant cela, n'était qu'une femme galante, et se donnait pour un de ces êtres qui aiment tant qu'ils aiment pour deux, que la chaleur de leur cœur supplée à ce qui manque réellement à leur bonheur, ou plutôt pour le seul cœur qui eût cette immutabilité qui anéantit le pouvoir des temps? Expliquez-moi cela, mon ami; et souvenez-vous que cette même femme avait mis, à la place du portrait de l'homme le plus extraordinaire de son siècle qui semblait avoir subjugué son âme, et dans une boîte que cet homme lui avait donnée, le portrait d'un fat: chose aussi impossible à une âme aimante, même détrompée ou changée, qu'à nous la trahison et le parjure.

N'allez pas croire, mon bon ami, que cet accès de sévérité me vienne d'un mécontentement, résultat de la dernière conversation avec Aspasie; car au fond, je n'ai été mécontent (à deux disparates près) que de mon incertitude. Je vous ai demandé la pure vérité; et si je ne l'ai pas fondue dans des détails; c'est qu'une conversation serait un volume d'écriture, chose qui, pour le dire en passant, m'a donné une assez haute idée de la stérilité des romanciers en général; mais vous aurez bien rempli les lacunes, peut-être même aurez-vous débordé; et certainement, si vous avez vu en noir (car, au fond, ce n'est que par excès de prudence que je n'ai pas vu en rose), mes réflexions sur les femmes sont donc une abstraction purement philosophique, et si bien une abstraction, que c'est la première chose que j'oublie dans mon commerce avec elles; en un mot, un à parte de raison dont personne ne m'a donné l'exemple à un aussi haut point que vous.

Au reste, mon ménage est fort triste aujourd'hui. Le petit chien qu'on avait eu la faiblesse d'acheter, sans penser que tous les marchands de chiens arrachent ces pauvres petites et frêles machines à leur mère dès le premier moment, et tarissent les sources de la vie pour rapetisser les formes (emblème très-frappant des manipulations politiques), ce petit chien est mort: et l'on a pleuré; et l'on est honteuse d'avoir pleuré, et triste d'avoir employé de l'argent à une acquisition aussi fragile. Pour moi, je suis tolérant, même pour cette faiblesse, parce que cette petite bête avait voué un très-grand attachement à mon amie, et que tout ce qui est attaché attache : raison assez forte, ce me semble, pour un homme sage de ne point s'habituer aux animaux. Nous n'avons pas trop de sensibilité pour nos semblables; et l'on frémit quand on pense que le plus honnête homme du monde peut-être poussé à s'égorger avec un autre homme pour un chien.

Bon jour, mon bon ami ; je vous aime avec une extrême tendresse. Je travaille, et cela ne vient pas mal ; je vous en souhaite autant ; mais c'est une chose très-pénible que de changer l'ordonnance de son ouvrage sans le refaire ; et je serais bien fâché que cette contrariété-là vous arrivât ; car vous enverriez promener votre besogne. *Vale et me ama.*

P. S. Je fermais ma lettre, lorsque j'ai reçu un billet du secrétaire de l'abbé Royer, qui me prévient qu'il vient de remettre à son patron l'extrait de mes deux requêtes en cassation, etc., et que je pourrai voir mon rapporteur dimanche prochain à midi. Vous jugez bien que je désirais voir le secrétaire avant que l'extrait fût livré ; mais que, pour le voir efficacement, il fallait quelques louis. Sachez, mon ami, si cela est encore utile et par conséquent nécessaire, le comment il faut s'y prendre et le combien ; et avertissez ceux qui veulent bien prendre intérêt à moi, qu'il est temps de porter les grands coups. Réponse très-prompte à ce *post-scriptum.*

LETTRE VII.

Lundi.

ME voilà bientôt convaincu, mon ami, que j'ai perdu une de vos lettres, car vous ne m'eussiez pas écrit la veille ; assurément, vous m'en eussiez averti hier, et je ne vois rien qui puisse me faire présumer que vous ayez changé l'ordre accoutumé, ains au contraire. En conséquence, j'ai recommencé mes réclamations ; et puisque vous arriverez demain, vous demanderez vous même à la poste ce qu'est devenu votre lettre, ou vous me donnerez l'espèce de billet sur lequel ils ne badineront pas.

Votre lettre est bien, mais seulement parce que l'on ne peut pas trouver mal ce que vous écrivez ; et tout au plus à ce degré qui me fesait dire de la chanson du V. de N. : elle est ce qu'il faut, pour ne dire pas, elle est mauvaise. Ceci est vrai de la chanson, parce que l'homme a passé à côté d'une jolie idée, ce qui en idiôme de talent, s'appelle *rater*. Or, le vrai talent ne rate pas. Votre lettre à vous n'est que bien, parce qu'elle n'est que douce et tendre, et que vous montrez toujours le vaincu, le subjugué, ce qui peut avoir deux inconvéniens ; le premier, de beaucoup reculer, ou tout au moins suspendre vos progrès ; le second, d'induire en erreur la pauvre créature, au point qu'elle fera quelque lourde sottise, dont elle ne s'apercevra que lorsque votre patience lassée et son amour propre humilié ne lui permettront guère plus qu'à vous de rétrograder. Je vous avais donné un bien meilleur conseil : alternez, vous avais-je dit ; une lettre douce et tendre, quoique assaisonnée, tel jour ; une lettre fine, vive, sémillante et narquoise le jour d'après.

Qu'elle ne soit jamais sûre de son fait. C'est l'*a b c* en amour. C'était donc le tour de la lettre de dix pages ; et quoique ce soit un mal très-réparable, c'en serait peut être un assez grand, si vous persévériez ; et c'en est même un à ce cran, parce qu'en revenant demain, vous n'aurez point de réponse à cette dernière, de sorte que je ne vois pas bien la transition.

Au reste, je ne vous entretiendrai pas plus long-temps aujourd'hui de cette syrène, comme vous l'appelez ; car nous ferons demain, à cet égard, une main à fond ; et mon procès, ou plutôt mes procès et mes courses ne me laissent pas respirer. C'est de mercredi en huit que je serai rapporté : ainsi je n'ai pas grand temps à perdre ; et pour comble de contrariété, l'incident que m'a suscité mon père au parlement, et qui, en termes de palais, est évidemment un coup monté, me fait perdre un temps incroyable, attendu que les gens qu'il me force à voir sont dispersés aux quatre coins de Paris. Mais le plus pressé, c'est l'admission de ma requête. Une seule voix, je vous le répète, mon cher ; que votre aimable et précieux ami s'ingénie avec sa circonspection et son adresse ordinaires ; il aura aisément deviné que M. Bignon, qui est mort, ne siégera pas ; et mieux ou plutôt que moi, il saura qui a remplacé M. Daguesseau.

Vous êtes bien aimable de m'avoir sacrifié Navarre ; mais vous le seriez davantage de pousser votre besogne, 1°. parce que vous êtes digne de mettre la gloire à régner chez vous ; 2° parce que la besogne presse, et tellement qu'il m'a fallu entrer en explication avec F.....(*), pour expliquer le retard. Ne vous fiez pas sur le temps qu'il me faut à moi ; car si j'avais le manuscrit que M. Thomas a gardé pour y faire ses notes, tout serait refondu, attendu que les morceaux de rapport, et même les soudures, sont prêts. Sans doute, c'est un ouvrage nouveau ; mais ce n'est pas une raison pour qu'il s'éternise, surtout depuis qu'on en parle, car l'attente à remplir est toujours une pénible destinée. Au reste, je vous avertis que je me sauve sur la lettre ; voyez si, pour la première fois, vous voulez avoir induit en erreur un ami. Eh ! mon cher paresseux, tranquillisez-vous ; je connais mieux votre talent que vous même, sans quoi je n'aurais pas tant de sécurité. Mais un point sur lequel je n'en saurais avoir, c'est votre santé ; et je vous interdis, de par l'amour, toute espèce de travail, si cette agitation que vous appelez la fièvre, et qui n'est qu'un mouvement nerval, sans quoi je vous en aurais parlé plutôt, revenait seulement encore une fois.

Je serai demain mardi, à cinq heures du soir, à l'hôtel de Vaudreuil ; nous causerons, nous nous promènerons si vos jambes ont besoin de recouvrer

---

(*) Franklin. C'est toujours de l'écrit sur l'ordre de Cincinnatus qu'il s'agit.

du mouvement, ou nous resterons, nous prendrons des glaces aux Tuileries, ou vous viendrez en prendre ici. En un mot, nous ferons ce que vous voudrez : suffit que je serai *al suo commando*.

Vous avez d'autant plus de raison de ne pas hasarder de lettres, que le brutal a fait un tapage épouvantable sur un propos de madame de Flahaut, qui a prétendu qu'on disait dans le monde, que La Harpe était le tenant chez Aspasie, depuis la maladie hibernoise. Vous noterez qu'Aspasie a vu La Harpe une fois depuis deux mois. N'importe, le moribond celtique a écrit que ce n'était pas assez que cela ne fût pas, qu'il fallait encore qu'on ne le dît pas. J'ai lu cette belle phrase, et Aspasie a un peu murmuré. Mais jugez quelle étincelle ferait une lettre vôtre dans ce magasin à bile. Je finis, car je n'ai pas un moment à moi ; et j'en suis malheureux, je vous assure. Bon jour, mon ami.

LETTRE VIII.

Mardi.

Mon bon ami, dans la nécessité de parler à M. l'abbé de Périgord, je prends le parti de l'attendre chez lui ; car ma lettre deviendrait la mort de Turenne. Je ne sais où ceci me menera, ni par conséquent, si je pourrai vous voir ce matin : or, cet après-midi, je suis obligé de courir. M. Lefebvre d'Ammécourt ayant jugé à propos de me gagner hier mon procès contre l'Ami des hommes, c'est un triste sujet de félicitation que celui du gain d'un procès contre son père ; mais quand on a le malheur de plaider contre lui, encore faut-il gagner ce qu'on s'est cru le droit de disputer. Au reste, je me console à d'autant plus juste titre de cette extrémité, que c'était mon père qui était l'agresseur, et qu'il n'a jamais voulu arbitrer. Adieu, mon cher ami ; à ce soir, ou à demain matin.

LETTRE IX.

Londres, 20 août 1784.

Mon dieu, mon ami, mon cher ami! que je suis inquiet! qu'il est cruel pour moi de vous avoir quitté dans ce moment, de n'être pas votre garde-malade, de ne pas savoir, aussitôt que ma pensée, comment votre pouls bat, et si vous souffrez, ou si vous êtes soulagé! Mon Henriette a rapporté tant de peines dans mon sein, en me racontant toutes celles que votre état lui avait faites, et tant d'attendrissement, en me parlant de vos touchans adieux ! Vous êtes-là sous mes yeux, brûlant, agité, tourmenté, sans que je puisse détourner un moment ma pensée de votre lit et de votre fièvre. Ce n'est pas que votre état soit alarmant, je le sais ; et s'il l'eût été, tous les chevalets de la Bastille exposés à ma vue ne m'auraient pas fait partir. Mais vous souffrez ! Eh, mon dieu ! n'est-ce donc rien de souffrir ? c'est presque tout, dans un passage si court et si incertain. Mon ami ! vous ne pouvez pas écrire ; je ne veux pas que vous écriviez, à moins que ce ne soit deux lignes qui me rassurent par la vue de vos caractères : mais suppliez M. R.... de remplir, en votre nom, cet office et ce devoir d'ami : il ne me refusera point cette consolation ; il me rendra la justice de croire que je paierais, et de grand cœur, le même tribut à son amitié pour vous ; mais il a le bonheur de vous garder, lui ! et ne m'en doit-il pas plus de compassion et de complaisance, à moi qui vous ai quitté dans un moment si critique pour tous deux, à moi qui, peut-être, hélas ! ne vous embrasserai pas de long-temps, et qui m'étais fait une si douce habitude de ne penser, de n'observer, de ne sentir qu'avec vous, de n'agir que sous vos yeux, de n'avoir qu'une âme avec mon meilleur et presque mon unique ami ? O mon cher et digne Chamfort ! combien les bonnes gens sont des êtres d'habitude ! et combien vous avez peu de besoin de cet attrait d'habitude, pour être nécessaire à ceux dont vous avez daigné vous laisser connaître! Je sens qu'en vous perdant, je perds une partie de mes forces. On m'a ravi mes flèches. O mon ami! recouvrez votre santé; et que votre amitié, vos consolations, vos conseils, vos lettres versent du baume dans mon cœur, m'apprennent à supporter une situation si nouvelle, quoique déjà éprouvée à l'honorer, à l'embellir, et me rendent enfin capable d'être digne de tous les sentimens que vous m'avez montrés.

C'est de cette ville souveraine, qui, bâtie de briques, et sans élégance ni noblesse dans ses édifices, montre la Tamise et son port superbe, et semble dire : « qu'oseriez-vous me comparer ? que l'Océan, que les mondes apportent ici leurs tributs! » c'est de cette ville que je vous écris à la hâte, les yeux distraits par une foule d'objets nouveaux, l'esprit occupé de mille soins pénibles au présent et dans l'avenir, mais le cœur et l'imagination pleins de vous.

Notre voyage ferait un roman; vous savez une partie des inconvéniens qui ont précédé notre départ; vous aurez éprouvé sans doute à Paris le temps dont nous avons été accueillis dans la route; et vous ne vous ferez jamais d'idée de notre passage, qu'après avoir essuyé une tempête. Nous avons été deux fois au moment de périr : une fois par la seule force du vent et de la mer qui écrasait notre frêle paquebot; et une fois à l'entrée de l'Adder, c'est-à-dire presque au port; en revirant de bord, un faux coup de timon et un cable caché sous une vague terrible nous ont mis au moment de chavirer ; on avait, sur le pont, de l'eau au-dessus du genou. Le capitaine, l'un des plus intrépides marins de ce genre, s'est cru perdu, et ne voulait pas, disait-il, survivre à son vaisseau. Heureusement, ma pauvre amie était dans cet horrible état appelé mal de mer, dont l'effet moral est de rendre insouciant de tout et sur tout, si ce n'est sur l'espoir que la mer engloutira le supplice et le supplicié. J'ai vomi le sang, moi qui n'ai jamais été malade sur mer, et mes nerfs ne sont pas encore remis.

Aussitôt débarqués, nous avons pris la poste dans la compagnie d'un Irlandais que je croirais honnête homme, si je n'avais toujours pensé que c'est-là que s'arrête la toute-puissance divine ; d'une Française qu'il avait pris la liberté d'enlever à sa famille, du droit qu'a tout Irlandais de s'approprier une riche héritière ; et d'un ministre anglais, homme doux, modéré et fort instruit ; nous avons pris la poste, dis je, et ce n'est pas par magnificence ; mais tous les élégans de l'Angleterre et la partie brillante de la cour étant à Brightemlstone, parce que le prince de Galles y prend les eaux, il n'y a pas une seule diligence où l'on puisse trouver place. Au reste, les postes, qui sont excellentes, et fournissent par obligation des voitures comparables à nos voitures de maître, sont à peine aussi chères qu'en France, quoique plus longues et trois fois plus rapidement franchies. Il suit cependant de cette manière de voyager que, malgré les talens économiques et l'industrie hibernoise de notre compagnon que j'ai créé maréchal-général des logis de la caravane, notre voyage nous a coûté trois fois ce qu'il devait nous coûter. Et d'autant que le paquebot ne partait qu'à trois jours de distance de celui de notre arrivée, et que les difficultés pour le passeport devenaient inquiétantes, j'ai frété un navire. Si je ne craignais de divulguer des secrets qui peuvent, dans la foule, servir à quelques honnêtes gens comme ils nous ont servi, je vous démontrerais combien ces sublimes formalités de notre inquisition, appelée amirauté, sont inutiles à toute autre chose qu'à faire gagner de l'argent aux huissiers visiteurs : digne résultat de toute législation réglementaire !

Nous avons dîné à Brightemlstone, avec la meilleure viande de boucherie que j'aie mangée de ma vie; et comme le seul acte de toucher un plancher anglais brûle la bourse, surtout dans le voisinage de la cour (car l'or est la mandragore de toutes les cours), nous avons été coucher à Lewis. N'êtes-vous pas scandalisé qu'un bourg anglais porte le nom d'un de nos rois? Depuis, et dès Lewis, nous avons parcouru le plus beau pays de l'Europe, par la variété des sites et de la verdure, la beauté et l'opulence de la campagne, la propreté et l'élégance rurale de chaque propriété.

C'est un attrait pour les yeux ; c'est un charme pour l'âme, qu'il est impossible d'exagérer. Les approches de Londres sont entre autres d'une beauté champêtre dont la Hollande même ne m'a point fourni de modèles; j'y comparerais plutôt quelques vallées de la Suisse; car (et cette observation très-remarquable saisit à l'instant des yeux exercés) ce peuple dominateur est avant tout et surtout agricole au sein de son île; et voilà ce qui l'a sauvé si long-temps de ses propres délires. Je sentais mon âme fortement et profondément saisie, en parcourant ces contrées plantureuses et prospères ; et je me disais : Pourquoi donc cette émotion si nouvelle ? Ces châteaux, comparés aux nôtres, sont des guinguettes. Plusieurs cantons de la France, même de ses provinces les plus médiocres, et toute la Normandie que je viens de traverser, sont assurément plus beaux, de par la nature, que toutes ces campagnes. On trouve çà et là, mais partout dans notre pays, de beaux édifices, des ouvrages fastueux, de grands travaux publics, de grandes traces des plus prodigieux efforts de l'homme; et cependant ceci m'enchante bien plus que le reste ne m'étonne. C'est que ceci est la nature améliorée et non forcée; c'est que ces routes étroites, mais excellentes, ne me rappellent les corvoyeurs que pour gémir sur les lieux où ils sont connus ; c'est que cette admirable culture m'annonce le respect de la propriété ; c'est que ce soin, cette propriété universelle est un symptôme parlant de bien-être ; c'est que toute cette richesse rurale est dans la nature, et ne décèle pas l'excessive inégalité des fortunes, source de tant de maux, comme les édifices somptueux entourés de chaumières ; c'est que tout me dit ici que le peuple est quelque chose, qu'ici chaque homme a le développement et le libre exercice de ses facultés, et qu'ainsi je suis dans un autre ordre de choses.

Et prenez garde, mon ami, que c'est si bien là la vraie cause de l'effet sur lequel je raisonnais, qu'arrivé à Londres, et cette superbe Tamise (qu'il ne faut comparer à rien, parce que rien ne lui est comparable) une fois franchie, rien ne m'a plus étonné ni même fait plaisir, si ce n'est les trottoirs qui faisaient tomber à genoux le bon la Condamine, et s'écrier : « Béni soit Dieu ! voici un pays où l'on s'occupe des gens de pied. » Tout le reste m'a paru ordinaire et presque mesquin. Je dirais volontiers comme cet apathique Italien : « Ce sont des rues à droite, des rues à gauche et un chemin au milieu. » Toutes les villes sont de même, si cependant vous accordez à celle-ci l'avantage de cette admirable propreté qui s'étend à tout, qui embellit tout, qui a un attrait presque égal pour l'esprit et pour l'œil, et des dimensions dont aucune ville ancienne ne saurait jouir : du reste, effrayante obstruction du corps politique ; cloaque infâme au moral ; hommes entassés et infectés de leur haleine ; lutte éternelle des corrupteurs et des corrompus, des prodigues et des misérables, de la canaille titrée et de la canaille populace. C'est mieux ou plus mal que Paris ou que Babylone, comme vous voudrez, j'y prends peu d'intérêt. Notez pourtant que j'ai peu vu encore, et que Londres m'offrira certainement plus que toute autre grande ville de commerce un foyer d'activité et d'émulation qui ne peut pas nè point intéresser. Mais je vous rends compte de la première impression qui a toujours un grand fonds de vérité.

Nous avons eu en voyage des gentlemen. Combien le peuple a de sens ! le sobriquet des voleurs est ici le mot gentilhomme ! Ils ont observé et tâté deux ou trois fois notre petite troupe, j'étais décidé à ne leur accorder rien, parce que je suis loin d'avoir trop d'argent ; j'avais mis les dames en avant, seules dans une chaise, trois hommes dans celle qui suivait, et un cheval. Notre ordre de bataille était si bon et notre contenance armée si simplement fière et ostensible, qu'ils nous ont laissé passer.

J'empiéterais sur les droits de mon Henriette qui veut vous écrire, quand elle pourra vous remercier de votre convalescence, si je vous parlais des Anglaises, dont l'air froid et ricaneur et les tailles emboîtées et guindées n'ont pas paru lui plaire infiniment au premier coup d'œil : pour moi j'en appelle, et je ne renoncerai pas si aisément à ma longue passion pour les Anglaises, d'autant qu'en voyant passer Henriette, on s'arrête et l'on dit : « Oh! la belle Anglaise! » Aussi est-elle fort contente des hommes. Pour moi, je prétends, et l'on assure que j'ai déjà l'air aussi breton que Jacques Rosbiff.

Au reste, nos dames n'ont pas toujours été aussi bien traitées ; elles ont essuyé aujourd'hui un orage très-vif : la beauté du temps les avait invitées à aller à pied de leur auberge à leur logement, car nous sommes déjà gîtés et chèrement gîtés ; elles étaient parées fort à la française, et sur-tout Henriette. On a murmuré ; on s'est attroupé ; on nous a suivis ; on a lancé un certain Aristophane de cabaret, qui s'est mis à chanter devant nous, avec les gestes les plus démonstratifs et les expressions les plus libres des cantiques très-peu spirituels qui ont fort diverti le peuple. Mon amie, accoutumée aux lubies de la canaille d'Amsterdam, riait ; la Parisienne avait une vraie colère de parisienne et regrettait les halles. Pour moi, mon flegme était imperturbable ; mais cependant j'avais peur de me fâcher et le dénoûment m'inquiétait : déjà plusieurs Anglais bien mis, en passant à cheval avaient distribué quelques coups de fouet au Gilles, et s'arrêtant, nous avaient supplié de ne pas prendre la populace pour la nation; puis, ils nous donnaient des conseils que malheureusement nous n'entendions pas. Enfin, un Français a fendu la foule, donné de l'argent, et fait montre d'éloquence anglaise, puis nous déposant dans une boutique, il a été nous chercher un carrosse qui a mis fin à cette scène plaisante au fond, et dont mon amie a eu la charmante réparation que je vous ai dite au parc Saint-James, une fois qu'elle a eu substitué un petit chapeau à nos immenses panaches.

Avec quelque précipitation que ceci soit ébauché, mon cher ami, vous verrez que je veux me nourrir de l'espoir que vous êtes en état de me lire, de m'entendre et presque de me répondre. L'idée de mon ami, malade loin de moi, m'est trop importune.

Si par hasard votre convalescence était prématuré et hâtive autant que je le désire, ou si vous croyez pouvoir charger de la négociation que voici le bon abbé de Laroche, vous le feriez le plutôt possible, parce que cela m'importe. Levieillard a répondu à celle de mes lettres dont vous m'avez paru très-content, le billet malhonnête que voici :

« Je vous renvoie, Monsieur, la lettre que vous
» m'avez confiée ; je l'aurais fait plutôt, si je n'é-
» tais retenu au lit par une fièvre très-forte et un
» violent mal de tête : j'ai pris l'émétique ; j'ai été
» saigné trois fois, et mes maux subsistent encore
» dans toute leur vigueur. On n'est point du tout de
» l'avis de votre ami ; on croit que la dernière
» forme que vous avez donnée à votre ouvrage
» est la meilleure, qu'il peut être sans danger
» publié dans le nouveau monde ; pour celui-ci,
» c'est à vous d'en juger, mais on aurait désiré

» que vous n'eussiez fait part à personne qu'on
» en avait connaissance; et on m'a déclaré que la
» trop grande communication que vous en avez
» faite, ne permettait absolument plus qu'on s'en
» mêlât. Mes rapports avec M. Paris ne sont pas,
» comme vous imaginez, de simples liaisons de
» société; et je suis l'ami intime de toute la famille
» de sa femme. Croyez-vous, monsieur, qu'il soit
» bien permis, qu'il ne soit pas même répréhensible
» de mettre, sans preuve bien évidente, dans le
» cœur d'un homme mort depuis long-temps, les
» motifs les plus condamnables, pour, d'après cette
» supposition, en faire la satire la plus cruelle? Je
» ne suis point en ce moment en état de discuter si
» le bonheur du genre humain dépend d'une vérité
» qui ne peut être solidement démontrée que par
» une diatribe sur M. Duverney; mais je ne coopé-
» rerai en rien à ce qui peut affliger mes amis.
» Recevez, monsieur, l'assurance de mon sincère
» attachement. — 23 août 1784. »

Je répondrai, et je répondrai honnêtement;
mais vous voyez comme je suis payé d'avoir raison,
et surtout de ma loyale communication de l'excellente lettre de Clavière. Mais ce n'est ni le
moment, ni la situation de se fâcher. Voici ce qui
presse et importe: le docteur Price est à Londres;
il est ami intime de Franklin; que Franklin lui
recommande l'ouvrage, ou au moins l'auteur.
Alors je tirerai parti d'un livre utile, entrepris
pour leur faire plaisir, et dont j'ai le plus grand

besoin. Ne négligez pas cela, je vous en prie.

Adieu, mon très-cher ami. Donnez-moi ou faites-moi donner le plutôt possible de vos nouvelles; et aimez-moi comme il m'est impossible de ne pas vous aimer.

LETTRE X.

Londres, 13 octobre 1784.

Je reçois, mon très-cher ami, une lettre dont l'écriture a fait palpiter mon cœur, comme celle d'une maîtresse lorsque j'avais vingt ans; car la fermeté du caractère et le nombre des pages m'ont appris en un instant que vous vous portiez mieux; que vous aviez plus de forces; que votre amitié pour moi était la même; que vous ressentiez toujours le besoin de causer avec moi; enfin que j'avais recouvré la partie la plus réelle de ce qu'il m'est permis de goûter de bonheur, je veux dire, le charme et l'assurance de votre amitié. Cette rapidité de sentiment qui, dans une seule émotion, fait trouver mille certitudes et mille jouissances, est un des plus grands dons que la nature ait fait aux cœurs aimans; et c'est assez pour compenser tous les maux que produit la sensibilité. Car un être sensible jouit avec abandon; et lorsqu'il souffre dans l'objet aimé, il a encore pour se consoler le sentiment même qui le fait souffrir.

Grâces vous soient rendues, cher ami, de m'avoir tiré de peine sur vous et sur votre affection; non que j'en doutasse, il ne me faut que tâter mon cœur, pour être sûr du vôtre. Mais il est si doux de s'entendre répéter qu'on est aimé de l'homme du monde qu'on aime, estime et respecte le plus! Et puis, l'âme a besoin d'être soignée comme le corps. C'est-là sans doute un des plus grands mécomptes de la vanité humaine; mais il est trop vrai que l'amitié a besoin de culture, et que la santé de l'esprit et du cœur est subordonnée au régime et à l'habitude.

Le tableau que vous me faites de ce que vous avez souffert, m'a vraiment navré, et surtout par l'idée que je n'ai pas été votre garde ; mais la réflexion soulage un peu mon imagination, en ce que la cruelle épreuve que vous venez de subir, est une démonstration irrésistible que vous êtes un des êtres les plus vivaces qui existent. Or, la ténuité de votre charpente, la délicatesse de vos traits, et la douceur résignée et même un peu triste de votre physionomie laquelle est calme, et que votre tête ou votre âme ne sont point en mouvement, alarmeront et induiront toujours en erreur vos amis sur votre force. Pour moi, vous m'avez prouvé, non pas tout à fait qu'on ne meurt que de bétise, mais que les forces vitales sont toujours proportionnées à la trempe de l'âme. Ainsi, l'axiôme proverbial *la lame use le fourreau* n'est pas vrai pour l'espèce humaine. Comment son feu intérieur ne le consume-t-il pas, se dit-on? eh! comment le consumerait-il? c'est lui qui le fait vivre. Donnez-lui une autre âme, et sa frêle existence va se dissoudre.

Hélas, mon ami! Tacite et vous, aurez donc toujours raison! c'est un étrange composé de légèreté et de perversité que l'homme, qu'il faut cependant servir et qu'on voudrait aimer: l'homme qui calcule les astres, qui soumet les élémens, qui défie et combat toute la puissance de la nature, qui peut tout excepté conduire lui et ses semblables, qui a tout trouvé hors la liberté et la paix, qui a su donner l'autorité, qui a su l'endurer, et qui n'a su ni la diriger ni la seconder, qui sait ramper et ne sait pas obéir, qui sait se révolter et ne sait pas se défendre, qui sait aimer et ne sait pas s'attacher, qui a tous les contraires en bien comme en mal, dans le cœur et dans l'esprit. Votre mot est charmant. On a dit, il y a long-temps :

> Mille fois ils m'ont tout promis;
> Mais le siècle en fourbes abonde,
> Et je ne hais rien tant au monde
> Que la plupart de mes amis.

Mais c'est-là l'épigramme chagrine d'un homme dont l'esprit aigri n'est jamais averti par son cœur. La vôtre appartient à un philosophe qui a observé profondément, et qui donne un résultat moral avec la gaîté et l'indulgence sans lesquelles il n'est presque pas un bon cœur. Il y a peu de délicatesse à se personnifier dans un sentiment haineux et vil; au lieu que votre mot, qui est trop vrai, est la saillie aimable d'un homme qui n'a pas été pris pour dupe, et qui aime trop ses vrais amis pour ne pas rire beaucoup de ceux qui prennent ce titre. Mais j'ai peur qu'en ce genre, comme en beaucoup d'autres, il n'y faille pas regarder de trop près : car on s'appauvrirait, beaucoup plus qu'il n'est possible d'y résoudre même la philosophie. Bon dieu! à quels sacrilèges j'ai surpris, dans ces derniers temps, les personnes qui parlent le plus éloquemment d'amitié! Je ne m'accoutumerai jamais à ces théories que la conduite dément; mais il faut que je m'arrête, car ce que j'aurais à vous dire ne peut pas s'écrire. Ce n'est pas que si j'avais à vous dénoncer un fait important, je ne sautasse le fossé. Mais ce n'est point dans votre cœur que j'ai à vous blesser ; et votre tête est si sage, que vous sonderez le terrain même sur lequel vous êtes le plus habitué à marcher : et vous ferez bien. Il faut d'ailleurs, mon ami, une grande circonspection pour les faits; le trait infâme que vous m'apprenez ne l'enseigne que trop, puisqu'une simple transposition de dates a fait, dans la bouche d'un méchant, d'une action honnête et pure (qu'il n'a pu savoir que par mon bandit de laquais, qui, non content de tout me voler, épiait mes actions et mes discours à chaque instant de la journée), une malignité capable de compromettre un galant homme auquel je ne me consolerais pas de susciter, même le plus indirectement, une tracasserie. Eh! qui en sera à l'abri, s'il n'y est pas, lui, armé de tant de circonspection et de sagesse? Mais, outre cette anecdote, quoiqu'il soit à peu près impossible que la poste voie tout, je puis vous assurer que les Français de Londres sont aussi inspectés par la police de Paris qu'en France même. Les canailles aventurières qui salissent ici les presses, sont les espions les plus corrompus qui existent, et leurs complices le sont aussi; car qui dit complice en ce genre, dit espion. La complicité est un des moyens de l'espionnage; et les gouvernemens qui ont recours à ce misérable moyen, savent très bien distinguer l'homme auquel il faut en vouloir. Ils devraient savoir aussi que leurs recherches en ce genre ne produisent rien qu'une ressource assurée à la canaille infecte qui se voue à cette infâme profession. Au reste, il y a aussi des Anglais vendus à la police de Paris; témoin le vil entrepreneur du *Courrier de l'Europe*, tout aussi méprisable que le rédacteur. Celui-ci, après avoir été libelliste ordurier, est devenu espion gagé, aussi infâme dans ses délations qu'il était méprisable avant ce joli métier. C'est de toute cette canaille que W. a été la victime; elle craint de n'être pas payée si elle n'accuse pas, de sorte qu'elle accuse à tort et à travers.

Vous êtes inquiet de mon sort, mon cher ami, et moi je ne suis pas très-rassuré, surtout sur celui de mon aimable compagne. J'ai cependant quelques projets qui apparemment me feront vivre : mais on se trompe beaucoup sur la générosité des Anglais. Accoutumés à tout calculer, ils calculent aussi les talens et l'amitié; la plupart de leurs grands écrivains sont, presque à la lettre, morts de faim : jugez de quiconque n'est pas de leur nation! Une des premières choses qui frappent ici, c'est l'esprit d'ordre, de méthode, de calcul. On peut y dire le pourquoi de chaque chose; et cela doit peser, surtout dans l'esprit d'un Français; mais, à tous ses inconvéniens, ce genre d'esprit exclut presque nécessairement les grands mouvemens de sensibilité; ils appartiennent ici au peuple, beaucoup trop calomnié, même dans ce pays, où cependant il est quelque chose. En général, mon ami, Clavière a raison; et j'ai été obligé de m'en convaincre, moi qui écris contre l'aristocratie. On ne défendra jamais bien le peuple, quand on se laissera aller à quelque déplaisir contre lui; quand les mots de canaille, de populace, de goujat, resteront le dictionnaire du défenseur. Un plus profond examen de ce qui suggère ces épithètes, agite la tête et le cœur; on voit bientôt que cette populace, cette canaille, n'est plus si nombreuse ni si vile qu'on l'imaginait. Ces grossièretés dont elle affuble les panaches, les plumets, l'air français, tout ce que vous voudrez, ne sont pas si grossières. Il faut aussi faire le procès à ceux qui inventent, qui portent, qui accréditent ces puérilités, titres presque uniques par lesquels on se distingue de la canaille. Elle est bruyante, elle est incommode ; mais aux yeux et aux oreilles de qui?.... Et ces graves et silencieux déportemens de la canaille instruite, bien vêtue, s'intitulant gens comme il faut, feront-ils mieux le bonheur de la terre ?

Il faudrait, mon ami, il faudrait qu'une tête pensante et sagace comme la vôtre vît l'Angleterre comparée à tout ce qu'on voit ailleurs, et pesât les désagrémens qu'on exagère chez vous, contre les maux réels dont il est défendu de parler. Rien de parfait ne saurait sortir de la main de l'homme ; mais il y a du moins mauvais, et beaucoup moins mauvais, en Angleterre que partout ailleurs, où des esclaves, les fers aux pieds et aux mains, se moquent des dangers que courent les voltigeurs. Il semble qu'on ait voulu consoler jusqu'ici les autres nations, en leur parlant des défauts de la constitution anglaise, de ce qu'on appelle ses abus. On a fait comme ceux qui portaient leurs gémissemens sur de légers liens à des esclaves chargés de lourdes chaînes; on abuse de ce que les premiers laissent toute la sensibilité, tandis que les autres ôtent tout sentiment. Enfin, si le mieux peut trouver place chez les Bretons, ce sera quand les autres nations européennes seront arrivées à leur niveau. Le philosophe doit donc tendre à cette révolution, avant que de désirer l'autre. Une émeute, une sédition à Londres fait plus de bien au cœur de l'honnête homme, que toute cette imbécille subordination dont on se vante ailleurs. Si l'on approfondissait, si l'on comparait, si l'on cherchait les corrélatifs en politique, on ferait sur l'Angleterre et les Anglais un ouvrage qui aurait de la signifiance : mais il ne faudrait pas, comme l'illustre Linguet, qui, tout ainsi que Mallebranche voyait tout en Dieu, voit tout en Linguet, rechercher les fourchettes à deux fourchons et le manque de serviettes.... Un magistrat d'une des sociétés les plus libres de la terre, félicitait l'autre jour une connaissance à moi qui a quitté l'Irlande, de n'être plus parmi ces Hibernois qui emplument et coupent des jarrets. C'est un bon homme parlant admirablement liberté, pourvu qu'on laisse faire la magistrature : et voilà comme on est partout. Dès que le peuple tente de se faire justice, c'est une horreur. Il faut cependant remarquer que les premiers emplumeurs et coupeurs de jarrets, pour cause politique, ont paru en Amérique ; et que cette manie a disparu, quoique la cause réprimante soit très peu de chose : mais les causes pour lesquelles il fallait emplumer, etc. etc. ont disparu. Il faut remarquer aussi que l'art d'ôter la raison, pour ensuite argumenter de la folie, est l'art des coupables gouvernans : cela établi, qu'importe de détailler les convulsions de l'infortuné dont on a irrité les nerfs par un breuvage ?.....

Mais, mon ami, voilà beaucoup bavardé ; car

il faut nous tenir dans les généralités. Mais je ne puis pas me refuser au plaisir de frotter la tête la plus électrique que j'aie jamais connue. Je ne perdrai pas mon temps ici ; et si la misère et le malheur ne font pas justice de moi, je répondrai peut-être à mes ennemis et à mes prétendus amis presque aussi coupables que mes ennemis, mais de la seule manière qui me convienne désormais, par de bons et d'utiles ouvrages, tous portant mon nom ; car, dès le premier, j'annonce que tout ce qui ne le portera pas me sera faussement attribué, afin qu'on n'essaie pas de m'imputer les viles anonymités qui pullulent ici. Quoiqu'il arrive, vous n'aurez pas à rougir de moi, soyez-en bien assuré ; mais quand vous presserai-je contre mon cœur ? C'est en vérité ce qu'il m'est impossible de dire ; à cet égard, j'ose à peine fixer l'avenir.

Je vous ai déjà écrit, mon cher ami, sur le brillant surcroît de fortune qui vous est arrivé : j'en étais en colère, et je ne suis pas encore très-calme à cet égard ; mais je veux vous croire déguignoné, comme vous dites : c'est cependant une dérision, si vous ne devez commencer à toucher que dans trois ans, à moins qu'on ne vous en donne neuf d'avance. Madame de N. vous écrira le premier courrier. Aujourd'hui, il est trop tard, et ses beaux yeux souffrent à la lumière ; elle vous prie de l'aimer, et de m'écrire souvent ; car elle prétend que je suis très-mauvaise compagnie, quand vous ne m'écrivez pas. Adieu, cher et bon ami ; il y a long-temps que votre conquête a compensé toutes les pertes et toutes les méprises de mon cœur. Conservez-moi le vôtre ; et quoiqu'on fasse, je ne serai pas tout à fait malheureux. Choyez votre convalescence avec votre raison, et non pas avec votre tête ; caressez les muses ; qu'elles vous comblent long-temps de toutes leurs faveurs ; et quand vous serez désensorcelé, toujours vous auront-elles valu plus de jouissances que d'or, ni même de gloire, à en juger par celle qu'il vous était donné de mériter, et par les seuls dispensateurs dont vous puissiez l'attendre. *Vale et me ama.*

P. S. Plusieurs articles de votre lettre ne sont pas répondus, parce qu'une de mes lettres, qui a croisé la vôtre, l'a fait d'avance.

LETTRE XI.

10 novembre 1784.

JE viens de recevoir votre lettre tendre et sage, mon bon et cher ami ; et j'ai éprouvé le double plaisir d'apprendre de vous d'heureuses nouvelles, et de trouver, dans l'accent et l'expression de vos craintes, une vive empreinte de votre amitié et c'est-là, sans doute, une grande jouissance pour moi ; mais la circonstance en a redoublé la saveur. Je suis triste et malheureux ; ma douce et charmante compagne est malade, et malade de langueur ; elle est à son onzième accès de fièvre. Heureusement les accès sont intermittens, et laissent deux jours de passables ; mais l'extrême faiblesse, l'agacement des nerfs, les accidens de femmes qui en ont résulté, l'ont jetée dans une situation très fâcheuse, quoique au fond, peu inquiétante ; d'un autre côté, ma bourse n'avait que faire de cet échec. Toute visite de médecin réputé (et peut-on en choisir un autre pour son amie?) coûte un louis à Londres ; c'est acheter cher l'inquiétude. Enfin, mes ressources sont à leur terme ; et non seulement je n'ai point encore obtenu le pain de la loi, mais je n'obtiens pas même de réponse de mes gens d'affaires. Heureusement Target retourne incessamment à Paris, et se charge de mettre un terme à cette indécision cruelle.

On projette de me charger d'un grand ouvrage, qui m'assurerait le nécessaire pour long temps ; mais l'entreprise en est encore fort incertaine. Changuyon me propose aussi, de Hollande, de la besogne ; mais il faut le temps de la faire. Tout cela combiné, mon ami, dessinez le premier trait d'une situation dont votre imagination ne saura que trop faire un tableau fort triste, mais qui pourtant n'est pas désespéré. Le grand, le vrai mal, c'est la souffrance de mon amie ; et votre lettre en a tempéré l'amertume. Jugez ce que votre amitié est et peut pour notre bonheur. Hélas ! mon ami, il n'en est qu'un de vrai, c'est d'aimer et d'être aimé. Sans ce charme, je ne pourrais déjà plus supporter le fardeau de la vie.... Mais songeons que j'écris de Londres, et dans le mois de novembre. Ne nous occupons pas de ces idées.

Je veux cependant vous dire, et seulement dans des vues littéraires, que j'ai rencontré, à ce sujet, dans le Séjanus de Bergerac, imprimé en 1638, et dédié au duc d'Arpajon, où par parenthèse l'on professe tout haut l'athéisme avec approbation et privilége du roi, j'y ai trouvé, dis-je, ces vers qui m'ont bien étonné :

> Et puis, mourir n'est rien, c'est achever de naître.
> Un esclave hier mourut pour divertir son maître ;
> Au malheur de la vie on n'est point enchaîné,
> Et l'âme est dans la main du plus infortuné.

En vérité, mon ami, on ne ferait aujourd'hui rien de plus beau que ces deux derniers vers. Il est vrai qu'on en trouve, à côté, de cette force. Terrentianus demande à Séjanus s'il ne craint pas le tonnerre des dieux; et Sejanus répond :

> Il ne tombe jamais en hiver sur la terre ;
> J'aurai six mois au moins pour me moquer des dieux.

Non, mon ami, je ne suis point enthousiaste de l'Angleterre; et j'en sais maintenant assez pour vous dire que, si la constitution est la meilleure connue, l'administration en est la plus mauvaise possible; et que si l'Anglais est l'homme social le plus libre qu'il y ait sur la terre, le peuple anglais est un des moins libres qui existent. Je crois davantage, mon ami, je crois qu'individuellement parlant, nous valons mieux qu'eux, et que le terroir du vin l'emporte sur celui du charbon de terre, même par son influence sur le moral. Sans penser, avec M. Lauragais, que les Anglais n'aient de fruits mûrs que les pommes cuites et de poli que l'acier, je crois qu'ils n'ont pas de quoi justifier leur orgueil féroce. Mais qu'est-ce donc que la liberté, puisque le peu qui s'en trouve dans une ou deux bonnes lois, place au premier rang un peuple si peu favorisé de la nature? Que ne peut pas une constitution, puisque celle-ci, quoique incomplète et défectueuse, sauve et sauvera quelque temps encore le peuple le plus corrompu de la terre de sa propre corruption? Quelle n'est pas l'influence d'un petit nombre de données favorables à l'espèce humaine, puisque ce peuple ignorant, superstitieux, entêté (car il est tout cela), cupide, et très-voisin de la foi punique, vaut mieux que la plupart des peuples connus, parce qu'il a quelque liberté civile? Cela est admirable, mon ami, pour l'homme qui pense et qui a réfléchi sur la nature des choses, et problème insoluble par tous les autres. Au reste, ne croyez pas que l'on connaisse ce pays; plus je vois, et plus je m'assure qu'on ne sait ce qu'on a vu. Je vous défie de vous faire une idée de la ridiculité des préjugés accrédités sur l'Angleterre, tantôt calomniée, tantôt exaltée, avec la plus absurde ignorance. Je fais, pour vous et pour moi, des notes qui vous seront utiles et qui vous convaincront de ces deux choses : l'une, que le plus léger mensonge mène les voyageurs à des résultats d'une fausseté incalculable; l'autre, qu'il est une quantité énorme de choses que nous autres, Français, faisons en les louant, c'est-à-dire qui n'existent que dans nos éloges. Cette observation m'a été confirmée aujourd'hui dans un détail peu important, mais qui vous expliquera bien ce que je veux dire. Tout le monde a entendu parler de la fameuse épitaphe a Wren, dans la chapelle souterraine de Saint-Paul de Londres : *Si monumentum quæris, circumspice;* mais personne n'a dit que ces quatre mots étaient noyés dans dix ou douze lignes de très-mauvais latin, où l'on a eu garde d'oublier l'*eques aureatus* et toutes les sottises imaginables. De même, il y a, dans l'épitaphe de Newton, *Sibi gratulentur mortales tale tantumque extitisse humani generis decus;* cela est bien, mais précédé de onze lignes, dans lesquelles on lit pompeusement l'*eques aureatus*, le commentaire sur l'Apocalypse, etc. Au reste, ceci me rappelle une anecdote, précieuse pour ceux qui, comme vous et moi, sont à l'affût du charlatanisme humain. Voltaire a écrit partout qu'il y avait à Montpellier une statue de Louis XIV, avec cette belle inscription : *A Louis XIV, après sa mort*. Il n'y a ici que trois petits inconvéniens, c'est que 1° l'inscription est en latin; 2° qu'elle est fort longue; 3° qu'elle raconte tout uniment le fait comme il s'est passé, à savoir que la statue a été décrétée par la ville, pendant la vie de Louis XIV, et posée depuis sa mort. — *Superstiti decrevère*. — *Ex oculis sublato posuère*. Et puis Voltaire ose dire à tout propos :

Et voilà justement comme on écrit l'histoire.

Mais un fait plus important que j'ai complètement vérifié, que je vous prie de garder pour vous, parce que j'aurai bientôt occasion de l'encadrer, mais qui est trop précieux pour que je ne vous l'apprenne pas, c'est celui-ci :

Vous lisez dans le livre de l'*Esprit*, tom. II, pag. 138, à la note (édit. *in-*8°, 1778) : « Dans ce
» pays (la Turquie), la magnanimité ne triomphe
» point de la vengeance ; on ne verra point en
» Turquie ce qu'on a vu, il y a quelques années,
» en Angleterre : Le prince Édouard poursuivi
» par les troupes du roi, trouve un asyle dans la
» maison d'un seigneur ; ce seigneur est accusé d'a-
» voir donné retraite au prétendant. On le cite de-
» vant les juges ; il s'y présente et leur dit : Souf-
» frez qu'avant de subir l'interrogatoire, je vous
» demande lequel d'entre vous, si le prétendant
» se fût réfugié dans sa maison, eût été assez vil et
» assez lâche pour le livrer ? — A cette question
» le tribunal se tait, se lève et renvoie l'accusé. »

Ce fait me paraissait absurde : nul tribunal sur la terre, qui n'est pas le souverain, n'a le droit, ni le pouvoir de juger ainsi. Enfin, j'arrive en Angleterre ; et le hasard me fait rencontrer lady Margaret-Macdonald qui a vécu en 1763 à Édimbourg avec M. Macdonald of Kingborough, le héros du roman de M. Helvétius. M. Macdonald n'était point un seigneur ; c'était un gentilhomme, cultivateur assez pauvre ; il demeurait dans l'île de Sky, près du château de son proche parent, le chevalier Alexandre Macdonald, propriétaire en grande partie de cette île et chef de la clan Macdonald, une des tribus écossaises les plus attachées au prétendant. Les officiers du détachement à la quête du prétendant que l'on savait être dans l'île de Sky, étaient dans la salle à manger du château avec lady Margaret. Un paysan montagnard se présente à la porte de la salle, et remet à milady un billet non cacheté ; elle reconnaît la main du prétendant qui lui demande une bouteille de vin, une chemise et une paire de souliers. Ce malheureux prince, accablé de lassitude, était alors assis sur une colline à un mille du château, et l'on pouvait le voir des fenêtres de la salle. Lady Margaret ne se troubla point ; elle prétexta quelques détails de famille, quitta les officiers, et courut avec le paysan montagnard chez Macdonald of Kingborough : « Si le prince entre chez vous, lui dit Macdonald, ou si vous l'assistez en la moindre chose, vous êtes perdue, vous et votre famille. Je

» me charge de tout. Adieu. » Il lui prit la main et partit.

Macdonald, avec des difficultés infinies, parvint à sauver le prétendant qu'il habilla en femme, etc. Ce prince gagna les montagnes, et se rendit heureusement à bord d'un des vaisseaux que la France avait envoyés en croisière sur les côtes occidentales d'Écosse, pour faciliter son évasion. Bientôt après, Macdonald fut arrêté et mis en prison dans le château d'Édimbourg, où il resta quelque temps avant qu'on lui fît son procès. Pour toute défense, il dit à ses juges : Ce que j'ai fait pour » le prince Édouard, je l'aurais fait pour le prince » de Galles, s'il se fût trouvé dans les mêmes cir- » constances. » Le tribunal ne se tut point, comme dit Helvétius; mais il condamna Macdonald à être pendu. La sentence qui lui fut prononcée, portait en outre que lui, encore vivant, aurait les entrailles et le cœur arrachés pour être jetés dans un brâsier allumé au pied de l'échafaud, ensuite la tête coupée, etc. C'est le supplice ordinaire des traîtres à la patrie. Macdonald ne le subit point; le duc de Cumberland représenta que cette exécution aliénerait sans retour la clan Macdonald. On lui fit grâce par politique, et l'on se contenta de le tenir un an prisonnier dans le château d'Édimbourg........ Mais combien cela est différent! combien cela est vrai, simple, beau, grand! combien Macdonald et la nature perdaient au récit d'Helvétius! Il a su son erreur, et il a répondu : « Ma foi cela est imprimé ; et cela est encore beau comme je l'ai écrit. » Quand ceux qui écrivent la morale, la philosophie, la politique, l'histoire, sauront-ils qu'ils ne sont que de vils saltimbanques, lorsqu'ils ne se regardent pas comme des magistrats !

L'ouvrage que l'on me propose, mon cher ami, est une entreprise considérable ; il ne s'agit pas moins que de mettre et de tenir ces messieurs au courant de toutes les idées saines d'économie politique, qu'ils ont traitées jusqu'ici de vaine métaphysique. L'ouvrage paraîtrait en anglais et en français ; le plus ou le moins de succès n'importerait qu'à ma conscience et à mon amour propre, car j'aurais une rétribution fixe par mois : mais j'ai cru devoir leur observer que cet ouvrage n'étant point de nature à piquer la malignité, parce que je ne dois ni ne veux parler que des choses, et encore avec circonspection, je leur conseillais d'adopter un plan qui éveillât la curiosité. Consulté sur cela, j'ai dit que le plus grand service, selon moi, à rendre aux lettres aujourd'hui, était d'abréger, et de guider un choix dans l'immensité des mensonges, des erreurs et des vérités imprimés ; qu'en conséquence, un conservateur qui donnerait en tout genre des analyses, et non pas des extraits des bons livres ; qui tirerait, du fumier des ouvrages périodiques, les paillettes qui peuvent y être tombées, et qui deviendrait le dépôt de morceaux détachés qui, par leur briéveté, c'est-à-dire, par un de leurs plus grands mérites mêmes, sont bientôt oubliés et perdus, serait un ouvrage très-précieux, et qui, fait avec scrupule, sans complaisance, sans négligence, sans précipitation, serait à peu près sûr d'un succès d'estime moins rapide que les succès d'éclat, mais durable et toujours croissant. On délibère sur cette idée ; je la crois bonne : et si elle l'est, faites des vœux pour qu'elle soit acceptée ; car elle me vaudrait cinquante louis par mois, et c'est plus qu'il ne me faut, même ici. Il est vrai que ce revenu serait acheté par un travail excessif et désagréable, en ce qu'il m'ôterait le temps nécessaire pour la culture de mes propres pensées ; mais je le regarderais comme un cours d'études à finir, lorsque la fortune voudra me rendre indépendant. Des hommes qui valaient mieux que moi, ont été condamnés à des galères aussi mauvaises ; et quand je me sens prêt à m'irriter, je me rappelle cet apologue arabe.

Je m'étais toujours plaint des outrages du sort et de la dureté des hommes ; je n'avais point de souliers, et je manquais d'argent pour en acheter : j'allai à la mosquée de Damas, je vis un homme qui n'avait point de jambes. Je louai Dieu, et je ne me plaignis plus de manquer de souliers.

Si je n'avais pas une compagne de mon sort, une compagne aimable, douce, bonne, tendre, que sa beauté aurait infailliblement rendue riche, si ses excellentes qualités morales ne s'y étaient pas opposées; qui souffre pour elle et pour moi, en pensant que j'ignore toujours les ressources du mois qui suit, moi dont le cœur ne fut jamais ferme à l'infortune : cet apologue me rendrait rès-philosophe.

Dites-moi, mon ami, si une fois embarqué dans cette besogne, je puis compter du moins sur vos indications, soit pour les anciens livres qui méritent d'être analysés, soit pour un choix de pièces fugitives (littéraires) dont je voudrais que cet ouvrage fût le dépôt, et pour lequel je ne puis avoir un aussi bon guide que votre goût exquis et votre incorruptible conscience. Dites-moi aussi si vous croyez que je puisse compter sur des souscripteurs en France, dites-moi surtout, avec votre franchise et votre sagacité ordinaires, ce que vous pensez de l'idée et du plan.

Ce que vous me dites de votre santé et de votre genre de vie me fait un très-grand plaisir, mais me donne de bien vifs regrets. Combien j'aurais vécu avec vous cet hiver ! combien j'aurais passé d'heures délicieuses, et cultivé mon âme et ma pensée! car, ne vous y trompez pas, c'est mon esprit qui acquiert ici ; mon âme est veuve, philosophiquement parlant, et ma pensée avorte, faute d'un ami qui l'entende ou qui l'éveille. Je combine une foule de rapports nouveaux ; et certainement il résultera, de ces rapprochemens et de ces combinaisons, de bonnes choses, sur-tout quand je les aurai mûries auprès de vous, dans la serre chaude de votre amitié et de vos talens. Mais aujourd'hui je ne fais qu'amasser ; je ne dispose point. Je n'ai jamais si bien senti combien vous étiez nécessaire pour m'encourager et me guider. Je ferai ici plusieurs bons ouvrages, un entre autres qui sera une grande vengeance offerte à l'humanité : ce sera l'histoire d'un des plus horribles crimes du xviiie siècle, dont le hasard m'a envoyé les matériaux les plus curieux et les mieux détaillés ; mais un grand ouvrage de morale ou de philosophie, je ne l'entreprendrai jamais qu'auprès de vous, qui êtes la trempe de mon âme et de mon esprit.

Allons donc, je serai content de vos amis, puisque vous le voulez ; mais qu'ils s'arrangent pour que vous ayez 12,000 livres de rente, ou je ne réponds pas des rechûtes. Bon jour, mon ami ; car en voilà bien long, et ma pauvre petite se réveille ; remarquez s'il vous plaît, qu'elle est trop excusée de son silence, elle vous aime de tout son cœur et vous regrette très-vivement. Adieu, encore une fois, je ne vous dirai pas : si vous aimez des anecdotes caractéristiques de ce pays pour augmenter votre immense répertoire, écrivez-moi souvent, car je vous en enverrai toujours en réponse. Mais je vous dirai : écrivez-moi souvent, car cela me console et soutient mon courage.

P. S. Vous êtes sûrement étonné de ce que les C. (*) ne circulent pas encore; mais vous le serez plus, quand vous saurez que j'ai traduit à la suite un pamphlet du docteur Price, intitulé : *Observations on the importance of the american révolution, and the means of making it a benefit to the World* (cela n'est pas excellent; mais on m'en a beaucoup prié), et fait un discours et des notes sur cet ouvrage, dont vous ne serez pas mécontent, pour avoir été fait loin de vous.

LETTRE XII.

Londres, Hatton-street in Holborn, 30 décembre 1784.

Je ne voulais ni vous gronder, mon ami, ni interpréter votre silence d'une manière qui pût affliger mon cœur; mais j'étais inquiet de vous: car votre constitution débile et votre tempérament igné se conserveront long-temps l'un par l'autre; mais ils se heurteront souvent; et la vie est bien quelque chose: mais ne pas souffrir est beaucoup plus, du moins selon moi. Me voilà rassuré, jusqu'à un certain point pourtant; car je sais que vous payez cher quelques semaines de

---

(*) Les Cincinnati, c'est-à-dire l'écrit sur l'ordre de Cincinnatus.

travail forcé; et je n'aime pas assez la littérature, quoique j'en sois idolâtre, pour pouvoir désirer de l'enrichir à vos dépens, et d'autant moins que tôt ou tard les trésors de votre génie lui arriveront. Pourquoi donc se hâter, au risque de ruiner votre santé? Mais vous m'auriez fait bien plaisir de me récapituler la réception de mes lettres, ou du moins de me les signaler par quelques traits détachés; car j'en ai quatre ou cinq au moins sans réponse; et vous ne me parlez que de celle où je vous entretiens du conservateur. Au reste, comme il n'y avait dans les autres aucun motif de suppression, je suppose qu'elles sont arrivées à bon port. Car j'entends bien pourquoi l'on gêne la liberté de la presse; en dépit des cent mille et une raisons que j'en pourrais donner, je trouve qu'on peut résumer cette question dans un argument très-court. Quel mal y aurait-il qu'il n'y eût pas tel, tel, tel, tel et tel livres? Et cela, jusques et inclusivement la Bible, où pourtant il est dit que toute puissance vient de Dieu, et sans égard à ce que la poudre à canon, le plus utile de tous les livres à ceux qui n'en veulent point, serait encore dans le cerveau du père éternel, si Adam ne nous eût pas transmis la faculté de faire des livres? Qu'avez-vous à répondre à cela? heim! mais pourquoi gênerait-on le commerce des lettres? Il n'a pas du tout les mêmes conséquences; car quel homme, à moins d'être insensé, ne sait pas qu'il écrit sous les yeux vigilans de tous les sages et généreux gouvernemens, qui régissent l'univers, comme ils disent? Donc si ce n'était pas une très-agréable et expédiente occasion de gagner et faire gagner beaucoup d'argent à beaucoup d'honnêtes gens, l'interception des lettres serait une chose fort inutile (procédé à part, que pourtant tout le monde ne trouve pas également gai), et d'autant plus inutile qu'il n'est pas une correspondance d'ambassadeurs qui ne se fasse par couriers. Mais le ciel me défende de gloser sur une si belle institution !

Vous voilà bien affairés, messieurs les distributeurs de la gloire! que l'esprit saint vous illumine! Mais miracle pour miracle, il devrait bien commencer par les candidats, avant de passer aux électeurs. Au reste, savez-vous pourquoi je parle de ceci? Vous ne vous douteriez pas en cent mille ans que je fusse solliciteur d'une place à l'Académie ; je le suis pourtant, ou à peu près : mais rassurez-vous, ce n'est pas de moi, et indépendamment du bras de mer, ce ne sera jamais de moi dont il sera question. Vous me dites qu'au nombre des aspirans se trouve Target ; je sais, mon cher ami, tout ce qu'il y a à dire contre lui ; et cela se réduit à ceci : Il a peu ou point de titres littéraires ; cela est vrai ; mais peu d'hommes, et nul parmi les aspirans, à moins que ce ne soit Garat (à qui je ne voudrais pas nuire assurément, mais qui a son poste), n'est aussi capable d'en avoir. Je ne sais si vous connaissez les *Lettres d'un hom-*

me à un homme, le meilleur des écrits polémiques qui parurent au temps de Maupeou; cela est de lui. Vous devez connaître ce qu'il a écrit sur la censure. Une grande partie du morceau intitulé: *Réflexions sur l'ouvrage précédent*, imprimé à la suite de l'ouvrage de Price dans mes Cincinnati, est de lui; et cela fut jeté en un instant. En un mot, je vous suis garant qu'il a une vaste littérature, des connaissances très-nettes, et la tête pleine de choses et de bonnes choses. Par exemple, non-seulement il est au courant de toutes les idées saines en économie politique, mais il en a redressé plusieurs : non-seulement il est au courant de toutes nos idées philosophiques, mais il a donné à plusieurs beaucoup d'énergie et d'extension. Le patriciat a reçu de lui de rudes coups de knout dans le procès des Quiessat, etc. etc. De plus (et si nous ne traitions qu'entre nous, j'aurais commencé par là), c'est un parfaitement honnête homme, bon, chaud, sensible, pur, incorruptible ; et l'on vous offre de plats coquins. Enfin, et ceci passera dans votre cœur, il est mon ami particulier ; il est digne d'être le vôtre ; et il m'a rendu un service important que je ne lui ai pas même demandé, ni indiqué, avec toute sorte de chaleur et une grâce charmante.

Je sais bien, mon ami, que tout cela, quoique très-sonore à votre âme, ne vous ferait pas faire ce que vous ne croiriez pas devoir faire ; mais, en conscience, croyez-vous devoir quelque chose en ceci ? où est le plus digne ? où sont les données pour déterminer le plus digne? et le plus digne fût-il là, votre voix le fera-t-elle élire? que va-t-on vous proposer? quelques canailles titrées, ou quelques bamboches littéraires. Target a fait bien mieux que de mauvais ou de médiocres ouvrages; il n'en a point fait; il a consacré sa vie à une profession embrassée malgré lui, et qu'il n'en a pas moins remplie avec une rare dignité, avec un grand zèle, avec tout l'éclat dont l'éloquence du mur mitoyen est susceptible. L'honneur qu'on lui ferait, car enfin c'en est un dans sa position, rare même et par conséquent assez désirable; l'honneur qu'on lui ferait exciterait en lui le désir et la volonté de déployer ses forces; et le choix de l'académie, où d'ailleurs il faut de tous les genres, peut nous valoir quelques bons ouvrages, au lieu de consultations obscures ou de plaidoyers éphémères; et puis, maintenant que la peste est sur les beaux esprits, n'y a-t-il pas de la place pour tout le monde?

En voilà bien long, mon ami; mais c'est que la chose me tient au cœur; et vous savez si vous recevriez un refus de moi. Que Target doive votre voix à votre amitié pour moi, et je vous suis garant que je vous aurai acquis un ami digne de ce titre par sa morale, et même par ses talens.

Les miens (car il me faut bien, comme un autre, parler de mes talens) viennent de faire un tour de force dont je ne puis rien vous dire autre chose, sinon qu'un livre singulier et rempli de recherches aura été fait et imprimé en un mois, ici où l'on imprime la moitié moins vite qu'en France. Or, dans cette occasion, le temps importait fort à l'affaire, et l'affaire m'importait fort à moi; outre qu'elle est grande et belle, mon conservateur est accroché, parce qu'on veut qu'un libraire français entre dans la moitié des frais de l'édition française (vous voyez que vous vous êtes trop hâté de me féliciter), de sorte que, la maladie de mon amie m'ayant ruiné, j'étais aux expédiens. Me voilà sauvé pour une couple de mois. Vous trouverez-là le nom de votre hôte consigné avec honneur ; vers le milieu du mois prochain, cela vous parviendra.

On nous annonce ici un grand ouvrage en trois volumes de Necker, avec son avis sur l'administration des finances : il est, dit-on, entre les mains de notre roi, de notre reine, de Monsieur, et sans doute de M. le dauphin, plus de M. de Castries; 18,000 exemplaires sont prêts pour porter à toute la terre la preuve que la France a perdu un bon serviteur et que le serviteur en est bien fâché. Quant à moi, outre que je sais à quoi m'en tenir sur ses talens financiers, et ses opérations ministérielles, je suis occupé en ce moment d'une étude qui ne le montre pas en beau. L'abandon qu'il a fait de sa patrie, dans un temps où il lui était facile de la sauver et de la mettre pour toujours hors des dangers où elle s'est abimée, est un vilain bout d'oreille, par lequel il m'est impossible de ne pas le juger. Turgot n'était pas Génevois à beaucoup près; et cependant il eût tenu à honneur de sauver une taupinière où on lui aurait dit que la liberté était en danger, et il n'eût pas marchandé ses peines. Au reste, le glorieux avait honte de son père (je vous en dirai quelque jour les détails); cherchez là dessous, si vous pouvez, un grand homme....... Cela n'empêche pas que l'ouvrage sur les finances ne puisse être bon, quand on sait bien ses quatre règles, qu'on peut conjuguer le verbe *avoir*, et qu'on est laborieux, on est un aigle en finance.

Bon soir, mon ami; si mon conservateur ne s'accroche pas, il y a beaucoup à parier que je retournerai en France, car je ne veux pas mourir de faim ici, où Rousseau aurait péri de cette triste maladie, s'il n'eût eu que ses talens à donner pour hypothèque à son boucher et à son boulanger ; et en France pourtant, il est bien difficile que, moi présent, on me refuse du pain. Notez, je vous prie, que le parlement a remis à délibérer sur ma demande en courant et arrérages de pension alimentaire, après le compte de tutelle rendu par mon père. Il faut avec ces messieurs vivre par provision sans provision. Adieu, encore une fois; écrivez-moi plus souvent : donnez-moi des nouvelles des Cincinnati que vous devez avoir depuis long temps, et n'oubliez pas combien le principal objet de cette lettre me tient au cœur.

LETTRE XIII.

C'est à M. Leveillard que je dois, mon cher ami, d'être certain que vous vivez, et que faible encore, vous vous portez mieux. C'est à lui que je dois de savoir les progrès si ridiculement longs de votre fortune, qui ne font pas moins votre éloge que la honte de vos amis : mais enfin, je n'ai pas su par vous un mot de ce qui vous intéresse. Je l'ai demandé enfin à Leveillard qui, malade lui-même, mais sensible à ma peine, m'a répondu courrier par courrier, et m'a laissé le regret de ne m'être pas plutôt adressé à lui.

S'il est vrai que vous m'aimiez, mon cher Chamfort, je vous prie d'occuper un moment votre imagination de ce que la mienne, qui ne manque pas d'activité, a dû souffrir de votre silence opiniâtre, que je vous ai quatre fois supplié de rompre, ne fût-ce que par un mot de votre laquais, si M. R..... ne voulait pas me faire le sacrifice de quelques minutes. Je ne sais pas ce que je n'ai pas cru, et j'en étais venu à ce point que je ne permettais point à ma compagne de prononcer votre nom; j'éprouvais trop d'angoises et d'inquiétudes; tous mes efforts étaient dirigés à me distraire de vous. J'avais renoncé à vous écrire jusqu'à ce que je susse votre sort. Maintenant, vous m'écrirez et je saurai les raisons de votre silence, ou vous serez très-importuné.

Dupont avait de trop bonnes raisons pour ne pas me répondre ; il a perdu sa femme, l'une des plus raisonnables et des plus estimables mères de famille que je connusse ; elle avait les vertus domestiques de tous les genres ; et si ce ne sont pas les plus rares, certainement ce sont celles qui contribuent le plus au bonheur de tout ce qui a des rapports avec nous. D'ailleurs, Dupont, jeté dans le torrent des affaires, ayant beaucoup de par de là dans la tête, et de mobilité dans le cœur, avait plus de besoin qu'un autre d'une compagne qui s'occupât de son intérieur : c'est donc une perte et une très-grande perte qu'il vient de faire ; et je dois trouver tout simple qu'il n'ait pas eu le temps de penser à mes inquiétudes : mais vous qui en étiez l'objet ; vous qui saviez que je n'en manquais pas dans cette grande et ruineuse ville, et qu'au moins me fallait-il être tranquille sur le sort, la santé et l'attachement de mes amis, je ne vous connais qu'un moyen de vous faire pardonner, c'est de vous bien porter, d'être heureux et de me le dire.

Je suis si fâché contre vous, que je ne vous dirai pas un mot de ce pays-ci, ni des courses que j'ai faites et qui sous peu produiront peut-être quelque chose ; mais comme je veux croire que vous m'aimez encore, je vous dirai un mot de nous. Notre santé est bonne ; ma compagne est ce que vous l'avez vue, belle, douce, bonne, égale, courageuse, pénétrée de ce charme de la sensibilité qui fait tout supporter, et même les maux qu'elle produit. Pour moi, je trouve ici pâture à mon activité ; j'apprends, je note, je fais beaucoup de choses ; mais au milieu des marques de bienveillance et de considération que je reçois, je ne laisse pas que d'être fort inquiet sur l'avenir ; la littérature française étant si étrangère ici, la main d'œuvre si chère, et les libraires si timides, que le meilleur moyen d'y mourir de faim, c'est d'y être même un bon écrivain français. Au reste, on y imprime les Cincinnati qui me rapporteront peu de chose, mais qui du moins ne me coûteront rien, et qu'un homme de beaucoup de talent a bien traduits, de sorte que l'édition anglaise paraîtra presqu'aussitôt que la française. Mais jugez, par ce qui se passe à cet égard, du peu de ressources qu'offre la typographie anglaise. Deux libraires de Paris, inutiles à nommer par la poste, mais dont un riche et solide, m'ont écrit pour prendre quinze cents exemplaires à cinquante sous, pourvu qu'on les leur rendît à telle ville frontière ; on a grand'peine à décider le libraire anglais à tirer à quinze cents l'édition française, et si l'ouvrage n'avait pas produit ici, sur quelques hommes accrédités, un très-grand effet, jamais libraire ne l'eût imprimé pour son compte ; les Français accoutumés au pays conçoivent à peine cet effort, et je ne le conçois pas moi-même, depuis que je sais que Emsley a refusé d'imprimer le manuscrit des *Confessions de J. J. Rousseau*, de peur que l'édition ne lui restât.

D'un autre côté, depuis que je suis à Londres, malgré mes continuelles instances, je n'ai pas reçu un mot de mes procureurs, et j'ignore encore s'il existe en France un moyen de faire payer par un père une pension alimentaire à son fils.

Avec tout cela, mon ami, aimez-moi, écrivez-moi, et je ne regretterai guère en France que vous et votre société.

Bon jour, mon cher paresseux ; que les trésors dont vous surcharge la munificence royale ne vous fassent pas oublier vos vrais amis; les autres sont aimables et brillans ; mais voilà tout ; et nous, nous vous aimons.

LETTRE XIV.

Vendredi, 4 février 1785.

Mon ami, je ne vous aurais pas encore écrit aujourd'hui, non pas parce que vous êtes en arrière avec moi, mais parce que je suis triste et malheureux, entr'autres et trop nombreux sujets, de l'absence de ma douce compagne que vous aurez embrassée avant de lire cette lettre ; je ne vous aurais pas écrit, dis-je, quoique je vous doive des remercîmens pour votre conduite envers Target, si un devoir de reconnaissance ne m'excitait pas en ce moment à secouer mon spleen et à vaincre ma mélancolique paresse.

Je ne vous ai jamais recommandé personne en France, mon bon ami, pas même moi, parce que j'ai toujours trouvé que cette discrétion était un devoir étroit de délicatesse et d'honnêteté envers un homme que son mérite personnel et le hasard des circonstances ont mis en mesure, même intime, avec les grands, sans qu'il ait jamais voulu compromettre son indépendance, trafiquer de leur amitié, mettre en un mot, en manière quelconque, à profit, sa situation ; mais lorsqu'il s'agit d'un étranger, homme de mérite, à recommander au dehors, comme on ne peut soupçonner en aucune façon les intentions et les motifs de celui qui s'y intéresse, comme ces sortes de déférences hospitalières honorent les hommes en place et peuvent leur être utiles, comme vous ne vous êtes point interdit de conseiller des actions honnêtes, et que c'est même la seule part que vous vous soyez réservée dans les affaires de ce monde, je peux me permettre d'être plus hardi. Après cette longue préface, voici ce dont il s'agit:

M. William Manning, beau-frère de M. Vaughan, homme d'un très-grand mérite, l'un des plus vrais philantropes qu'il y ait en Europe, et certainement l'Anglais le plus dégagé des préjugés moraux qui existe, auquel j'ai été recommandé par M. Franklin, et qui m'a rendu toutes sortes de bons offices; M. William Manning, fils d'un des plus riches et des plus estimés planteurs des îles britanniques, part pour les Antilles, appelé par de très-grandes affaires. Il désire d'être recommandé à M. le comte de Damas à la Martinique, et à M. le comte d'Arrôt à Tabago (je ne sais si ce nom d'Arrôt est bien écrit); vous avez des relations personnelles avec la maison de Damas ; et vous n'en auriez pas, que votre immense considération, qui vous met de pair avec tout le monde, à force de vous mettre au-dessus, vous en donnerait aisément; mais je me rappelle que vous en avez: d'ailleurs nulle recommandation, soit en Angleterre, soit aux îles, ne peut être plus honorable et plus efficace que celle du marquis de Vaudreuil, que l'estime universelle de ce peuple-ci, connaisseur en hommes, doit bien dédommager des tracasseries de cour; et personne ne peut, plus aisément que vous, faire écrire un mot de ce bord.

Rendez-moi ce service, mon bon ami ; je dis ce service, car je n'aurai peut-être jamais de ma vie une autre occasion de faire quelque chose d'agréable pour l'homme de ce pays-ci qui a été le plus empressé à m'être utile, et qui ne l'aurait pas été davantage après une connaissance de plusieurs années.

Je ne vous parlerai pas de moi, je n'en ai pas le courage; les horribles tracasseries que j'ai essuyées depuis quelque temps, la dureté de mon père, il faut trancher le mot, sa férocité, qui incidente maintenant sur le pain qu'il est forcé à me donner, et qui met toute son adresse et tous ses efforts pour me faire mourir de faim (car apparemment il n'a pas encore espéré de me rendre voleur de grand chemin); le départ récent de mon amie qui m'a réellement mutilé, et qui me prive de la seule consolation qui me reste sur la terre, au moment où j'ai le plus lourd fardeau à porter; toutes ces circonstances réunies et l'anxiété d'une situation qui n'a point d'égale me rendraient trop amer de retracer des détails qui vous navreraient le cœur, et loin de me soulager, tirailleraient mes blessures. Mon amie vous dira tout cela, mais elle sera là; et sa physionomie angélique, sa pénétrante douceur, la séduction magique qui l'entoure et la pénètre, adouciront le chagrin que vous causera infailliblement son récit; et moi, je vous déchirerais plutôt que je ne vous attendrirais; outre que vous ne m'entendriez pas, sans un volume de fastidieuses explications qui me tueraient, lorsque vous seriez au au courant. Nous recommencerons à causer, et vous ne négligerez plus la correspondance d'un ami malheureux, qui met tant de prix au moindre souvenir de vous, et auquel il reste si peu de jouissance.

Je n'ai certainement pas besoin de vous recommander de faire pour mon aimable amie, et pour le succès de ses démarches, tout ce qui sera et vous, c'est-à-dire, de lui prodiguer vos consolations et vos conseils ; vous êtes bon, sensible et généreux : d'ailleurs, c'est pour moi qu'elle travaille ; mais je vous jure, mon ami, je vous jure, dans toute la sincérité de mon âme, que je ne la vaux pas, et que cette âme est d'un ordre supérieur, par la tendresse, la délicatesse et la bonté. Si le comte d'Entraigues est à Paris, avertissez-le de l'arrivée de mon amie ; et comme lui est un ardent et adroit solliciteur, concertez-vous tous deux avec lui pour qu'il travaille à mes affaires. Au reste, mon cher ami, un grand point serait de m'obtenir sûreté pour rentrer en France ; car il est impossible que je vive ici, si l'on ne m'y ménage pas quelques ressources littéraires, et mon nom effarouche tous les libraires soumis à la censure ; mais si je m'y soumets, moi, si je fonde mon pain sur un travail qui ne puisse effaroucher personne, pourquoi donc le même gouvernement qui encourage, qui fait vivre, qui soudoie ici des insectes de l'espèce la plus vile et la plus venimeuse, ne me laisserait-il pas vivre, moi ? lui suis-je donc plus désagréable ou plus suspect que Linguet, etc. etc.

Quoiqu'il en soit, mon ami, conseillez, dirigez, consolez ma pauvre amie, et ménagez-moi la possibilité de nous retrouver tous trois. Parlez-moi donc de vous.

Croyez-vous qu'un choix de comédies anglaises réussît en France : c'est-à-dire, qu'un libraire voulût l'acheter? Remarquez que c'est un travail qui ne peut se faire qu'ici ; mais je voudrais un marché fixe, afin de ne pas consumer inutilement du temps : il importerait que les lettres fussent ici le plutôt possible.

LETTRE XV.

Paris, 1er janvier 1788.

J'IRAI vous porter ce matin, mon cher Chamfort, les vœux d'un ami fidèle, affectueux, dévoué, et qui n'aspire aux jouissances d'une fortune indépendante que pour prouver à vous et à un très-petit nombre d'autres mortels, que si jusqu'alors il ne jouissait pas assez du charme de leur société, c'est qu'il ne jouissait pas de lui-même, et que, pour disposer de son âme, de ses principes, de ses talens, il s'était vu obligé d'immoler son temps et ses goûts personnels.

Je passerai donc chez vous, mon ami ; mais comme vous pourriez être en course pour les devoirs du jour, je vous prie, par ce billet, de me prévenir si la lettre que vous destinez à la consolation de M. Cérutti sera prête assez tôt pour pouvoir trouver place dans le numéro qui paraîtra vendredi ; il faudrait pour cela que je l'eusse mercredi soir au plus tard. Ma question a pour motif, mon cher Chamfort, d'abord la nécessité de pourvoir d'avance à nos mélanges, ensuite le désir de faire ce que vous m'avez persuadé être équitable et décent, assez à temps pour que la sensibilité de M. Cérutti en reçoive un adoucissement, et non un double choc, ce qui arrive toujours dans les querelles renouvelées.

Bon jour, mon très-bon ami, L. C. D. M.

LETTRE XVI.

5 octobre 1790.

Je suis vivement pressé, mon cher Chamfort, de faire exécuter le joli projet dont je vous ai parlé, celui de recueillir ce que j'appelle des vignettes littéraires et philosophiques pour un catalogue raisonné : il faut donc que je m'en occupe, et que je vous prie de vous en occuper assez vous-même pour vous y attacher. Il serait nécessaire, mon bon ami, que je susse quels sont, parmi les grands noms, vos élus, vos favoris : puis-je compter que les poètes grecs et latins seront de ce nombre ? Si vous y joigniez nos grands maîtres français, je serais bien riche ; et si vous aviez le courage d'aller jusqu'à l'élite des auteurs de mémoires et des moralistes, je le serais jusqu'à faire envie. Un mot sur cela, mon bon ami, comme aussi sur notre dessein de nous réunir pour nous préparer à rire civiquement sur les académies.

Vale et me ama.

LETTRE XVII.

Mercredi.

Je ne voulais vous remercier, mon ami, qu'au moment où je pourrais vous dire quelque chose sur les infâmes papiers dont on a cru payer votre prose et vos vers, tandis qu'on les eût certainement refusés à la mère de vos talens, je veux dire à votre âme. Le résultat de mes informations est qu'il faut vîte et vîte que vous alliez en personne chez Camus, lequel a fait mettre dans tous les papiers publics la plus brutale injonction, nommément aux membres de l'assemblée nationale, de s'abstenir de toute recommandation auprès du comité des pensions. Il faut donc, mon ami, que je me réserve pour défendre les vôtres, si on les attaque; et c'est ce que je ferai certes avec l'amitié que je vous dois et l'énergie que vous me connaissez : mais, avant tout, allez trouver Camus, et tenez-moi averti de son accueil. Bon jour, mon

brave ami, on va copier votre excellente Lucianide (*) : vous l'aurez demain ou après-demain.
Vale et me ama.

FIN DES OEUVRES DE CHAMFORT.

(*) C'est-à-dire, votre diatribe dans le genre de Lucien : c'est le Discours sur les académies.

TABLE DES MATIÈRES

CONTENUES DANS LE CINQUIÈME VOLUME.

                                                                        pages.

Avis...	5
Essai d'un Commentaire sur Racine.............	7
Notes sur Esther...............................	Ibid.
Épitres..	85
Sur la Vanité de la Gloire.....................	87
— d'un père à son fils, sur la Naissance d'un petit-fils................................	99
— à M. ***....................................	106
— à M. ***, qui avait fait afficher chez son suisse un ordre en vers, de n'ouvrir qu'au Mérite et de refuser la porte à la Fortune............	111
Fragment d'une Épitre diplomatique, adressée à la coalition des princes armés contre la France..	114
Odes..	121
La Grandeur de l'Homme......................	123
Les Volcans...................................	126
Contes..	131
La Querelle du Riche et du Pauvre. Apologue..	133
La Jambe de bois et le Bras perdu.............	134
Le Héros économe.............................	135
Le Rendez-vous inutile........................	138
Le Chapelier..................................	141
La Mariée sans Mari...........................	142

L'Avare éborgné...............................	142
Fragment d'un Conte. Apologue...............	143
Prologue d'un autre Conte.....................	144
Calcul patriotique..............................	145
La vraie Sagesse...............................	146
La Jouissance tardive..........................	148
Pâris justifié....................................	149
Le Peintre d'histoire...........................	Ibid.
Le Calcul.......................................	150
Le Pronom indiscret............................	Ibid.
Le Calendrier des Jésuites.....................	151
Le Saut de la Soupente........................	156
Le Linceul du Pélerin..........................	159
L'Armement inutile.............................	164
L'Abbesse condamnée au Chapelain...........	169
Le Coq et le Chapon...........................	171
La Peur de la Mort.............................	173
La Consolation des Cocus......................	179
La Fidélité à toute épreuve....................	181
Le Connaisseur.................................	Ibid.
La Prude..	183
L'Illusion du Cloître...........................	184
Poésies diverses................................	187
Les Fêtes espagnoles...........................	189
Calypso à Télémaque. Héroïde................	199
L'Homme de Lettres. Discours philosophique...	205
Baracole imitée de l'italien....................	213
L'Heureux temps...............................	215
La Vie de Paris.................................	216
Imitation d'Ovide..............................	217
Le Paradis......................................	218
La Vieille de seize ans.........................	221

Candide.	222
La Bohémienne.	223
Sur l'Élection de MM. Lemierre et de Tressan à l'Académie française.	224
Sur la Tragédie de Coriolan, par La Harpe, dont les Comédiens français donnèrent une représentation au bénéfice des Pauvres, le 3 mars 1784.	Ibid.
Le Siècle a du Caractère.	Ibid.
L'Abbé de Chaulieu et le cardinal de Bernis.	225
Les Jeunes Gens du siècle.	227
Vers composés à l'occasion de la fête de M. de Vaudreuil.	228
Madrigal.	231
A M. de M***, qui m'avait envoyé une tasse de porcelaine avec un quatrain où il me recommandait de ne pas imiter Diogène.	Ibid.
Vers à M***.	232
A Madame ***, sur une loterie.	233
A celle qui n'est plus.	234
Imité de l'Anthologie.	235
A Madame ***.	Ibid.
A Madame ***, en lui envoyant un Chien.	236
Motifs de mon Silence.	Ibid.
Imitation de Martial.	Ibid.
Autre du même.	237
Autre du même.	Ibid.
Moralité.	238
Epigramme.	Ibid.
Autre.	239
Sur un Mari.	Ibid.
Vers mis au bas du portrait de Mirabeau.	Ibid.

Vers à mettre au bas du portrait de d'Alembert..		240
Epigramme contre La Harpe..............		Ibid.
Autre contre le même.................		241
Autre contre le même.................		Ibid.
Le Roi de Danemarck, en partant de Paris...		Ibid.
A une femme qui prétendait que ses amis ne s'occupaient pas d'elle................		242
Le Palais de la Faveur. Allégorie en vers et en prose........................		Ibid.
LETTRES DIVERSES....................		253
Lettre Ire.	A madame de ***.........	255
II.	A.................	256
III.	A.................	259
IV.	A Madame de S***........	262
V.	A.................	266
VI.	A madame d'Angevilliers.....	270
VII.	A M. l'abbé Roman........	272
VIII.	Au même.............	279
IX.	A madame d'Angevilliers.....	284
X.	A l'abbé Morellet.........	285
XI.	A M. de Vaudreuil........	293
XII.	A M. Panckouke.........	302
XIII.	A madame Agasse..........	304
XIV.	A la même.............	305
XV.	A la même.............	306
XVI.	A la même.............	309
XVII.	Réponse à un anonyme.......	310
XVIII.	....	313
XIX.	....	317
XX.	A la Citoyenne ***.........	321
XXI.	Au citoyen Laveau, rédacteur du journal de la Montagne......	322
XXII.	A ses concitoyens...........	325

DEUX ARTICLES EXTRAITS DU JOURNAL DE PARIS....... 337
 Entretien entre un des auteurs du journal de Paris et un ami de Chamfort. 339
 Variétés. ..../................ 347
LETTRE DE MIRABEAU A CHAMFORT................ 351
 Lettre Ire. 353
  II. 362
  III. 368
  IV. 370
  V. 374
  VI. 375
  VII. 382
  VIII. 386
  IX. 387
  X. 398
  XI. 407
  XII. 419
  XIII. 426
  XIV. 429
  XV. 434
  XVI. 435
  XVII. 436

FIN DE LA TABLE DU CINQUIÈME ET DERNIER VOLUME.

www.ingramcontent.com/pod-product-compliance
Lightning Source LLC
Chambersburg PA
CBHW071109230426
43666CB00009B/1886